深圳学派建设丛书

（第五辑）

后冲突时代的国际法治及大国责任

吴燕妮　著

The International Rule of Law and Great Power Responsibility in the Post-Conflict Era

中国社会科学出版社

图书在版编目（CIP）数据

后冲突时代的国际法治及大国责任／吴燕妮著．—北京：中国社会科学出版社，2018.5

（深圳学派建设丛书．第五辑）

ISBN 978－7－5203－2432－8

Ⅰ.①后…　Ⅱ.①吴…　Ⅲ.①国际法—研究②中外关系—研究　Ⅳ.①D99②D822

中国版本图书馆 CIP 数据核字（2018）第 078247 号

出 版 人　赵剑英
责任编辑　马　明
责任校对　任晓晓
责任印制　王　超

出　　版　中国社会科学出版社
社　　址　北京鼓楼西大街甲 158 号
邮　　编　100720
网　　址　http://www.csspw.cn
发 行 部　010－84083685
门 市 部　010－84029450
经　　销　新华书店及其他书店

印　　刷　北京明恒达印务有限公司
装　　订　廊坊市广阳区广增装订厂
版　　次　2018 年 5 月第 1 版
印　　次　2018 年 5 月第 1 次印刷

开　　本　710×1000　1/16
印　　张　21
插　　页　2
字　　数　312 千字
定　　价　88.00 元

凡购买中国社会科学出版社图书，如有质量问题请与本社营销中心联系调换
电话：010－84083683

总序：学派的魅力

王京生*

学派的星空

在世界学术思想史上，曾经出现过浩如繁星的学派，它们的光芒都不同程度地照亮人类思想的天空，像米利都学派、弗莱堡学派、法兰克福学派等，其人格精神、道德风范一直为后世所景仰，其学识与思想一直成为后人引以为据的经典。就中国学术史而言，不断崛起的学派连绵而成群山之势，并标志着不同时代的思想所能达到的高度。自晚明至晚清，是中国学术尤为昌盛的时代，而正是在这个时代，学派性的存在也尤为活跃，像陆王学派、吴学、皖学、扬州学派等。但是，学派辈出的时期还应该首推古希腊和春秋战国时期，古希腊出现的主要学派就有米利都学派、毕达哥拉斯学派、埃利亚学派、犬儒学派；而儒家学派、黄老学派、法家学派、墨家学派、稷下学派等，则是春秋战国时期学派鼎盛的表现，百家之中几乎每家就是一个学派。

综观世界学术思想史，学派一般都具有如下特征：

其一，有核心的代表人物，以及围绕着这些核心人物所形成的特定时空的学术思想群体。德国 19 世纪著名的历史学家兰克既是影响深远的兰克学派的创立者，也是该学派的精神领袖，他在柏林大学长期任教期间培养了大量的杰出学者，形成了声势浩大的学术势力，兰克本人也一度被尊为欧洲史学界的泰斗。

其二，拥有近似的学术精神与信仰，在此基础上形成某种特定的学术风气。清代的吴学、皖学、扬学等乾嘉诸派学术，以考据为

---

* 王京生，现任国务院参事。

治学方法，继承古文经学的训诂方法而加以条理发明，用于古籍整理和语言文字研究，以客观求证、科学求真为旨归，这一学术风气也因此成为清代朴学最为基本的精神特征。

其三，由学术精神衍生出相应的学术方法，给人们提供了观照世界的新的视野和新的认知可能。产生于20世纪60年代、代表着一种新型文化研究范式的英国伯明翰学派，对当代文化、边缘文化、青年亚文化的关注，尤其是对影视、广告、报刊等大众文化的有力分析，对意识形态、阶级、种族、性别等关键词的深入阐释，无不为我们认识瞬息万变的世界提供了丰富的分析手段与观照角度。

其四，由上述三点所产生的经典理论文献，体现其核心主张的著作是一个学派所必需的构成因素。作为精神分析学派的创始人，弗洛伊德所写的《梦的解析》等，不仅成为精神分析理论的经典著作，而且影响广泛并波及人文社科研究的众多领域。

其五，学派一般都有一定的依托空间，或是某个地域，或是像大学这样的研究机构，甚至是有着自身学术传统的家族。

学派的历史呈现出交替嬗变的特征，形成了自身发展规律：

其一，学派出现往往暗合了一定时代的历史语境及其“要求”，其学术思想主张因而也具有非常明显的时代性特征。一旦历史条件发生变化，学派的内部分化甚至衰落将不可避免，尽管其思想遗产的影响还会存在相当长的时间。

其二，学派出现与不同学术群体的争论、抗衡及其所形成的思想张力紧密相关，它们之间的“势力”此消彼长，共同勾勒出人类思想史波澜壮阔的画面。某一学派在某一历史时段“得势”，完全可能在另一历史时段“失势”。各领风骚若干年，既是学派本身的宿命，也是人类思想史发展的“大幸”：只有新的学派不断涌现，人类思想才会不断获得更为丰富、多元的发展。

其三，某一学派的形成，其思想主张都不是空穴来风，而有其内在理路。例如，宋明时期陆王心学的出现是对程朱理学的反动，但其思想来源却正是前者；清代乾嘉学派主张朴学，是为了反对陆王心学的空疏无物，但二者之间也建立了内在关联。古希腊思想作为欧洲思想发展的源头，使后来西方思想史的演进，几乎都可看作是对它的解释与演绎，“西方哲学史都是对柏拉图思想的演绎”的极端说法，却也说出了部分的真实。

其四，强调内在理路，并不意味着对学派出现的外部条件重要性的否定；恰恰相反，外部条件有时对于学派的出现是至关重要的。政治的开明、社会经济的发展、科学技术的进步、交通的发达、移民的会聚等，都是促成学派产生的重要因素。名震一时的扬州学派，就直接得益于富甲一方的扬州经济与悠久而发达的文化传统。综观中国学派出现最多的明清时期，无论是程朱理学、陆王心学，还是清代的吴学、皖学、扬州学派、浙东学派，无一例外都是地处江南（尤其是江浙地区）经济、文化、交通异常发达之地，这构成了学术流派得以出现的外部环境。

学派有大小之分，一些大学派又分为许多派别。学派影响越大分支也就越多，使得派中有派，形成一个学派内部、学派之间相互切磋与抗衡的学术群落，这可以说是纷纭繁复的学派现象的一个基本特点。尽管学派有大小之分，但在人类文明进程中发挥的作用却各不相同，有积极作用，也有消极作用。如，法国百科全书派破除中世纪以来的宗教迷信和教会黑暗势力的统治，成为启蒙主义的前沿阵地与坚强堡垒；罗马俱乐部提出的“增长的极限”“零增长”等理论，对后来的可持续发展、协调发展、绿色发展等理论与实践，以及联合国通过的一些决议，都产生了积极影响；而德国人文地理学家弗里德里希·拉采尔所创立的人类地理学理论，宣称国家为了生存必须不断扩充地域、争夺生存空间，后来为法西斯主义所利用，起了相当大的消极作用。

学派的出现与繁荣，预示着一个国家进入思想活跃的文化大发展时期。被司马迁盛赞为“盛处士之游，壮学者之居”的稷下学宫，之所以能成为著名的稷下学派之诞生地、战国时期百家争鸣的主要场所与最负盛名的文化中心，重要原因就是众多学术流派都活跃在稷门之下，各自的理论背景和学术主张尽管各有不同，却相映成趣，从而造就了稷下学派思想多元化的格局。这种“百氏争鸣、九流并列、各尊所闻、各行所知”的包容、宽松、自由的学术气氛，不仅推动了社会文化的进步，而且也引发了后世学者争论不休的话题，中国古代思想在这里得到了极大发展，迎来了中国思想文化史上的黄金时代。而从秦朝的“焚书坑儒”到汉代的“独尊儒术”，百家争鸣局面便不复存在，思想禁锢必然导致学派衰落，国家文化发展也必将受到极大的制约与影响。

深圳的追求

在中国打破思想的禁锢和改革开放30多年这样的历史背景下，随着中国经济的高速发展以及在国际上的和平崛起，中华民族伟大复兴的中国梦正在进行。文化是立国之根本，伟大的复兴需要伟大的文化。树立高度的文化自觉，促进文化大发展大繁荣，加快建设文化强国，中华文化的伟大复兴梦想正在逐步实现。可以预期的是，中国的学术文化走向进一步繁荣的过程中，具有中国特色的学派也将出现在世界学术文化的舞台上。

从20世纪70年代末真理标准问题的大讨论，到人生观、文化观的大讨论，再到90年代以来的人文精神大讨论，以及近年来各种思潮的争论，凡此种种新思想、新文化，已然展现出这个时代在百家争鸣中的思想解放历程。在与日俱新的文化转型中，探索与矫正的交替进行和反复推进，使学风日盛、文化昌明，在很多学科领域都出现了彼此论争和公开对话，促成着各有特色的学术阵营的形成与发展。

一个文化强国的崛起离不开学术文化建设，一座高品位文化城市的打造同样也离不开学术文化发展。学术文化是一座城市最内在的精神生活，是城市智慧的积淀，是城市理性发展的向导，是文化创造力的基础和源泉。学术是不是昌明和发达，决定了城市的定位、影响力和辐射力，甚至决定了城市的发展走向和后劲。城市因文化而有内涵，文化因学术而有品位，学术文化已成为现代城市智慧、思想和精神高度的标志和“灯塔”。

凡工商发达之处，必文化兴盛之地。深圳作为我国改革开放的“窗口”和“排头兵”，是一个商业极为发达、市场化程度很高的城市，移民社会特征突出、创新包容氛围浓厚、民主平等思想活跃、信息交流的“桥头堡”地位明显，是具有形成学派可能性的地区之一。在创造工业化、城市化、现代化发展奇迹的同时，深圳也创造了文化跨越式发展的奇迹。文化的发展既引领着深圳的改革开放和现代化进程，激励着特区建设者艰苦创业，也丰富了广大市民的生活，提升了城市品位。

如果说之前的城市文化还处于自发性的积累期，那么进入新世纪以来，深圳文化发展则日益进入文化自觉的新阶段：创新文化发展理念，实施“文化立市”战略，推动“文化强市”建设，提升文化软实力，争当全国文化改革发展“领头羊”。自2003年以来，深圳文化发展亮点纷呈、硕果累累：荣获联合国教科文组织“设计之都”“全球全民阅读典范城市”称号，原创大型合唱交响乐《人文颂》在联合国教科文组织巴黎总部成功演出，被国际知识界评为“杰出的发展中的知识城市”，三次荣获“全国文明城市”称号，四次被评为“全国文化体制改革先进地区”，“深圳十大观念”影响全国，《走向复兴》《我们的信念》《中国之梦》《迎风飘扬的旗》《命运》等精品走向全国，深圳读书月、市民文化大讲堂、关爱行动、创意十二月等品牌引导市民追求真善美，图书馆之城、钢琴之城、设计之都等“两城一都”高品位文化城市正成为现实。

城市的最终意义在于文化。在特区发展中，“文化”的地位正发生着巨大而悄然的变化。这种变化首先还不在于大批文化设施的兴建、各类文化活动的开展与文化消费市场的繁荣，而在于整个城市文化地理和文化态度的改变，城市发展思路由“经济深圳”向“文化深圳”转变。这一切都源于文化自觉意识的逐渐苏醒与复活。文化自觉意味着文化上的成熟，未来深圳的发展，将因文化自觉意识的强化而获得新的发展路径与可能。

与国内外一些城市比起来，历史文化底蕴不够深厚、文化生态不够完善等仍是深圳文化发展中的弱点，特别是学术文化的滞后。近年来，深圳在学术文化上的反思与追求，从另一个层面构成了文化自觉的逻辑起点与外在表征。显然，文化自觉是学术反思的扩展与深化，从学术反思到文化自觉，再到文化自信、自强，无疑是文化主体意识不断深化乃至确立的过程。大到一个国家和小到一座城市的文化发展皆是如此。

从世界范围看，伦敦、巴黎、纽约等先进城市不仅云集大师级的学术人才，而且有活跃的学术机构、富有影响的学术成果和浓烈的学术氛围，正是学术文化的繁盛才使它们成为世界性文化中心。可以说，学术文化发达与否，是国际化城市不可或缺的指标，并将最终决定一个城市在全球化浪潮中的文化地位。城市发展必须在学术文化层面有所积累和突破，否则就缺少根基，缺少理念层面的影响，缺少自我反省的能力，就不会有强大的辐射力，即使有一定的辐射力，其影响也只是停留于表面。强大的学术文化，将最终确立一种文化类型的主导地位和城市的文化声誉。

近年来，深圳在实施“文化立市”战略、建设“文化强市”过程中鲜明提出：大力倡导和建设创新型、智慧型、力量型城市主流文化，并将其作为城市精神的主轴以及未来文化发展的明确导向和基本定位。其中，智慧型城市文化就是以追求知识和理性为旨归，人文气息浓郁，学术文化繁荣，智慧产出能力较强，学习型、知识型城市建设成效卓著。深圳要建成有国际影响力的智慧之城，提高文化软实力，学术文化建设是其最坚硬的内核。

经过 30 多年的积累，深圳学术文化建设初具气象，一批重要学科确立，大批学术成果问世，众多学科带头人涌现。在中国特色社会主义理论、经济特区研究、港澳台经济、文化发展、城市化等研究领域产生了一定影响；学术文化氛围已然形成，在国内较早创办以城市命名的“深圳学术年会”，举办了“世界知识城市峰会”等一系列理论研讨会。尤其是《深圳十大观念》等著作的出版，更是对城市人文精神的高度总结和提升，彰显和深化了深圳学术文化和理论创新的价值意义。

而“深圳学派”的鲜明提出，更是寄托了深圳学人的学术理想和学术追求。1996 年最早提出“深圳学派”的构想；2010 年《深圳市委市政府关于全面提升文化软实力的意见》将“推动‘深圳学派’建设”载入官方文件；2012 年《关于深入实施文化立市战略建设文化强市的决定》明确提出“积极打造‘深圳学派’”；2013 年出台实施《“深圳学派”建设推进方案》。一个开风气之先、引领思想潮流的“深圳学派”正在酝酿、构建之中，学术文化的春天正向这座城市走来。

“深圳学派”概念的提出，是中华文化伟大复兴和深圳高质量发展的重要组成部分。竖起这面旗帜，目的是激励深圳学人为自己的学术梦想而努力，昭示这座城市尊重学人、尊重学术创作的成果、尊重所有的文化创意。这是深圳30多年发展文化自觉和文化自信的表现，更是深圳文化流动的结果。因为只有各种文化充分流动碰撞，形成争鸣局面，才能形成丰富的思想土壤，为“深圳学派”的形成创造条件。

深圳学派的宗旨

构建“深圳学派”，表明深圳不甘于成为一般性城市，也不甘于仅在世俗文化层面上造点影响，而是要面向未来中华文明复兴的伟大理想，提升对中国文化转型的理论阐释能力。“深圳学派”从名称上看，是地域性的，体现城市个性和地缘特征；从内涵上看，是问题性的，反映深圳在前沿探索中遇到的主要问题；从来源上看，“深圳学派”没有明确的师承关系，易形成兼容并蓄、开放择优的学术风格。因而，“深圳学派”建设的宗旨是“全球视野，民族立场，时代精神，深圳表达”。它浓缩了深圳学术文化建设的时空定位，反映了对学界自身经纬坐标的全面审视和深入理解，体现了城市学术文化建设的总体要求和基本特色。

一是“全球视野”：反映了文化流动、文化选择的内在要求，体现了深圳学术文化的开放、流动、包容特色。它强调要树立世界眼光，尊重学术文化发展内在规律，贯彻学术文化转型、流动与选择辩证统一的内在要求，坚持“走出去”与“请进来”相结合，推动深圳与国内外先进学术文化不断交流、碰撞、融合，保持旺盛活力，构建开放、包容、创新的深圳学术文化。

文化的生命力在于流动，任何兴旺发达的城市和地区一定是流动文化最活跃、最激烈碰撞的地区，而没有流动文化或流动文化很少光顾的地区，一定是落后的地区。文化的流动不断催生着文化的分解和融合，推动着文化新旧形式的转换。在文化探索过程中，唯一需要坚持的就是敞开眼界、兼容并蓄、海纳百川，尊重不同文化的存在和发展，推动多元文化的融合发展。中国近现代史的经验反复证明，闭关锁国的文化是窒息的文化，对外开放的文化才是充满生机活力的文化。学术文化也是如此，只有体现“全球视野”，才能融入全球思想和话语体系。因此，“深圳学派”的研究对象不是局限于一国、一城、一地，而是在全球化背景下，密切关注国际学术前沿问题，并把中国尤其是深圳的改革发展置于人类社会变革和文化变迁的大背景下加以研究，具有宽广的国际视野和鲜明的民族特色，体现开放性甚至是国际化特色，也融合跨学科的交叉和开放。

二是“民族立场”：反映了深圳学术文化的代表性，体现了深圳在国家战略中的重要地位。它强调要从国家和民族未来发展的战略出发，树立深圳维护国家和民族文化主权的高度责任感、使命感、紧迫感。加快发展和繁荣学术文化，尽快使深圳在学术文化领域跻身全球先进城市行列，早日占领学术文化制高点，推动国家民族文化昌盛，助力中华民族早日实现伟大复兴。

任何一个大国的崛起，不仅伴随经济的强盛，而且伴随文化的昌盛。文化昌盛的一个核心就是学术思想的精彩绽放。学术的制高点，是民族尊严的标杆，是国家文化主权的脊梁；只有占领学术制高点，才能有效抵抗文化霸权。当前，中国的和平崛起已成为世界的最热门话题之一，中国已经成为世界第二大经济体，发展速度为世界刮目相看。但我们必须清醒地看到，在学术上，我们还远未进入世界前列，特别是还没有实现与第二大经济体相称的世界文化强国的地位。这样的学术境地不禁使我们扪心自问，如果思想学术得不到世界仰慕，中华民族何以实现伟大复兴？在这个意义上，深圳和全国其他地方一样，学术都是短板，与经济社会发展不相匹配。而深圳作为排头兵，肩负了为国家、为民族文化发展探路的光荣使命，尤感责任重大。深圳的学术立场不能仅限于一隅，而应站在全国、全民族的高度。

三是“时代精神”：反映了深圳学术文化的基本品格，体现了深圳学术发展的主要优势。它强调要发扬深圳一贯的“敢为天下先”的精神，突出创新性，强化学术攻关意识，按照解放思想、实事求是、求真务实、开拓创新的总要求，着眼人类发展重大前沿问题，特别是重大战略问题、复杂问题、疑难问题，着力创造学术文化新成果，以新思想、新观点、新理论、新方法、新体系引领时代学术文化思潮。

党的十八大提出了完整的社会主义核心价值观，这是当今中国时代精神的最权威、最凝练表达，是中华民族走向复兴的兴国之魂，是中国梦的核心和鲜明底色，也应该成为“深圳学派”进行研究和探索的价值准则和奋斗方向。其所熔铸的中华民族生生不息的家国情怀，无数仁人志士为之奋斗的伟大目标和每个中国人对幸福生活的向往，是“深圳学派”的思想之源和动力之源。

创新，是时代精神的集中表现，也是深圳这座先锋城市的第一标志。深圳的文化创新包含了观念创新，利用移民城市的优势，激发思想的力量，产生了一批引领时代发展的深圳观念；手段创新，通过技术手段创新文化发展模式，形成了“文化 + 科技”“文化 + 金融”“文化 + 旅游”“文化 + 创意”等新型文化业态；内容创新，以“内容为王”提升文化产品和服务的价值，诞生了华强文化科技、腾讯、华侨城等一大批具有强大生命力的文化企业，形成了读书月等一大批文化品牌；制度创新，充分发挥市场的作用，不断创新体制机制，激发全社会的文化创造活力，从根本上提升城市文化的竞争力。“深圳学派”建设也应体现出强烈的时代精神，在学术课题、学术群体、学术资源、学术机制、学术环境方面迸发出崇尚创新、提倡包容、敢于担当的活力。“深圳学派”需要阐述和回答的是中国改革发展的现实问题，要为改革开放的伟大实践立论、立言，对时代发展作出富有特色的理论阐述。它以弘扬和表达时代精神为己任，以理论创新为基本追求，有着明确的文化理念和价值追求，不局限于某一学科领域的考据和论证，而要充分发挥深圳创新文化的客观优势，多视角、多维度、全方位地研究改革发展中的现实问题。

四是“深圳表达”：反映了深圳学术文化的个性和原创性，体现了深圳使命的文化担当。它强调关注现实需要和问题，立足深圳实际，着眼思想解放、提倡学术争鸣，注重学术个性、鼓励学术原创，不追求完美、不避讳瑕疵，敢于并善于用深圳视角研究重大前沿问题，用深圳话语表达原创性学术思想，用深圳体系发表个性化学术理论，构建具有深圳风格和气派的学术文化。

称为“学派”就必然有自己的个性、原创性，成一家之言，勇于创新、大胆超越，切忌人云亦云、没有反响。一般来说，学派的诞生都伴随着论争，在论争中学派的观点才能凸显出来，才能划出自己的阵营和边际，形成独此一家、与众不同的影响。“深圳学派”依托的是改革开放前沿，有着得天独厚的文化环境和文化氛围，因此不是一般地标新立异，也不会跟在别人后面，重复别人的研究课题和学术话语，而是要以改革创新实践中的现实问题研究作为理论创新的立足点，作出特色鲜明的理论表述，发出与众不同的声音，充分展现特区学者的理论勇气和思想活力。当然，“深圳学派”要把深圳的物质文明、精神文明和制度文明作为重要的研究对象，但不等于言必深圳，只囿于深圳的格局。思想无禁区、学术无边界，“深圳学派”应以开放心态面对所有学人，严谨执着，放胆争鸣，穷通真理。

狭义的“深圳学派”属于学术派别，当然要以学术研究为重要内容；而广义的“深圳学派”可看成“文化派别”，体现深圳作为改革开放前沿阵地的地域文化特色，因此除了学术研究，还包含文学、美术、音乐、设计创意等各种流派。从这个意义上说，“深圳学派”尊重所有的学术创作成果，尊重所有的文化创意，不仅是哲学社会科学，还包括自然科学、文学艺术等。

“寄言燕雀莫相啅，自有云霄万里高。”学术文化是文化的核心，决定着文化的质量、厚度和发言权。我们坚信，在建设文化强国、实现文化复兴的进程中，植根于中华文明深厚沃土、立足于特区改革开放伟大实践、融汇于时代潮流的“深圳学派”，一定能早日结出硕果，绽放出盎然生机！

前　言

冲突作为一种最原始的敌对关系形式，一直伴随着人类社会发展演进的整个过程。文明的建立、秩序的维护，都意味着漫长、痛苦而又曲折的冲突过程。两次世界大战带来的巨大伤痛，推动国际社会构建起了以联合国等国际组织为代表的中心化秩序维护机制。尽管《联合国宪章》没有关于维持和平的明确规定，但维持和平已逐渐发展成为联合国用来实现该宗旨的主要手段之一。1948 年以来，联合国已经在数十个国家，包括柬埔寨、萨尔瓦多、危地马拉、莫桑比克、纳米比亚、塔吉克斯坦和东帝汶等地，通过广泛开展维和行动，帮助终止冲突和促进和解。但是，冷战后两极格局崩塌所带来的国际局势快速变化，又给国际和平与安全带来了全新的问题和挑战，大规模战争向局部战争演变、领土争端向宗教斗争、意识形态对立、经济矛盾等多方位冲突演变，“全球政治在历史上第一次成为多极的和多文化的，（今后）主宰全球的将是文明的冲突”。①

第二次世界大战后国际组织的大规模出现，实质上反映了国际社会和国际法在集体化（collective）、中心化（centralized）方面的新诉求，并且在一定程度上改变了国际法碎片化、执行薄弱的局面，保障了国际法规范的实施。但是，冷战后国际局势的深刻变化，使传统维护国际和平与安全的基础不复存在，传统“威斯特伐利亚范式”的苑囿，又不断使以联合国为核心的集体安全体制陷入两难之地。现代国际冲突的表现形式可能是武装冲突，但也可能只

① Samuel P. Huntington, *The Clash of Civilizations and the Remaking of World Order*, Simon & Schuster, August 2, 2011.

是武装对峙，甚至可能是非武装冲突。例如2017年6月，沙特阿拉伯和巴林突然宣布与卡塔尔断交，随后在短短的两天时间内，阿联酋、也门、埃及、马尔代夫、利比亚东部政府分别宣布与卡塔尔断交。[①] 阿联酋要求卡塔尔外交人员于48小时内离境，海湾盟国宣布针对卡塔尔航空（Qatar Airways）封闭空域，沙特阿拉伯全面关闭和卡塔尔边境等迅速而激烈的措施使国际社会意识到，国际法和国际组织不应当成为“等到着火后才购买消防车的消防队”，[②] 而应当预先建立法治化的冲突解决框架和机制。为应对后冲突时代深刻变化带来的挑战，国际组织必须将关注焦点从传统的解决冲突本身，转移到解决冲突背后的深层次问题上来（特别是冲突后社会的法治重建），进而推动实现国际社会的法治化。

实际上，作为世界和平与安全先行者和维护者的联合国，已经开始意识到后冲突时代法治化建设的重要意义，并且在维和行动中做出了大量的改革和探索实践。正如联合国《预防武装冲突报告》所说，联合国在冲突社会开展的各项和平行动，为重新建立已遭冲突破坏的和平环境构建了完整的建设框架，而法治建设行动则是和平行动成功的重要保证。联合国已经意识到，防范和解决冲突的发生需要国际社会尽早采取行动。联合国作为最重要的国际组织，在经济、政治上为战后国家、社会的重新建立做出了很多努力，也采取了很多实际措施。这些机制的宗旨是在遭遇过大范围人权破坏的社会中促进和解，并推动改革和社会发展进程，最终目标是缓和紧张状态、重建法治。随着单一维和行动越来越呈现出不足以应对现有国际冲突和威胁的趋势，联合国也在不断扩展其采取行动的方式和范围，综合性的和平手段也逐渐开始形成新的行动体系。

但是，由于联合国自身的弊端以及司法机制本身的复杂性，导致联合国框架下的冲突解决机制也存在着一定的局限。例如联合国

① 截至2017年6月10日，有9个主权国家政府（巴林、沙特阿拉伯、科摩罗、塞内加尔、埃及、马尔代夫、阿联酋、也门、毛里塔尼亚）已经与卡塔尔断绝了外交关系；有5个国家政府（乍得、约旦、吉布提、厄立特里亚、尼日尔）宣布与卡塔尔外交降级。

② Kofi Annan，http：//www. un. org/en/peacekeeping/issues/military，visited on 10 July，2017.

的制裁措施本身就面临着透明度、合比例性等方面的重大争议，而因联合国制裁导致的国家经济困难，甚至可能正是将来冲突的导火索。一方面，联合国制裁措施在国际社会中发挥着维护秩序、保障国际法实施的重要作用，但另一方面，联合国制裁措施也受到安理会常任理事国的较大限制，使大国责任问题在当前国际形势中尤为突出。

作为常任理事国之一，在全球化不断推进的今天，中国与国际社会不仅只是利益共同体，也是安全共同体和责任共同体。因此，在维护自身利益的同时不断推动发展中国家及全人类共同福祉的增进，在后冲突时代中体现应有的大国角色和责任担当，在积极参与全球事务的进程中更好地增进自身的话语权和影响力，也是中国思考大国责任的重要维度。

2017 年 1 月，国家主席习近平在联合国日内瓦总部发表了题为“共同构建人类命运共同体”的主旨演讲，指出自中国 1971 年恢复联合国代表席位以来，“逐步参与裁军、经贸、人权、社会等各领域事务，为重大问题解决和重要规则制定提供了中国方案。近年来，中国积极参与伊朗核、叙利亚等热点问题的对话和谈判，为推动政治解决作出了中国贡献”。

在国际法治进程中，中国积极参与和战后社会相关的国际立法，不仅积极选派自己的代表，而且积极通过书面和口头建议、评论和意见参与国际法律的制定。在维护世界和平与安全中，中国已累计对外提供援款4000 多亿元人民币，派出维和人员 3 万余人次，是安理会常任理事国中出兵最多的国家，也是第二大维和摊款出资国。中国正在用实际行动切实履行作为世界和平与安全机制核心的重要职责，这也是中国作为负责任大国为战后国际法治做出的努力及对国际和平与安全的重要贡献。如联合国《预防武装冲突》报告所说，要促进《宪章》所设想的和平、公正的国际秩序，最有希望的方法是建设国家和国际能力，长期采取行动预防冲突，这其中，“各国政府如履行了其主权责任，和平解决可能演化成对国际和平与安全构成威胁的局势，并在需要时尽早吁请联合国或其他国际行为者提供预防性援助，则就会为其公民提供免受不希望出现的外来干预的最佳保障”。[①] 这也是国家、国际组织和国际社会作为国际法的制定者、维护者和实践者所应当承担的责任和做出的努力，向全人类的后代证明，“我们这一代具有政治远见和政治意愿”，能够在纷繁复杂的后冲突时代中，将对国际法治的构想从单纯的避免战争，转化为“人人享有可持续和平与发展”的现实。

① United Nations, *Report of the Secretary-General*, *Prevention of Armed Conflict*, U. N. Doc. A/RES/57/337.

目　录

第一章

后冲突时代的法治概论

自冷战结束以来，国际社会和平与安全局势发生了深刻的变革。尽管随着经济社会的进步，维护和平的因素在增长，但国际和平与安全仍面临着威胁，不公正不合理的国际秩序还没有根本改变，人类社会冲突的表现形式已经由两次世界大战转向局部战争和地区武装冲突。由于历史结怨、格局转换、民族矛盾、宗教对立、力量失衡、外部插手、资源纷争、武器扩散等因素，局部战争和武装冲突此起彼伏，且逐年增加。据统计，第二次世界大战至冷战结束的40多年间，全球累计发生武装冲突200多起，年均6起；而在冷战结束后短短20年间，局部武装冲突就高达250余起，呈快速上升趋势。与此同时，大规模的反人类罪行、恐怖主义、难民、民族矛盾等深层次问题不仅没有得到解决，反而随着时间的推移愈演愈烈。世界格局和国际冲突呈现出与冷战结束前截然不同的趋向：后冲突时代已经到来。

第一节　后冲突时代的内涵及特征

自联合国成立后，一直在积极努力维护国际和平与安全，新的世界大战爆发的可能性越来越小，但局部武装冲突的危险却不断加大。自进入21世纪以来，先后有20多个非洲国家发生动乱和武装冲突；拉美地区也曾多次发生武装冲突和内战；亚洲地区的阿富汗、柬埔寨、斯里兰卡等国长期内战，影响至今，朝鲜半岛、克什米尔地区仍处在严重的军事对峙状态；中东地区阿拉伯国家和以色列的矛盾一直未从根本上得到解决，中东和平进程屡屡受挫，战事仍在发生。事实证明，在冷战后国际仍呈现此消彼长的态势，一些地区的和平进程甚为艰难。

一 后冲突时代的内涵

从严格意义上讲，"后冲突时代"并非一个确定的法律概念，部分国外研究者试图以"后冲突时代"为主题探讨一国在局部冲突之后进行战后重建的问题，但是也并未对概念进行直接的阐释，如利亚·温（Leah Wing）在其论文《"后冲突时代"北爱尔兰既分享又竞争的诸种叙事》中考察论证了北爱尔兰在战后各项重建工作中的重要问题，却并未正面回应相关概念；[①] 国内相关的论述也多是聚焦于"后冷战时代"这个概念，进而直接探讨冷战后国际冲突的主要表现形式和特征。[②]

国内对这个概念阐述比较到位的是武汉大学黄德明教授等人2013年的著述，核心观点是，"后冲突时代"像一个阶段性的时空观念，它反映了当人类社会发展到一定历史时期，国际社会逐渐将其对武装冲突的关注重心从冲突本身转移到冲突结束后的战后安排问题之上，这样一种社会状态，战后重建的重要性逐渐上升是后冲突时代到来的重要标志。[③] 这一点与笔者对"冲突社会"的定义不谋而合，在笔者看来，冲突社会本身也是一种特殊的状态，即反映了一国在战争中或者战争后社会秩序亟待恢复的一种特殊时空阶段。[④] 与传统武装冲突相比，现代武装冲突从冲突结束到持续和平建立这一特殊阶段被逐渐放大，国家、国际组织以及非政府组织也已普遍意识到"冲突后阶段"的存在，对于那些经历武装冲突的国

① Leah Wing, "Dealing with the Past: Shared and Contested Narratives in 'post-conflict' Northern Ireland", *MUSEUM International*, No. 62, Issue 2, 2010.

② 汪滨：《后冷战时代国际冲突成因分析》，《湖北社会科学》2011年第3期；游红武：《后冷战时代国际冲突探源》，硕士学位论文，暨南大学，2000年。

③ 黄德明、李若翰：《论"后冲突时代"战后责任机制的发展》，《河北法学》2013年第12期。

④ 吴燕妮：《论冲突中和冲突后社会的法治：联合国的责任与中国贡献》，武汉大学出版社2014年版，第114页。

家或地区来说，战争结束并不意味着和平建立，特别是对战争中的受难者和无辜者来说，战争带来的创伤和痛苦在冲突后阶段仍在继续，军事冲突停止不代表破碎的国家机器、政治机制、经济能力以及社会安定已经得到保障，必须经历一个恢复和重建的过程，否则和平将很难持久。

与“后冲突时代”紧密相关的另外一个概念是：战后正义。这是20世纪末，也就是后冷战时代悄然开始后的十年内迅速发展起来的概念，其基本内涵在于：一旦战争中一方的行为（包括开战的行为、战争中的行为以及战后阶段的行为）违背了特定的准则或者道德律时，战后正义就要求在冲突后阶段对非正义的行为进行矫正以实现战后正义，战后正义的形式即是追究战后责任。具体来讲，战后正义的实现则包括两个方面，一是侵略国对发动侵略战争的行为负责，因为战争的决策由国家做出，如果不对侵略国的行为能力进行限制就不能阻止其再次实施侵略，制裁侵略者是为了实现国家间的和平；二是追究战争中个人的责任，除了发动战争由国家负责之外，个人在战争中实施不正义的行为，如屠杀或灭绝种族，即使是执行国家或上级的命令也应对其行为负责，即使他的国家正在进行的是正义战争。①

可见，如果说后冲突时代指代的是一种特殊的时空状态，那么这个状态下正义的实现则是关键环节，这也是本书要讨论的内容。一个现实的问题是，一些有着特殊法治或者“正义”实现传统的国家，其传统与现代国际法治之间如何相融合、相协调。一般认为，形成有赖于一国的法律文化传统，该传统的建立基于法律在该国历史性的地位以及人民对法治作用的认同。不同国家的法律文化传统并不相同，有以个人为本位的法律文化，也有以社会为本位的法律文化，前者强调法律在社会中的作用在于保护个人权利，而后者则强调法律的作用在于保障社会稳定和谐以及更多的社会利益。但是，无论是哪一种，尊重一国固有传统本身就是国际法治实现的方式之一。在这个基本结论之下，研究“后冲突时代”不得回避的另

① 黄德明、李若翰：《论“后冲突时代”战后责任机制的发展》，《河北法学》2013年第12期。

一个问题就是特殊时空背景下本土文化与国际法治的理论统一问题。

二 后冲突时代国际社会面临的挑战

一方面，后冲突时代中恐怖主义、宗教冲突以及经济发展不平衡导致的民粹主义、反智主义回归，地区贸易差异导致的地方保护主义抬头等新形势，都使得本就脆弱的国际和平与安全局势更加碎片化，地区武装冲突由国内扩展至国际，由小国冲突扩展至大国参与，由非洲、中东、拉美扩展至欧洲，对整个国际社会的安全都提出了严峻的挑战，国际法治秩序也遭到严重破坏。

另一方面，后冲突时代呈现出与全球化、一体化相悖的趋势，即冲突中国家在冲突结束后再次发生民族分立、恐怖主义和领土、资源利益纠纷的概率越来越大，形成一个新的恶性循环。这些在冲突后转型的国家由于经历社会政治经济巨大转变，引发社会震荡，过去的民族矛盾演变成现在的民族分立、领土、资源和利益冲突，冲突后转型和法治变革面临着严峻考验。更为复杂的是，这些冲突往往引来外部势力的介入，加上地缘政治和经济发展深层矛盾的影响，解决冲突和实现转型正义显得尤为困难，也为国际社会的和平行动和冲突后重建机制提出了全新的挑战。

三 后冲突时代国家内部面临的挑战

连续不断的冲突严重地影响一个社会的政治、经济和文化发展。武装冲突带来的消极方面绝不仅仅是摧毁楼群或者道路，更是给社会遗留下了满目疮痍。战争的经历使人们缺乏安全感，甚至改变了民众的行为方式和信仰。

战后建设和平是联合国法治工作的一个组成部分；而在战后建立正义和法治又是建设和平的具体体现。如果冲突过后民众并未相信公正的社会能够最终建成，那么社会将很难正常运转。在一个饱受冲突的社会中，民众推动正义和和解的努力是必不可少的。正因为如此，在战后建设法治是最为重要的。其他任何事情都依赖于此，譬如说，一个正常运转的经济系统、一个自由和平等的政治体系、市民社会的发展、公众对于政策和法庭的信心等。

内战往往会造成所谓的“冲突陷阱”。① 曾经历过冲突的社会很容易产生第二次甚至更多次的冲突。印度尼西亚、伊拉克、布隆迪、卢旺达、斯里兰卡和伊朗均是如此，不一而足，这些国家均在遭受着定期的内战，战争不止一次地爆发。一般意义上，冲突被区分为国际冲突（international conflict）和国内冲突（non-international conflict）。还有第三种冲突，即国际化的武装冲突，即一国的国内冲突受到外国或者第三种力量的干涉，且第三方提供了武装援助或是信息等。这样的国内冲突已经演变为一种带有国际性质的冲突模式。有学者的研究表明，国际冲突的危机增加了内战爆发的可能性，反之亦然。②

冲突带来几种全新的国家形态：

一是虚弱国家。③ 有效政府必须履行的三项职责：确保安全、满足公民基本需求和维持合法性。当这些职责不能完成时，随之产生的差距就会威胁到公民的福利、邻国的安全和国际体系的稳定。而“虚弱国家”的政府不能完成其公民和国家社会期望的事情，即不能很好地保护人民免于内部和外部的威胁，不能提供基本的公共医疗卫生和教育服务，不能提供满足人民合法要求和需要的公共机构。

二是失败中国家。是指“一个国家的政府正在失去为其人民提供安全和基本服务以及保卫其国界的能力”。④“失败中国家”的特征是国家正在丧失履行基本统治职责的能力以及合法性。它与“虚弱国家”以及“失败国家”等状态之间的界限并不明确，既有可能

① Collier, Paul and Nicholas Sambanis, “Understanding Civil War: A New Agenda”, *Journal of Conflict Resolution*, Vol. 4, No. 6, 2002, pp. 3 – 12.

② Giacomo Chiozza, Kristian Skrede Gleditsch and H. E. Goemans, “Civil War, Interstate Conflict, and Tenure, Civil War”, Paper presented at the 5th Pan-European Conference, April 2006.

③ Commission on Weak States and U. S. National Security, On the Brink: Weak States and U. S. National Security, Washington, D. C.: Center for Global Development, 2004.

④ Carol Lancaster, “Failing and Failed States: Toward a Framework for U. S. Assistance”, in Nancy Birdsall et al., eds., *Short of the Goal: U. S. Policy and Poorly Performing States*, Washington D. C.: Center for Global Development, 2006, p. 285.

受国内和国际因素的影响，恢复为“虚弱国家”，也有可能因为局势的恶化，发展到“失败国家”阶段。

三是失败国家。“失败国家”的概念缘自西方学界和政界，专指一些社会内部秩序极度混乱（常伴有武装割据、暴力冲突甚至种族清洗）的国家。

四是崩溃国家。“作为实施统治的决策中心，国家瘫痪、不起作用了；不再制定法律、维持秩序，社会凝聚力得不到加强；作为身份的象征，国家失去了给予人民名誉和社会行为意义的能力；作为一片领土，它不再通过一个核心的、拥有最高统治权的组织来确保安全和粮食供应；作为权威的政治机构，它丧失了合法性，因此失去了控制和管理公共事务的权利；作为社会经济组织系统，它的投入与产出的功能性平衡被破坏；它不再从人民那里获得支持，也不能控制人民，甚至不能满足需求目标，因为人民知道它没有能力提供补给；不再履行职能，缺乏合法性传统的、神赐的以及制度上的资源，它就丧失了统治的权利……国家崩溃就是正常的政府、法律和秩序的崩溃。”①“崩溃国家”是“失败国家”的最高形式，也是最为罕见和极端的一种形式。在“崩溃国家”中，政治产品通过私人或特别手段获得；安全等同于强人的统治；“崩溃国家”呈现出权威的真空；国家仅仅是个地理上的符号，是一个失败的政治体跌落的黑洞。

四 后冲突时代的大国之辨

如前所述，当今社会，和平与发展已成为时代主流，传统的大规模的国家间战争很难爆发，而局部冲突却从未远离，这已是一个基本共识。从杭州 2016 年的 20 国集团（G20）峰会到 2017 年 5 月中国举办的“一带一路”国际高峰论坛，均彰显了国际社会治理舞台上，中国逐渐发出自己的声音，甚至一改往日游戏“参与者”的姿态，逐步尝试修改甚至制定规则。

近年来，国内媒体和民众当中爆发出强烈的爱国情怀和大国自

① I. William Zartman, *Collapsed States: The Disintegration and Restoration of Legitimate Authority*, Lynne Rienner Pub, 1995, p. 10.

信。不可否认的是，一定程度的民族自豪感、自信心和责任心是实现民族团结并且激发国家发展潜力的基础性前提。但是，在当今错综复杂的国际环境之下，大国的重要标志之一即国民的成熟心态，做到自信而不自大，自豪而不自负，深刻认识到中国所处的历史时代及在国际社会、国内发展中面临的种种挑战，是大国的精神要件。

中国已经成为世界第二大经济体，为世界经济的发展做出了不可或缺的贡献，这一点无可否认。但中国同样也需要在解决若干重大全球性问题，包括热点难点问题上拥有重要影响力，在推动世界共识的形成乃至引领世界发展方向上发挥独特作用。

正如党的十八大报告中所指出的，我们前所未有地靠近世界舞台中心，前所未有地接近实现中华民族伟大复兴的目标，前所未有地具有实现这个目标的能力和信心。① 而目前，中国世界性大国的奋进方向，正是不断塑造全面意义上的国际影响力和国际话语权。

第二节　国际法治的渊源和历史演进

“法治”是数千年以来一直获得人们普遍认可和追求的根本价值之一，其概念已经历逾千年的演进。尽管没有统一的表述，但是法治用语的直接来源是亚里士多德的“法治应当优于一人之治”。②法治是一项治理原则，在这个原则之中所有个人、组织和实体，公权和私权，甚至包括了国家自身，都必须遵守公开颁布的法律，这样的法律应当被平等执行、独立裁判，并且应当符合国际人权规范和标准。法治同样也需要采取措施来保证遵守以下原则：法律至上、法律面前人人平等、问责制的法律、法律公平适用、分权制

① 《坚定不移沿着中国特色社会主义道路前进　为全面建成小康社会而奋斗——胡锦涛在中国共产党第十八次全国代表大会上的报告》，2017 年 1 月 15 日（http：//www. miit. gov. cn/n11293472/n11293877/n14996868/index. html）。

② ［古希腊］亚里士多德：《政治学》，吴寿彭译，商务印书馆 1983 年版，第 167—168 页。

度、决策的广泛参与、法律的确定性、避免武断滥用法律以及程序和法律的透明度。

一 法治的起源

"法治"概念在现代有着极高的使用频率，然而在不同语境下却有着不同的含义。已故美国联邦法院法官波特·斯图尔特（Potter Stewart）说，"法治"是一个无须解释就可以其义自见的词汇。斯图尔特法官认为，与"污秽"（obscenity）类似，"法治"的概念是无须解释的，不言自明（"I know it when I see it"）。正如一些学者所总结的那样，武汉大学易显河教授在其论文《完美法治》中提出，"法治"概念的自明性还集中表现在"很少有口号像法治一样如雷贯耳，很少有口号像法治这样引人注目"。[①] 法治的真正内涵并不像人们所想象的那么简单。如果对于法治只是存在浅层次的理解，那么法治将会实施得不恰当，有悖其最初的使命和目的。

亚里士多德（Aristotle）认为"唯独神祇和理智可以行使统治"，而人治则"在政治中混入了兽性的元素"。他将法治归结为两重意义，第一，法律获得普遍的服从；第二，为大家普遍服从的法律应是良法。[②] 如果说亚里士多德的法治理论是人类古代关于法治最初始的表述，那么戴雪则是近代法治理论的代表性人物。戴雪（Albert Venn Dicey）的《英宪精义》指出法治应有三个要素：第一，法律具有超越包括政府的广泛自由裁量权在内的、专制权力所不具备的绝对权威；第二，公民必须无一例外地服从在一般法院里实施的国家法律；第三，权力不应建立在抽象的宪法性文件之上，而是要建立在法院做出的判决之上。这就揭示了法治环境下法律的权威性，尽管该学说是在英美判例法的背景下提出的，但是这种对法治内涵的总结也具有普遍性价值。无论是古代或是近代意义上法治的概念，无不是将法治局限于一个较小的空间或者国家范围内，

① 易显河：《完美法治》，《西安交通大学学报》（社会科学版）2008 年第 5 期，第 1 页。

② ［古希腊］亚里士多德：《政治学》，吴寿彭译，商务印书馆 1983 年版，第 199 页。

并没有在国际视野中给法治明确的界定。但正是国家层面上的对于法治较为丰富的理解逐渐催生了国际视野中法治的理论。

二　国际法治的演进

国际法学家委员会（International Commission of Jurists，ICJ）对确立国际法治的标准，促进法治的国际化，特别是对法治与人权的结盟贡献很大。该组织以举办会议等方式形成一系列决议文件，尽管无法律约束力，却已经成为了当代国际法治的重要思想渊源之一。国际法学家委员会相继通过了《雅典决议》《德里宣言》《拉各斯规则》《里约宣言》《曼谷宣言》和《柯伦坡宣言》等决议。[①]尤其值得一提的是，《德里宣言》基本确立了全球层面的法治制度标准。第一，在法治下的自由社会中，立法机构的作用是创造并维护将能坚持个人尊严的条件。这种尊严要求不仅承认其公民和政治权利，而且建立全面发展其个性所必需的社会、经济、教育和文化条件；第二，法律不仅要对制止行政权的滥用提供法律保障，而且要使政府能有效地维护法律秩序，借以保证人们具有充分的社会和经济生活条件；第三，司法独立和律师业的自由是法治的必要条件，法律要保证任何人不会因为依法办事而受到人格、名声、财产和地位的损失。这样的表述其实还是从经典的“法治”内涵发展而来的，没有与国际法的实践相结合，所以看上去还是较为接近古代、近代抽象的法治内涵。但是这些规则已经明示或者默示地承认：“法治”与全球化趋势紧密相连，甚至可以期待一种具有普遍意义的标准去规范和衡量法治的效果。

当代，国际范围内的法治理念已经为人们所普遍接受，因此，研究当代的法治问题，无法跳脱从概念的分类为研究基础的方法。总体来说，法治大致可以分为国内社会的法治和国际社会的法治。

一方面，从近代“法治”概念的发展来看，“法治”首先是一个国家意义上的词汇，它源于英美法系；大陆法系、中国和阿拉伯世界都有各自的法治传统，一般意义上的法治是一个较难界定的概

① 郑永流：《法治四章：英德渊源，国际标准和中国问题》，中国政法大学出版社2002年版，第54—61页。

念。例如，有学者归纳出法治包括：有普遍的法律、法律为公众知晓、法律可预期、法律明确、法律无内在矛盾、法律可循、法律稳定、法律高于政府、司法权威和司法公正。① 还有学者提出了法治社会的六项基本标志：社会生活的基本方面接受公正的法律治理；宪法和法律高于任何个人、群体、政党的意志；国家的一切权力根源于法律并依法行使；公民在法律面前一律平等；凡是法律没有禁止的都是合法或准许的；公民权利非经法定程序不得剥夺。② 也有学者认为，法治具有不同层面的含义："在理念层面上，法治主要是指一种统治和管理国家的理论、思想、价值、意识和学说；在制度层面上，法治主要是指一种在法律基础上建立或形成的概括了法律制度、程序和规范的各种原则；在运作层面上，法治则主要是一种法律秩序和法律实现的过程及状态。"③ 法治可以被分为形式法治与实质法治，分别进行界定和分析。有学者将国内法意义上的法治概括地表述为：特定社会，包括其管理机构接受公正的法律治理的状态。这样，法治的实现当有两个基本的前提，即：存在着某一共同体（国家）以及以公平的法律保障共同体的利益的需要。④

另一方面，因有学者将法治放在较为普遍的意义上，因此使得法治这个国内法上的概念具有了一定的国际特性。例如，有学者认为：法治即对抗政府强制性威权之盾；法治即更高正义法规则之治；以及法治即规则之治或规则之法。该学者将它们界定为三种不同的法治模式：高压法治、法外法治和完美法治。完美法治即法律作为自发行动之终极动因。⑤

不难看出，法治原则同时适用于国际和国内两个层面。在国内层面，联合国支持建立一个法治框架，包括以下几方面的要素：作

---

① 参见夏勇《法治是什么——渊源、规诫与价值》，《中国社会科学》1999 年第 4 期，第 117—143 页。

② 张文显：《法学基本范畴研究》，中国政法大学出版社 1993 年版，第 289 页。

③ 李林：《法治的理论、制度和运作》，《法律科学》1996 年第 4 期，第 6 页。

④ 车丕照：《法律全球化与国际法治》，载《清华法治论衡》第 3 辑，清华大学出版社 2002 年版，第 139 页。

⑤ 参见易显河《完美法治》，《西安交通大学学报》（社会科学版）2008 年第 5 期，第 1—8 页。

为最高法律的宪法或相当效力的法律文件；有明确和一致的法律框架及其后续的实施；建立强有力的司法、治理、安全以及人权机构，这些机构要结构合理、有充足的资金支持、训练完备并且装备精良；拥有过渡性司法程序和机制。以及公共社团和市民社会，以帮助加强法治建设并保障公务人员和机构承担责任。上面这些规范、政策、机构以及程序，它们构成了一个社会的核心，在这样的社会里，个人得到安全保障、法律为权益提供保护、争端得到和平解决、受到的损害得到有效救济补偿，无论谁违反法律（包括国家本身），都会承担责任。

在国际层面，法治原则规定在联合国宪章中，主要用以规范国家之间的关系。而真正使国际层面法治具有独立、正式地位的是联合国的理论和实践支持。在这一层面上，国际法治与国家法治相比，包含了更多的内容。首先，国际一级法治的基本问题是国际法的编纂和逐渐发展以及执行和遵守国际法义务，无论这些义务源于条约还是习惯国际法。联合国支持发展国际法以及具有和不具有约束力的规范，并支持发展监督其实施和国家遵守情况的机制。其次，国际法的所有主体履行其义务是一切国际法治概念的根本，而履行的保障则依赖于国际司法机构的职能。国际司法机构的实践构成了对国内司法的补充，国际法院、混合法庭以及非司法解决争端机制的建立，不仅使国家间争端有法治的解决路径，而且在战后国家特别法庭的建立也已使人们普遍接受个人应当对国际法定义的罪行承担责任。除国际司法机构之外，联合国推动的国际法治还在国际层面上建立了许多非司法机制和手段，监督国际规范和标准的遵守情况，并和平解决争端。此外，联合国新的内部司法系统已于2009年开始正式运作，这是联合国致力于在组织内建立法治的一个里程碑。因此，相对国内法治而言，国际法治更需要在国际法的制定、遵守、执行以及司法监督，乃至国际组织的内部法治等各个层面贯穿对国际法和法治精神的遵守，从而实现国际社会的良善治理。

综上，国际社会的法治包括三个层面的含义：第一，国际法治意味着国家和其他国际法主体之间的关系上将适用（国内）法治原则；第二，国际法优于国内法的“国际法之治”；第三，“全球法治”，正义通过“全球法”（global law）得以实现，它意味着一个直接调整个人的规范体制的出现，无须以现有的国内机制作为正式媒介。

三 国际法治是全球治理的基本形式

众所周知，国际社会不存在一个类似于国内政府的中央权威，国际关系大多数时候处于一种被霍布斯（Hobbes）称为的“无政府状态”,[①] 或者是一种被布尔（Hedley Bull）称作“无政府社会”的状态。[②] 全球治理的讨论，也正是以今日之实践中所遇到的新问题为背景，对这个古老问题的重新探讨。[③] 所谓全球治理，简单而言，就是治理全球化。其出发点是要通过一种全新的治理理念和治理模式，以解决全球性问题，让全球化这一不可避免且不可逆转的客观进程在人类的掌控中前进。它是历史上最为久远的挑战之一。[④]

全球治理的焦点问题是社会体系秩序的达成。理论上，人类社会秩序分为三类：第一类是自然发生的秩序，它关注的是各行为体之间利害关系的自然协调；[⑤] 第二类是依靠强制力的秩序，是行为体之间的相互对立，因而需要依靠强制力来解决纷争；第三类是通过交涉而形成的秩序，考虑的是以规范和规则为基础的秩序，虽然各行为体所追求的目标是自身利益和权力的最大化，但也重视通过交涉可以达成的协议，以及在此基础上对问题的和平解决。[⑥] 全球治理近年来的发展，是冷战结束后国际政治经济秩序的新的发展形态，是国际规制有效性的现实要求，是全球公民社会和世界民主潮

---

① Thomas Hobbes, *Leviathan, or the Matter, Forme and Power of A Common-Wealth Ecclesiasticall and Civil*, Yale University Press, 2010, pp. 433 - 453.

② Hedley Bull, *The Anarchical Society*, Columbia University Press, 1977.

③ 王杰、张海滨、张志洲主编：《全球治理中的国际非政府组织》，北京大学出版社2004年版，第87页。

④ ［美］保罗·韦普纳：《全球公民社会中的治理》，载俞可平主编《全球化：全球治理》，社会科学文献出版社2003年版，第197—198页。

⑤ 参见［美］哈耶克《法律、立法与自由》第1卷，邓正来等译，中国大百科全书出版社2000年版，第52—85页。

⑥ ［日］渡边昭夫、土山实男：《全球治理的射程》，载渡边昭夫、土山实男主编《全球治理：无政府秩序的探索》，东京：东京大学出版会2001年版，第4—5页。

流的产物。①

新近国内一些学者倾向于将法治与全球治理联系起来，认为法治是对全球化的理性指引与约束。② 例如，何志鹏教授从贝克·哈贝马斯（Jürgen Habermas）的“超越民族”理论入手，将全球化分为三个层次，分别是全球性的问题、全球性的关注以及全球性的解决。而全球化是一把双刃剑，或带来福祉或导致祸患，对全球化理性认识，并且适当控制其速度和领域，就需要法治的一套规则体系。国际法治有“良法”和“善治”两个标准，它意味着，“在全球的范围内，已经建立起了一套表述明确、内容合理、结构妥当的规范体系，这套体系得到了国际社会的普遍尊重和遵守，对于偶尔的违背规则的行为存在着公正而有效的监督和纠正机制，全球民众形成了对于这种规范的信赖和信仰”。③

第三节　中国对于国际法治内涵的深化和丰富

党的十八届四中全会通过《中共中央关于全面依法治国的决定》，这是我们党历史上第一次以全会报告的形式规定了法治。报告指出：坚持走中国特色社会主义法治道路，建设中国特色社会主义法治体系。报告进一步阐明了依法治国的内涵和外延，“是坚持和发展中国特色社会主义的本质要求和重要保障，是实现国家治理体系和治理能力现代化的必然要求，事关我们党执政兴国，事关人民幸福安康，事关党和国家长治久安”。④ 根据十八届四中全会精神

---

① 俞可平：《全球治理引论》，载俞可平主编《全球化：全球治理》，社会科学文献出版社2003年版，第20页。

② 何志鹏：《国际法治：全球化时代的秩序构建》，《长春公安专科学校学报》2007年第22卷第1期。

③ 同上。

④ 参见党的十八届四中全会报告《中共中央关于全面推进依法治国若干重大问题的决定（2014年10月23日）》，2016年12月8日（http://news.xinhuanet.com/politics/2014-10/28/c_1113015330.htm）。

的要求，新时期国内法治与国际法治应有效衔接，即加强涉外法律工作。适应对外开放不断深化，完善涉外法律法规体系，促进构建开放型经济新体制。我国未来应积极参与国际规则制定，推动依法处理涉外经济、社会事务，增强我国在国际法律事务中的话语权和影响力，运用法律手段维护我国主权、安全、发展利益。

一 法治保护人的基本权利

同“法治”观念的诞生类似，“人权”的理念也在人类社会的发展史上占据了相当的历史地位。在反对封建专制的斗争过程中，“人生而自由平等”理念的诞生从根本上改变了法律的价值和作用，产生了以人权为基本价值和目标的近代法治。1776 年美国《独立宣言》（*Independence Declaration*）第一次将人权的理念融入国家的根本法律之中，而随后 1789 年《法国人权和公民权宣言》（*Déclaration des Droits de l'Homme et du Citoyen*）又完整确立了近代法治上的人权原则。现代法治精神中，人权保障是法律规范主要维系的价值，而民主法治终极的目的，则是在于维护个人的尊严、保障基本人权。从这一层面而言，人权是法治的基本价值和根本目标，而法治是人权的根本保障，也是人权得以保护和尊重的重要标志。一方面，要尊重和保护人权，必须实行法治。人权只有通过法律的确认，才能从应然权利转变成法定权利，从而得到强有力的保障。法治要求法律必须以尊重和保护人权为最根本的出发点和原则；法律制度必须是充分和完备的体系，必须具有极大的权威性，任何个人、任何组织、任何政党、任何机构都要遵循法律至上的原则；另一方面，法治如果偏离了保护人权的目标，也不是真正的法治。法不是要限制人民的权利，而是要确认和保护人权和自由。一个法治程度愈高的社会，也是一个愈自由的社会。

同样，在国际社会的形成和不断发展之中，国际法治理念的发展也必然带来对人权的重视和保护。被称为“现代国际法学之父”的格劳秀斯（Hugo Grotius）在其著名的《战争与和平法》一书中，即强调了“人的普遍权利”和“人权”的概念。而从第一次世界大战以后，人权问题即开始进入国际法领域。由于在战争期间和战后国际上出现了一系列严重违反人权的情形，人权问题引起世界各国的密切关注，国际上出现了一些关于国际人权保护的公约和规定。如1926年国际联盟主持制定的《禁奴公约》和1930年的《禁止强迫劳动公约》等，都是关于人权问题的国际公约。不过早期的人权概念并没有形成普遍公认的国际法原则，而且从总体上讲，人权的国际保护还仅限于人权的个别领域，并带有非经常的性质。第二次世界大战中，德、意、日法西斯大规模践踏基本人权、残酷屠杀人民的暴行，激起了世界各国人民的极大愤慨，人权的国际保护成为国际社会面临的重要任务。人权问题才全面进入国际法领域，成为现代国际关系中的一个重要问题。《联合国宪章》在序言中就开宗明义地规定："重申基本人权，人格尊严与价值，以及男女与大小各国平等权利之信念"，虽然宪章中没有出现"法治"字眼，但是也做了相近的表述："创造适当环境，俾克维持正义，尊重由条约与国际法其他渊源而起之义务，久而弗懈。"

在联合国主持下，国际社会制定和通过了一系列有关人权问题的宣言、决议和公约，从而使人权的国际保护成为现代国际法的一个重要组成部分。联合国秘书长文件指出，我们在推动法治的时候，所依据的规范是《联合国宪章》本身，以及现代国际法体系的四个支柱：国际人权法、国际人道主义法、国际刑法和国际难民法。这些准则包括了过去半个世纪以来制定的大量联合国人权和刑事司法标准。因此，联合国为支持司法和法治而开展的所有活动都必须将其作为基本规范。[①]

二　法治保障社会的基本安全与发展

过去，安全的概念主要是与领土安全等同在一起。今天，跨边界的军事威胁是一种威胁，但往往不是人们生活中所面临的最重大挑战。因此，安全保障不再单独依赖于军事反应，它还与政治健康、社会、环境、经济和文化制度、共同加强安全、发展和人权之间有关联，并帮助促进人类的自由。同样，全球环境的转变意味着

---

① Report of the Secretary-General, *The Rule of Law and Transitional Justice in Conflict and-Post-Conflict Societies*, S/2004/616, para. 9.

一个地区的国界不安全，不仅威胁到直接受害者，而且也给国际社会的集体安全造成严重威胁。[①] 针对这些事态发展，联合国大会在2005年世界首脑会议上同意进一步讨论和界定人的安全概念。世界首脑会议成果文件（A/RES/60/1）第143段指出，“每一个人，尤其是弱势人民，都应有权免于恐惧、免于匮乏，获得平等机会享受其权利，充分发挥其自身的潜力”。大会于2008年5月举行了一次关于人的安全非正式专题辩论。为此，联合国前秘书长潘基文（Ban Ki-moon）于2010年3月发表了人的安全报告（A/64/701）。随后，大会于2010年5月20日和21日举行了一个“关于人的安全”正式辩论会，大会在2010年7月以协商一致方式通过人的安全的决议，题为“对《2005年世界首脑会议成果》关于人的安全的第143段的后续行动”（A/RES/64/291）。

法治在建立和维护国际和平与安全中是不可或缺的重要保障。作为人类文明和社会进步的重要标志，法治意味着对所有主体的公平和正义进行保证，任何主体都应当遵守法治的要求，任何违背法治的行为都必须承担相应的后果。只有这样的保证才能够建立和维护社会的稳定，进而保障个人和整个社会的安全。因此，国际层面的法治也就意味着在国际社会中任何成员都有义务避免从事危及国际和平与安全的行为，这不但是一项基本国际义务，而且也是各国际法主体在国际社会中制定法律规则的价值取向。尽管就二者的关系而言，违反法治的行为并不必然危及国际安全，但根据国际法“不使用武力”的基本原则，任何对国际和平和安全的破坏无疑均是对国际法治的破坏。例如干涉内政、滥用武力解决争端，侵略行为、包括大规模侵犯人权等行为，不但是违背国际义务的国际不法行为，而且也是对国际安全的严重破坏。

在国际社会尤其是战后国家建立法治，一方面，能够在破坏的社会秩序中重新建立起公平和正义的信念，并且逐渐稳固在冲突之中岌岌可危的个人和社会安全；另一方面，建立良好的法治也是保障战后国家持续和平和安全的基石。如果一个国家或地区的冲突得

---

① UN Website, http://www.un.org/zh/ga/president/65/initiatives/HumanSecurity.shtml, visited on 4 June, 2017.

不到法治化、制度化解决的途径，那么其国民的人身安全与自由、社会的公平与正义、国家的安全与和平都将无法有效实现。如前所述，国际社会中任何成员都有义务维护和保障法治，对法治的破坏在某种程度上也是对国际社会安全的威胁，因此，在战后国家里，建立或者恢复法治就显得尤为重要。这也是在联合国宪章中规定所有成员国均需要努力解决的核心问题，而帮助处于战后危机中的脆弱国家建设法治则已逐渐成为联合国的一项核心工作。通过以联合国为组织形式的国际社会的共同努力，确立问责制和加强规范、建立对司法和安全机构的信心、促进性别平等，协助冲突各国或地区重新确立法治，进而维护和保障整个国际社会的安全。

除安全之外，发展是21世纪国际法发展趋势中的另一个重要方面，不仅仅涉及经济领域，而是经济、文化、社会、政治等诸多领域交织在一起才能够完成的。与发展从前一直是针对国家而言不同的是，发展正在成为一种以人为中心的活动，它的最终目标是人类生存条件的改善。联合国大会1986年12月4日第41/128号决议通过的《发展权利宣言》也正式确立了发展权，提出："发展是经济、社会、文化和政治的全面进程，其目的是在全体人民和所有个人积极、自由和有意义地参与发展及其带来的利益的公平分配的基础上，不断改善全体人民和所有个人的福利。"而且，"发展权利是一项不可剥夺的人权"；"人是发展的主体，因此，人应成为发展权利的积极参与者和受益者"。1961年，联合国大会决定以60年代为第一个"联合国发展十年"，并号召全体会员国团结一致，坚持努力，冲破至今依然使世界上许多地区受到折磨的贫穷、饥饿、愚昧和疾病的循环。这标志着联合国将在发展问题上付出相对而言更多的时间、人力和财力。[①] 1970年联合国发展委员会在其包含《第二个联合国发展十年》建议的报告中则提到："发展对于发展中国家不仅意味着增加生产能力，而且包括了对其社会经济结构的重大改造。"[②] 简言之，发展的最终目的是为全体居民提供较好生活的机会。

① 江国青：《演变中的国际法问题》，法律出版社2002年版，第99页。

② U. N. Doc. A/RES/2626 (XXV), 24 October, 1970.

通过法治在社会中建立公平与秩序，维护社会的稳定和安全，社会得以向前进步和不断发展。从这层意义上而言，法治的最终目标则是实现社会的向前发展。同样，在国际社会之中，也正是法治的精神和理念促成了整个国际法律共同体的形成，而国际社会又通过法治实践反过来加强和促进这一国际共同体的进步和发展。正如联合国宪章在序言中所写，“运用国际机构，以促成全球人民经济及社会之进展”。因此，国际法治又是实现国际社会发展的基本前提和重要手段。在国际社会的实践之中，各个国家和国际组织通过协调与合作，实现和维护国际社会的和平与安全，而社会也只有在实现和平与安全环境的基础之上，才能实现良性与可持续的发展。

此外，国际社会的发展趋势也意味着在人类的观念中彼此分立和隔离不再成为主流，而是所有国家在当前整个国际社会中都拥有着共同的利益。例如日益尖锐的资源与环境问题、发达国家与发展中国家之间越来越突出的公平和正义矛盾，以及全球恐怖主义行为的威胁，都对国际社会的发展构成了不容回避的障碍。如果不能以法治对国际主体的行为进行规范和协调，而将国家的短期、局部利益超越法治之上，那么无疑整个国际社会都将面临无序和崩溃的危险，发展也就不复存在。因此，全人类共同利益、国家利益与个人利益之间的关系，必须在国际法治层面受到规范和协调，也只有在全球法治框架之下，才能够实现和保障国家的和平与发展。为此，联合国也通过一系列的改革和措施，在国际层面上建立和发展国际法治，以推动法治的进步，特别是推动发展领域的法治取得成果，并且从法律、机制和资源上对发展给予必要保障，以促进国际社会整体进步。

三　法治确保改革在正确的道路上进行

（一）改革与法治价值选择的差异

从法理学的角度看，法律具有稳定性价值。我们通常所说的法律最忌讳“朝令夕改”，即是建立在这一价值基础上的。法律治理是规则之治，不确定的法律无法给民众以确信感和安全感，遵守法律甚至维护法律的权威就更加无从谈起。有学者指出，法治本身的要求就是保持业已制定的法律所确定的核心价值，保护既存利益格局及现有的社会秩序等。而改革具有创新性，呼唤对现有的体制和利益格局进行调整重组，实现利益最大化。在很大程度上，改革强调现有制度的灵活性、适应性和可变动性，需要破旧立新，挑战现行法律制度和政策，并代之以新的制度和秩序。可见，改革与法治这两个核心命题之间，存在着某种张力。正如康德所说“当理性一方面根据一个普遍所承认的原则得到一个论断，另一方面又根据另外一个也是普遍所承认的原则，以最准确的推理得出一个恰好相反的论断，必然会出现某种形式上的悖论”。[①]

总体而言，法治是国家的常态治理方式。为了能够实现法治，法律必须保持稳定。在稳定的法律之下，一般不要求改革，而是要求法治经常性地发挥作用。[②] 但是与法治的稳定性、保守性不同，改革要求打破法律的稳定性，要求改变法律的规制理念或者方法。这种价值选择上的差异，导致了改革与法治的关系在很多方面存在矛盾。需要注意的是，在改革开放初期法治基础缺乏、法律体系尚不完备的条件下，政府往往会先探索实践、试点试验，改革成果经过检验后，再通过立法予以确认。这种政策推动型的改革在当时特定历史条件下有其合理性和必要性，也发挥了积极作用。但随着依法治国基本方略的全面落实，实践先行立法附随的改革模式也日益显现出弊端。改革与法治长期处于紧张状态，在一定程度上损害了法律的权威性，并导致“改革就是要突破现有法律”的认识误区，[③] 以至于长期以来造成一种错觉，即牺牲法治是改革的必然代价。

实现法治总体目标是一个系统工程，是实现国家治理体系和治理能力现代化的重要一环，也是国家在治理领域的一场全方位的深刻变革，难度之大、挑战之艰巨前所未有，这就客观上决定法治的变革是一场牵一发而动全身的顶层设计，需要以全局的观念甚至国际化视角保障其系统性、整体性和协同性。尤其值得注意的是，地

① ［德］康德：《任何一种能够作为科学出现的未来形而上学导论》，商务印书馆1977年版，第77页。

② 陈金钊：《法治与改革的关系及改革顶层设计》，《法学》2014年第3期。

③ 王乐泉：《论改革与法治的关系》，《中国法学》2014年第3期。

方法治试验不应以违反法律的方式进行，对于先行先试没有法律依据的，要及时按照法定程序做出授权。更“要避免‘法治行政区域化’破坏法律体系的完整性和统一性”。[①]

（二）改革与法治的良性互动

从法律方法论的角度看，法治与改革并不存在剧烈的冲突，存在的其实是具体法律规则与改革的冲突。改革的确需要突破现有的部分法律规则，而法治也确实要求尊重现有法律的权威，但法律规则并不等同于法治。2014 年 3 月，习近平总书记在《在首都各界纪念现行宪法公布施行 30 周年大会上的讲话》中指出：“各级领导干部要提高运用法治思维和法治方式深化改革、推动发展、化解矛盾、维护稳定能力，努力推动形成办事依法、遇事找法、解决问题用法、化解矛盾靠法的良好法治环境，在法治轨道上推动各项工作。”可见，法治更多的是法治思维、法治方式和对法律价值的追求，而并不意味着要求社会全体成员对现有法律规则机械地遵守。

从法律发展的角度上看，任何社会的法律规则都不是一成不变的，都需要改革予以推动。以美国宪法为例，尽管今天的美国宪法仍然保留着 1787 年制定时的 7 条正文，但至今已经通过了 27 项宪法修正案，总条数超过 40 条。面对陈旧滞后的法律规则，我们需要运用法治方式加以改变，从而使法律趋于完善。因此，改革与法治是存在并且可以进行良性互动的，坚持法治绝不是要停滞改革，法治不应该也不可能成为停滞改革的理由。在新的历史时期，我国社会发展需要改革也需要法治，应当正视改革与法治的良性互动，才能有效推动经济社会健康发展。

1. 以法治引领改革进程

习近平总书记明确要求，在整个改革过程中，都要高度重视运用法治思维和法治方式，发挥法治的引领和推动作用。党的十八届四中全会报告也指出，“党员干部是全面推进依法治国的重要组织者、推动者、实践者，要自觉提高运用法治思维和法治方式深化改革、推动发展、化解矛盾、维护稳定能力”。党的十八届三中全会

① 倪非：《地方先行法治化的基本路径及其法理限度》，《法学研究》2013 年第 5 期。

亦指出“重大改革必须于法有据、有序进行”，明确指出了在处理改革与法治关系时，法治的引领作用。随着我国经济水平和社会治理水平的不断提高，法治环境的逐渐完善，我们有条件也有必要转变改革的思路，改变过去政策推动的路径依赖，以法治引领改革，实现改革决策与法治规范的协调同步。

一方面，改革要在法治允许的框架下进行。法治既能适应社会制度转型的需要，又能保障改革的持续发展。将改革纳入法治的轨道，从而保障了社会转型在可控的范围内，使得社会转型朝着法治中国的目标前行，以法治促改革顺利展开。当改革遇到制度障碍时，应努力通过法律解释来解决，并通过行政管理手段的创新，减少改革与法治的直接冲突。① 另一方面，通过法治转化顶层设计，推动改革科学发展。通过立法授权等形式，为改革进程的进一步发展创造更大空间，以法治保障改革成果，使法治不仅是改革的被动回应，更是对改革进程的谋划和前瞻，为改革发展提供制度保障。

2. 以法治规范改革行为

法治是治国理政的基本方式，也是全面深化改革的基本遵循。获得最广大人民群众的理解、支持和参与，是改革的民意基础和正当性前提。法治则恰恰是改革获得人民群众理解和支持的基础。唯有法治，作为一种以法律规范为基础的治理形式，能够以其公平正义价值最大限度回应各种社会诉求，以其理性、客观的价值导向保障改革的顺利进行。

因此，改革的过程，就是法治不断规范改革行为，保障改革以正确的轨道发展的过程。根据习近平总书记和中共中央的严格要求，改革行为必须以法治规范，在改革行为能够依照现有法律规则进行时，坚决遵守法律，维护宪法、法律的权威；在改革需要依法获得授权时，要严格遵守法定程序；在重大改革面临法律障碍时，应严格遵守修法程序，公开公正，依法限定改革行为的边界，防止一部分改革行为对法治秩序造成冲击，避免违法改革的“破窗效应”。

① 陈保中：《法治思维》，上海人民出版社 2015 年版，第 17 页。

3. 以法治巩固改革成果

党的十八届三中全会《中共中央关于全面深化改革若干重大问题的决定》提出，“到2020年，在重要领域和关键环节改革上取得决定性成果，完成本决定提出的改革任务，形成系统完备、科学规范、运行有效的制度体系，使各方面制度更加成熟更加定型”。这表明，改革与法治的良性互动还表现在法治能够巩固既有改革的成果。法治建设要妥善处理法律的稳定性和改革的变动性之间的关系，既反映和确认改革的成功经验，又为进一步深化改革和促进各项建设事业的发展预留下空间。这也是我们正确处理改革与法治关系的成功经验。法治的重要功能就是通过制度的立、改、废，确保已经过实践检验、行之有效的改革成果加以确立、巩固，甚至上升为根本性原则和制度体系，而随着改革的不断深入，整套制度体系也会愈来愈完备，更具科学性、有效性，从而实现改革与法治共同推进、协调展开的良性互动局面。

四　法治在中国被赋予社会主义特色的全新内涵

党的十八大以后，中国国内法治思想被赋予了全新的内核，已经成为以习总书记为核心的党中央治国理政的重要方略。法治思维和法治方式成为实现国家治理现代化和法治化的重要路径。

著名法学家李林教授将社会主义法治的全新内涵概括为八大要义，分别为：从党和国家工作的大局和加强党的领导与执政能力的战略高度，以推进国家治理现代化、建成全面小康社会和实现中国梦为不同阶段的改革发展目标，统筹法治建设与经济、政治、文化、社会、生态文明和党的建设等各方面工作，把全面推进依法治国作为一项事关党领导人民治理国家和社会的重要工作，把法治作为党治国理政的基本方式和主要途径，把全面推进依法治国、建设中国特色社会主义法治体系作为一个庞大的系统工程，从坚持党的领导、人民当家作主、依法治国有机统一，坚持科学立法、严格执法、公正司法、全民守法系统发展，坚持依法治国、依法执政、依法行政共同推进，坚持法治国家、法治政府、法治社会一体建设，坚持形成办事依法、遇事找法、解决问题用法、化解矛盾靠法的法治环境，坚持依法治国与以德治国相结合，坚持平安中国与法治中国建设相结合，坚持法治建设与深化改革协调推进八个方面，全面系统推进法治中国建设，构建现代化国家法治机器。[1]

① 李林：《习近平法治思维八大要义》，《中国改革论坛》2014 年第 5 期。

第二章

联合国框架下的国际法治

法治不是凭空创造或者是保持的，除非一个社会中的多数成员认识到其价值并对于法治有着一种理性的信仰；法治既是一系列制度的叠加和共同作用，又是一种文化，是一种习惯，一种承诺以及对于承诺的履行等，对于普罗大众而言，是法典和制度，但是没有一种文化和一种自觉的承诺，它们也只是橱窗里面精美的礼服而已。在文明民主和稳定的发展社会中如此，在战后的社会中亦是如此。[①] 联合国作为最重要的国际组织，在经济、政治上为战后国家、社会的重新建立做出了很多努力，也采取了很多的实际措施。这些机制的宗旨是在遭遇过大范围人权破坏的社会中促进和解，并推动改革和民主进程，最终目标是缓和紧张状态、重建法治。这些机制各有特色，各有利弊，但是没有任何一个机制可以单独地一劳永逸地解决所有问题。只有将这些纷繁复杂的诉讼或者非诉讼方式有效地结合起来才能真正实现战后和平目标。

第一节　审议、制定国际法的常规机制

联合国大会作为联合国的最高审议机关，已经形成讨论和制定国际法的一个常规和持久的机制，大会在这方面的工作主要是通过联合国第六委员会来进行的，它发动和准备多边条约谈判并提供便

① Jane Stromseth, David Wippman, and Rosa Brooks, *Can Might Make Right? Building The Rule of Law After Military Interventions*, Cambridge University Press, 2006, p. 322.

利，然后向联合国会员国开放条约的签字和批准。此外，它还就国际关系中的各种问题不断通过宣言和决议。这些宣言和决议虽然一般不具有法律上的约束力，但在政治和道德上的感召力和影响力是巨大的。[①]

一　联大作用概述

如前所述，早在2006年9月13日，联合国大会就决定将国际和国内两级层面的法治纳入到联大议程中。该决议受到联合国各个会员国的普遍欢迎，无一反对。自此，法治正式进入联大的工作程序。2006年联合国大会根据第六委员会的报告（A/61/456）通过了A/RES/61/39号决议，强调了国内和国际的法治。然而，从决议的措辞不难看出，文件并没有在既有的理论之上有大的发展和突破，多是“重申”过去文件的理论和精神。唯一有新意之处是决议最后一段，决定将题为“国内和国际的法治”的项目列入大会第六十二届会议临时议程，且有可能成为长期的关注事项。2016年4月11日，时任秘书长潘基文出席题为“联合国和平行动审议：审时度势、利用机遇和确定前进方向”（UN Peace Operations Review：Taking stock，leveraging opportunities and charting the way forward）的特别会议并发表讲话，强调旨在维护和促进国际和平与安全的联合国和平行动必须与时俱进，以适应层出不穷的各种复杂挑战，并就此呼吁从八个方面加强相关工作。分别为：预防和斡旋；深化合作伙伴关系；根除性剥削和性虐待；关注妇女、和平与安全；提高统一行动的速度、能力和业绩；改进后勤支持系统；建设和平，确保对维持和平的一致和全系统的广泛支持，以及把政治解决办法和战略作为制定和部署联合国和平安全行动的指导。[②]

二　促进国内和平

联合国开发计划署（United Nations Development Programme，UN-

---

① 曾令良：《联合国在推动国际法治建设中的作用》，《法商研究》2011年第2期。

② http：//www. un. org/zh/development/population/newsdetails. asp？ newsID = 25977，visited on 9 June，2017.

DP）目的在于，帮助发展中国家提高其自然资源和人力资源的创造物质财富的能力。作为联合国技术援助方面的计划管理机构，开发计划署的援助资金来源于联合国成员国的自愿捐款，援款是无偿的。2008 年到 2011 年，开发计划署开展了一项名为“在冲突中和冲突后局势下加强法治”（Strengthening the Rule of Law in Conflict-and Post-Conflict Situations）的援助项目，这也是开发计划署在全球范围内为正义与安全而设立的项目。该项目文件在最开始就开宗明义地指出，在联合国体系内外，均一致地将国际和国内两级层面的法治视作人类可持续的和平与发展之前提。而安全与正义也是实现法治的重要基石。在国际层面，要以联合国宪章为准则，努力实现国际主体之间的和平关系；而在国家层面，则要在冲突国家实现重建和平目标，消除贫困，以联合国千年发展目标为准则实现最终的发展目标。作为联合国大会下设的主要负责发展问题的机构，开发计划署主要为受援国家提供建立长期发展能力的援助，而不只是物质方面的帮助。[①] 该项目最终要达到的目的是：首先，在社会转型期间要在恢复的框架内实现法治，例如，包括政权制度、公民社会等在内的国家能力的恢复。要特别关注在冲突中受到侵犯的女性的安全，帮助她们伸张正义。在技术上支持司法制度和一切硬件的重新建立，实现过渡时期的司法和正义。努力建立民众对于社会和国家的信任和信心，推进各方之间的对话和交流。

2013 年，开发计划署出台新的文件，进一步强调新时期署内的主要职责，如下：改善获得司法救助和救济的机会，帮助人们享有权利；帮助各国政府建立有能力的司法系统，包括在危机或冲突过后迅速恢复司法服务和争端解决机制，增进社区安全，减少武装暴力现象，包括通过控制小武器和轻武器扩散来实现此项目的；应对性暴力和性别暴力侵害，增进妇女在司法和安全机构中的参与及领导权；支持增进和保护人权，包括加强国家人权机构的工作，支持与国际人权机制交往，促进运用以人权为基础的方法拟订发展方案和国家规划进程；以及支持司法正义，以纠正以往的暴力和侵犯人

① UNDP Paper, *Strengthening the Rule of Law in Conflict-and Post-Conflict Situations: A Global UNDP Programme for Justice and Security*, 2008 - 2011.

权行为，使社会摆脱暴力的遗留后果。[①]

建设和平委员会（Peace Building Committee，PBC）是根据大会第60/180号决议和安全理事会第1645号、第1646号决议成立的。其建立在2005年世界首脑会议成果的基础上（97—105段），由于冲突后建设和平及和解需要采取协调一致的统筹对策，以期实现可持续和平，故而建立专门的体制化机制，负责满足刚摆脱冲突的国家走向复原、重新融合重建方面的特殊需要，协助它们奠定可持续发展的基础。可见和平委员会建立的动因就是促进战后国家的持续和平和法治，因此，其作为大会的附属机构也是与战后国家国内法治最直接相关的。[②] 在剧烈的社会冲突之后如何建设持续的和平是一项颇具有挑战性的工作，需要国际社会和冲突所在国的共同努力，建设和平委员会不仅仅能够协调和支持各项建设和平的项目，并且能够防止冲突进一步恶化。作为一个联合国政府间咨询机构，建设和平委员会能够通过其对国家和平进程的支持，从而加强整个国际社会实施更加广泛和平进程的能力。具体而言，其作用体现在两个层面：一方面它可以有效汇集各个行为体（国际捐助者、国际金融机构、国家政府和部队派遣国），并调集各种管道的资源；另一方面，它可以就冲突后建设和平及恢复综合战略提出相关咨询和建议。未来联合国应进一步发挥建设和平委员会和区域组织的作用，尤其是建设和平委员会应该完善其内部机制建设，加强与联合国其他部门的协调合作，努力探索协助战后脆弱国家建设和平的有效途径。

法律委员会（第六委员会）是国际法主要审议机构。根据联合国宪章第13条的规定，“大会应发动研究，并作成建议……以促进政治上之国际合作，并提倡国际法之逐渐发展与编纂”。联合国后续的实践将这一条款解释为一个对国际法进行编纂的授权；而大会也设立了一系列相关的机构来完成这一任务。联合国第六委员会就

① UNDP Paper, *UNDP's Rule of Law Global Programme Annual Report* 2013: *Strengthening the Rule of Law in Crisis-affected and Fragile Situations.*

② United Nations General Assembly, The Peacebuilding Commission, A/RES/60/180, 30 December 2005, paras. 2 - 6.

是这样的工作机构，也称法律委员会，附属于联合国大会，专门负责法律事务。尽管依据所讨论的国际法事务属性的不同，有关国际法造法的谈判可能会在不同的机构进行，但是有关一般国际法的谈判通常都会在第六委员会内讨论。一般来说，所有联合国会员国都是第六委员会事实上的成员，都有权向第六委员会派驻代表，即使是联合国观察员的非国家实体或者梵蒂冈教廷，都可以出席或参与第六委员会的讨论。

第六委员会通常会指定一个主席负责领导各项讨论工作，三个副主席协助主席工作，以及一个特别报告员（*Rapporteur*）。主席的工作主要是召开正式会议，提出工作计划，还包括解决一些程序上的问题等。第六委员会的开会时间跟联大同步，都是在每年 9 月到 12 月。会议之前，先由联大交给六委相关会议议程表，议程通常包括讨论联合国国际法委员会的年度报告，联合国国际贸易法委员会的年度报告，以及其他专门机构的报告和一些特别议题等（如打击恐怖主义）。六委在正式讨论和协商具体提案之后，以相对简单的表决办法（一般都是协商一致通过）做出决议，这些决议案一旦在委员会中获得通过，就提交大会审议，以决定是否正式采用为联大决议。如果一项议题在法律技术上非常复杂，则六委将其提交至联合国国际法委员会，或者再设立一个专门的下属机构进行详细讨论。

联合国在国内和国际两个层面的法治议题通常都会分配给六委进行讨论，提出决议草案，进而形成正式的大会决议。2006 年，在列支敦士登和墨西哥的请求下，第 61 届联大开始将国际和国内两级法治的问题列入临时议程（A/61/142），此后连续四届联大均对该项议题进行了讨论（61/39，62/70，63/128，64/116 号决议）。在第 65 届会议中，联大要求所有利益攸关方加强对话，将国家视角置于法治援助的中心，以加强国家自主权（state ownership）；同时要求联合国秘书长按照大会第 63/128 号决议的规定，定期及时提交其关于联合国法治活动的下一年度报告；此外，第 65 届联大决议还认为应当在大会第 67 届会议高级别期间召开大会关于国内和国际的法治的一次高级别会议，会议的方式已在第 66 届会议期间最后确定。在第65届联大的第32号决议中，还决定将题为“国内和国际的法治”的项目继续列入大会第66届会议临时议程，请各会员国在第六委员会进行的辩论中重点就“冲突和冲突后情况下的法治”这一分专题［第六委员会主席的说明（A/C. 6/63/L. 23）］发表评论，但不妨碍对整个项目的审议，并请秘书长在征求会员国意见后在其报告中提供关于该分专题的数据。可见，第六委员会是在大会的指示下对战后国家的法治问题进行讨论，从而为大会的相关议程提供专业、充分的理论资源。

三　战后联大职能变化的新趋势

联合国宪章第10条赋予大会就宪章范围内任何事项进行讨论和向会员国及安理会提出建议的职权。第11条则将这种授权具体化，即讨论在维护国际和平与安全方面进行合作的普遍原则，向会员国及安理会提出建议。第14条规定大会对于妨碍国际和平的，或由违反宪章宗旨和原则而起的情势，有建议和平调整办法的职权。但是，显而易见，对于维持国际和平与安全，大会的职权只能是讨论和建议，而不能是执行，而且，建议的职权还要受到安理会的限制，即12条所规定的只要有关维护国际和平与安全的事项正在安理会的日程安排中，大会就不得就该事项提出建议，除非安理会对此提出要求。①

但是，第12条的限制引发了两个问题，首先，只要安理会未就某一事项请求大会提出建议，大会是否一定不得提出建议？大会是否在特殊情形下可以就该事项提出相关建议呢？其次，在安理会无法做出决定而存在陷于瘫痪的状况，而安理会又未请求大会参与，大会是否可以不经请求而提出自己的建议？② 其后的实践也一再强化了该决议的精神，大会于1958年和1960年依据该决议就南非问题、安哥拉问题、突尼斯问题、纳米比亚问题和塞浦路斯问题提出

① Martin Dixon, Robert McCorquodale and Sarah Williams, *Cases and Materials on International Law*, Oxford University Press, 2000, p. 85.

② 司平平：《联合国大会维护和平职能的扩展——对〈联合国宪章〉第12条逐步扩大的解释》，《法学评论》2007年第2期。

过建议。近年来又依据该决议处理过波黑问题和索马里问题。如果后两个问题的答案是肯定的，那么显然没有依照严格的对条约进行文意解释的方法，而是考虑了宪章根本目标，而进行了更为灵活的目的解释。事实上，早在20世纪50年代，大会就已经尝试突破第12条限制，制定名为《联合一致共策和平》的第377A号决议。该决议的产生也是为了弥补安理会“大国一致”表决原则的缺陷。根据该决议，在面对危及和平的情势、破坏和平或侵略的行为时，如果安理会由于5个常任理事国未能一致而不能履行其维护国际和平与安全的职责，大会应对这种情势或行为进行审议并提出建议。

国际法院在2004年“关于在被占巴勒斯坦领土上建立隔离墙的法律后果”的咨询意见中再次引用了这一决议来说明大会有权在安理会无法做出决定时就维护国际和平与安全问题做出决议，从而再一次肯定了这一决议的权威性。国际法院虽然认为向法院提出发表咨询意见的请求不属“建议”的范畴，但认为有必要对宪章第12条进行解释，以回答有关大会在未经安理会请求而提出建议是否越权的问题。国际法院通过对宪章的解释而对大会扩展其职权行为的认可，具有极大的影响力，而其对于宪章的解释也应属于有权解释。[①] 同样，在2010年的“科索沃宣布独立咨询意见”案中，国际法院的解释也已经清晰地体现出宪章第12条的适用在实践中已经逐渐扩大。

联大与法治相关，最为核心的机构当属第六委员会。每年，联大六委都要出具“两级法治”相关报告，重申联合国对法治主体的坚持。2016年11月11日，联合国大会第七十一届会议，第84号议程项目《国内和国际的法治》（A/71/515）再度提出，维护《联合国宪章》的宗旨和原则以及国际法，提出这些基本观念均是一个更和平、更繁荣、更公正的世界所不可或缺的基础。

文件中提及的这些宗旨和原则被认为是在全世界实现公正持久的和平的基础，而人权、法治和民主相互关联、相互加强，是普遍、不可分割的联合国核心价值和原则的一部分。对于国家在国际

① 许光建等编：《联合国宪章诠释》，山西教育出版社1999年版，第119—120页。

法上的责任，则明确提出，国内和国际上普遍遵守和实行法治，庄严承诺维护以法治和国际法为基础的国际秩序，这样的国际秩序，连同正义原则，对于国家间和平共处及合作至为重要。在两级法治的互动问题上，则强调应会员国请求时联合国必须通过加强技术援助和能力建设来加大力度支持会员国在国内履行各自国际义务。进一步强调各国在其国际关系中不以任何不符合联合国宗旨和原则的方式进行武力威胁或使用武力，以不危及国际和平与安全和不损害正义的方式通过和平手段解决其国际争端，并促请尚未接受国际法院管辖权的国家考虑依照法院《规约》的规定予以接受。联合国及其会员国应以促进和尊重国内和国际的法治以及正义和善治作为其活动的指导方针。

第二节　执行国际法的刚性机制

促进和推动国内和国际两级法治在联合国整个组织层面均需要广泛协调和行动，一方面，包括国际劳工组织在内的联合国专门机构和19个国际组织已经在超过35个国家和地区开展建设法治的工作；但另一方面，根据联合国宪章的规定，联合国安理会仍然为对维持国际和平与安全负首要责任的联合国机关，职能主要包括断定任何对和平的威胁，以及破坏和平或侵略行为是否存在。传统上，安理会拥有制定执行性规范的权力，而所有成员国甚至非成员国均应当遵守安理会决议的规定。由于国际法治与维持国际和平与安全密不可分，安理会在国际法治方面，尤其是在维护和建设战后国家的法治时也就具有了无可替代的重要地位和作用。

一　联合国安理会是联合国框架下的刚性组织

2010年6月26日，为响应国际社会的关注，安理会举行关于“在维持国际和平与安全过程中促进和加强法治”的公开辩论。34个国家和欧盟代表做出发言，强调安理会应当对进一步将法治纳入其日常工作并加强其本身遵守法治的特别作用和责任。6月29日，安理会就这次会议审议的“在维持国际和平与安全过程中促进和加强法治”问题发表了主席声明：“安全理事会再次承诺维护《宪章》和国际法，维护建立在法治和国际法基础上的国际秩序，因为它是各国相互和平共处和合作应对共同挑战必不可缺的，有助于维护国际和平与安全。”

总体而言，在安理会的国际实践中，其所发挥的作用涵盖了国际冲突的三个阶段，包括预防武装冲突、冲突爆发后停火与维持和平，以及战后一国国内建设和平与恢复法治。根据一些学者的界定，国际社会最常见的是四种冲突类型，即国家之间的武装冲突，国家内部的武装冲突，破坏国际法规则的国家，也就是所谓的无赖国家（Rogues）之间的武装冲突以及国际恐怖主义。[①] 这也恰恰构成对国际和平与安全的四种威胁因素。但无论面临何种冲突，安理会均承担着预防和阻止冲突爆发的责任。这一点在2005年安理会“加强安理会预防武装冲突的效力”的第1625号决议中得到强调，指出应当“加强联合国在预防暴力冲突方面所起的重要作用”，同时需要“采取广泛的预防武装冲突战略，全面消除武装冲突和政治、社会危机的根源，具体办法包括促进可持续发展，消除贫穷，实现民族和解，实行良政、民主、两性平等、法治，尊重和保护人权”。[②] 安理会因此做出了大量的努力，对可能爆发武装冲突区域的事态发展建立了定期评估机制，并且积极与有关区域和次区域组织密切协商，共同协调预防冲突的爆发。而在冲突爆发之后，安理会同样采取了相当数量的措施，包括授权武力行动在内的强制行动，以维持和恢复和平。此外，如前文所述，在司法机制的建设中，安理会也不断积极做出努力，恢复地区和平与法治。

但是，从实施效力来看，无论是安理会的预防冲突措施还是重建和平的措施，除了强制性武力行动之外，安理会的上述措施通常具有软法性缺陷，即尽管其决议依据宪章第25条应当为所有成员国

---

① Andrea Charron, *UN Sanctions and Conflict: Responding to Peace and Security Threats*, Routledge, 2011, pp. 16 – 153.

② 联合国安理会第1625（2005）号决议，2005年9月14日安全理事会第5261次会议通过，S/RES/1625（2005），2005年9月14日。

所遵守，但在国内层面却缺乏足够的强制力保障其决议的实施。因此，《联合国宪章》第七章还赋予了安理会采取强制执行措施的权力，使得一旦上述建议性措施均告失败，安理会就可以诉诸强制性制裁的手段。

从安理会的实践可以看出，目标明确的制裁（金融、旅行、航空或武器禁运）能够发挥重要的作用，一方面，制裁措施可以向应当承担主要国际法律责任的人或实体施加压力，另一方面又可以将对人道主义的影响控制在最低程度，不仅与联合国强制军事行动例如维和部队相比费用较低，还可以根据具体情况进行调整。安理会的制裁通过对违反国际标准和法律者实施孤立，即使是最温和的制裁措施（例如禁止目标国参加体育竞赛等）也可以产生十分重要的象征性作用。此外，也正是因为安理会制裁措施的强力，甚至于威胁实施制裁本身就已经可以构成安理会一个十分有力的威慑和预防手段。安理会通过这种方式行使其职权，为保护武装冲突中的平民、保护人权和保护受战争影响的妇女、儿童发挥了较大的作用。通过安理会的有关决议而成立的前南斯拉夫国际刑事法庭和卢旺达国际刑事法庭以及相关的制裁决议可谓是这些方面的最好例证。更重要的是，安理会制裁措施能够贯穿联合国处理国际冲突进程始终，无论是在冲突的预防、爆发还是冲突后的维护和建设阶段，制裁措施均都能发挥重要的作用，无疑是安理会在战后法治建设中发挥影响力的重要保障。

二　制裁是安理会的核心法治工具

制裁措施是安理会在不诉诸武力情况下用于应对和平与安全所受威胁，包括各种新挑战的重要工具。不仅安理会自身也多次承认，"制裁是维持和恢复国际和平与安全的一个重要工具"，而且制裁制度和相关监测机制的实践也在日益增多。尽管联合国宪章第41条被公认为是制裁的法律依据，但是宪章中并没有"制裁"这样的措辞。第41条同时也是一个开放性的条款，显然宪章的制定者在措辞上很谨慎，这样该条所涵盖的措施就十分广泛，首先，只要是非武力的、符合国际法规则的措施，安理会就可以选择性适用。可见，宪章对制裁的对象无限制，既可以是一个主权国家，也可以是一个机构、企业，或是三者的结合。其次，具体中断的物品也不限制，可以是铁路、航空、自然资源等。对于中断措施的执行方式没有限制，可以是一方面的，可以几种方式并用，也没有说明这些措施所造成后果严重程度的限制。最后相应的，可以为制裁对象提供什么样的供给也没有具体化，按照第41条，可以中断该国的任何资源，甚至连该国自有的机场和航线都可以关闭。

联合国宪章的制定者显然是吸取了国联在这方面的教训，认为在两个国家之间起冲突之时，应该以一种强制性的手段去控制事件发展的情势，而这种手段的范围和强度要足以制止未来可能爆发的战争，因为国联引入的是一种只用经济制裁化解冲突的方式，二战的爆发和不可控之势证明这种方式是不足的，这样的两国之间的冲突随时可能爆发新的世界性的战争。然而相比之下，国联盟约第16条第1款却对制裁的定义有着严格的界定。例如，只有国家之间的战争才能构成制裁的基础原因；此外，也许这一点与第16条的精神不相吻合，即各国可以自行决定是否对一国采取制裁，而不是由国联径自决定；安理会在制裁的决策方面体现的可谓是严格的集权方式；因此，在这个意义上，联合国又被一些学者称为是最有权力的国际组织，是它让一个政治性的联合国具有法律的强制力量。[①] 也因此，制裁措施成为宪章赋予安理会最为有力的工具。[②]

表面上看，联合国制裁的直接目的是为了恢复国际和平，而不是为了恢复国际法治，但是采取制裁措施是以存在威胁和平与破坏和平的行为或侵略行为为前提条件的，虽然不是所有的国际不法行为都将危及或实际破坏国际和平与安全，但对于国际和平和安全的破坏无疑是严重违反国际法的行为。[③] 这些国家包括：伊拉克、原

---

① 参见联合国安理会第1625（2005）号决议，2005年9月14日安全理事会第5261次会议通过，S/RES/1625（2005），2005年9月14日；另见《安全理事会制裁的一般性问题非正式工作组关于其2005年活动的报告》，UN Doc. S/2005/842，2005年12月29日。

② Vera Gowlland-Debbas, ed., *United Nations Sanctions and International Law*, Kluwer Law International, 2001, p. 401.

③ 简基松：《联合国制裁之定性问题研究》，《法律科学》2005年第6期。

南斯拉夫、利比亚、海地、利比里亚、卢旺达、索马里、争取安哥拉彻底独立全国联盟（安盟）驻安哥拉的军队、苏丹、塞拉利昂、南斯拉夫联盟共和国（包括科索沃）、阿富汗、埃塞俄比亚与厄立特里亚、伊朗以及朝鲜民主主义共和国等。因此，联合国制裁实际上也是对国际法治的维护和促进，尤其是在战后国家之中，对国际法的违反和破坏更加严重，制裁措施的施行不仅能够在消极意义上抑制对国际法治的破坏进一步发展，同时还能够在积极意义上促进国际法在目标国得到良好的执行。在过去十年的安理会制裁实践中，安理会共对十个以上的国家或地区实施了包括全面的经济和贸易制裁在内的（或更为具体的制裁措施，如武器禁运、旅行禁令、财政或外交限制）多种制裁手段。[①] 因此，可以说，联合国制裁措施不仅是安理会维护法治的重要工具，而且也是在实践中较为成功的工具。

联合国是世界在遭受了两次大战摧残的背景下建立的普遍性国际组织，因此，其核心机构安理会的目标也就在于建立以大国为导向的维持国际和平与安全机制，因此安理会的政治性是无可辩驳的。但是，这并不代表安理会制裁措施仅仅是政治工具而非法治手段，也不意味着安理会自身不需要受到法治的约束。

对于安理会而言，尽管许多国际政治学者倾向于将其界定为一个政治机关，但不可否认的是，安理会作为联合国法律体系的核心，具有代表国际法律共同体的能力。根据《联合国宪章》第24条的规定，“为保证联合国行动迅速有效起见，各会员国将维持国际和平与安全之主要责任，授予安全理事会，并同意安全理事会于履行此项责任下之职务时，即系代表各会员国”。由于国际法律共同体的主要成员是国家，而安理会在采取制裁措施维持国际和平与安全时，所代表的也是各成员国的法律意志，因而可以说联合国制裁是安理会代表国际法律共同体采取的。

此外，安理会的制裁措施在本质上也是一种法律程序。制裁措施是安理会在战后促进法治的最主要工具，是冲突中最为有力的政

① K. Gyeke-Dako, *Economic Sanctions under United Nations*, Ghana: Ghana Publishing Corporation, 1973, pp. 4 – 5.

策工具，也是决定冲突性质和未来发展方向的重要因素。安理会的制裁权来源于宪章，同时又受制于宪章。比如制裁启动的前提条件、制裁的方式、制裁的执行、对第三方所受影响的处理、制裁的组织等都必须以宪章为依据。制裁措施是否依照宪章和法治原则去制定和实施，直接决定了战后恢复和平和法治的效果。如果制裁措施被滥用或者误用，则不仅无益于法治，更是会成为新一轮矛盾的导火索，引发更大的冲突。

如前所述，安理会对法治的依赖也使得其自身在促进法治方面的表现大大提升。尽管安理会决议并未在适用制裁措施和推进法治之间建立明显的联系，但是这一联系已经在安理会关于建立或者修改制裁机制的辩论中建立起来了。1990 年 8 月，当安理会决定制裁伊拉克之时，联合国就强调即将采取的制裁措施旨在避免对于国际法的无视。在 2005 年 10 月，当安理会准备通过制裁措施惩罚对前黎巴嫩总理哈里里进行恐怖主义炸弹袭击的嫌疑犯之时，丹麦即指出，“在黎巴嫩主权和领土完整正处于危急的时刻，也正是体现法治和联合国决议可信度的时刻”。在一次次的辩论中，安理会的制裁均被描绘为一种可以增强和促进法治的工具，但是为确保其行动真正促进法治，安理会也应该确保自身非凡的权力不被误用或者滥用。

此外，安理会及其制裁实践也与法治息息相关。为了使其决议更加有效，安理会依赖其各个成员国对于法治的遵守。安理会也越来越多地倡导法治的重要性，明确表现出对各国遵守法治的期待。联合国的制裁措施不是自我实施的，为保障制裁措施的有效实施，安理会在很大程度上都需要依赖于成员国的善意和信念，以及成员国对于法治理念的信仰，制裁才能真正实施。宪章第 2 条第 5 款规定了联合国和成员国应该对安理会依照宪章所做出的行动予以支持和协助，以实现联合国的宗旨和目标。宪章第 25 条规定了成员国具有实施安理会决议的法律义务。而换个角度，成员国是否遵守安理会的制裁决议在很大程度上取决于该项制裁措施是否是安理会在法治的基础上做出的。因此，在某种程度上，安理会制裁实施的效果与安理会自身以及成员国的法治状况有着不可分割的关系。还有一些学者认为当决定是否采取制裁措施时，安理会不能采用所谓的双重标准（double standards），一旦实施制裁措施，它们应该以一种统一和一致的方式去适用。应该去保证制裁的透明度和合乎比例原则，否则小国将会遭到被边缘化的危险。

总之，对安理会而言国际法治规则与其有着复杂而多面的关系；一方面，安理会是个政治机构，因此决策在很大程度上受到外界的操纵，但是在政治环境下做出的决策又对成员国有着必然的法律约束力。另一方面，它有权力根据授权使用武力或者非武力的行动，而这些行动又有着深刻的法律含义。因此，可以说安理会恰恰坐在国际政治和国际法之间的显著位置。

第三节 实现正义的司法机制

联合国大会第一届会议主席保罗·亨利·斯帕克（Paul-Henri Spaak）在1946年法院第一次开庭时曾说过，“我不敢说法院是联合国最重要的机关；但我想我可以说无论如何没有比法院更重要的机关。或许大会的人数更多；或许安全理事会更引人注意……法院的工作可能不太显眼，但我深信这项工作极为重要”。的确，在冲突的治理和战后国家的重建方面，国际法院总是站在安理会的背后解决一些法律问题，而不是像作为联合国政治机构安理会那样站在冲突的最前方。正如海牙和平宫前铭刻着这样一句话“法官的使命即促进和平”（*placis tutela apudjudicem*），国际法院在维持国际和平方面的作用绝对不容小觑。换言之，国际法院是实现联合国框架下正义的重要机制。

一 国际法院是战后正义实现的主要机制

《联合国宪章》将维持国际和平与安全的主要责任赋予了安理会。安理会可以调查任何争端并建议调整方法，但是法律争端一般应当由当事方提交国际法院。5个联合国机关和16个联合国系统专门机构有权请求国际法院发表咨询意见。即便是安理会或大会正在处理与维持国际和平与安全有关的某些争端，国际法院也可以对提交给它的此类争端做出裁决。法院限于处理此类争端的法律方面的问题。

具体而言，国际法院根据《国际法院规约》第65条和宪章第96条的规定可以发表咨询意见。根据前者规定，国际法院可以就被授权的机关或依照联合国宪章授权的机关所请求的任何法律问题发表咨询意见。后者则将咨询意见的请求者分为两类，其中第96条规定大会和安理会可以就“任何法律问题”请求国际法院作成咨询意见；第96条第2款则规定“联合国其他机关和各专门机构对于其活动范围内之任何法律问题，可经大会随时之授权，请求法院发表咨询意见”。因此，可以说大会和安理会是特权的咨询请求者，联合国其他机关和专门机构则是一种有限的咨询请求者。[①] 一个国家不可以要求国际法院发表咨询意见，只有国际组织才可以，当然，很多时候该国际组织的成员国可以首先提出。国际法院发表的咨询意见中大约60%是联合国大会请求发表的。国际法院的咨询意见没有约束力，与判决的效力不同。提出请求的联合国机关或专门机构对于咨询意见可以执行或者不执行。当然在一些特殊的情形下，咨询意见具有约束力。例如，涉及《联合国特权与豁免公约》和联合国与美国签订的东道国协议的咨询意见。咨询意见及此种意见中所载的裁决都具有国际法院的权威。

二　国际法院对战后司法机制的主要贡献

国际法院的法官一旦当选，就不代表本国政府，也不代表任何其他当局。他们是独立的法官，第一项任务就是在公开庭上郑重宣言本人必当“秉公”行使职权。法官在本国政府是当事方的案件中投票反对本国立场的情况也并非罕见。因此，从理论上讲，国际法院所有的法官都具有独立的身份并秉持专业精神和职业操守来处理案件。但是不可否认的是，他们每个人的文化背景都是其自身不能破除和克服的。欧美的政治、法律文化背景在国际法院占据

---

① 曾令良：《国际法院的咨询管辖与现代国际法的发展》，《法学评论》1998年第1期。

优势，国际法院在很多时候不得不代表欧美的政治声音和法律立场。这种声音和立场的客观存在无疑为国际审判的公正性蒙上了一层阴影。①

国际法院对一国干涉另一国事务和使用武力有权发表意见。1986年，尼加拉瓜起诉美国支持尼加拉瓜反政府分子在尼加拉瓜境内针对尼加拉瓜进行军事和准军事活动。② 对此，国际法院认为，美国支持这些武装力量，在该国口岸以外布雷，无法以集体自卫为这些行动辩解。国际法院裁决，美国违反了不干涉他国事务、不对他国使用武力、不损害他国主权和不妨碍和平海运通商的国际法律义务。因此，国际法院裁判，美国必须做出赔偿。但是，赔偿数额尚未确定，尼加拉瓜便中止了案件。

然而，作为联合国的主要司法机关，国际法院是促进国际和平和维持和平机制的重要组成部分。国际法院尤其在预防性外交方面发挥着重要的作用。国际法院曾有几次化解了危险的局势，促进了国家间关系的正常化，并且使得陷入僵局的谈判得以恢复。今天，国际法院不再只是解决争端进程中万不得已的手段。各国可以求助于国际法院，同时一面利用其他解决争端的方法，这种做法有助于安理会和大会的工作，也有助于双边谈判。在多轨解决争端的过程中，诉诸法律有助于争端当事方澄清各自的立场，促使当事方降低政治要求，并将其转变为合法的要求。不难发现，国际法院一直置身于很多重大冲突之事外，最主要的原因是国际法院无权主动受理案件。规约没有授权国际法院主动调查和审理主权国家的行动，或过问其内政。国际法院不是世界法治的监督者。只有经过国家的请求和同意，国际法院才能审理争端。1999年4月，科索沃危机最严重时，南斯拉夫请求国际法院宣布临时措施，制止北约十个成员国对南斯拉夫领土的轰炸。然而，国际法院裁决，国际法院没有管辖权发出采取这种措施的命令。国际法院无法防止国家使

① 参见苏晓宏《变动世界中的国际司法》，北京大学出版社2005年版，第101—117页。

② Case Concerning Military and Paramilitary Activities in and Against Nicaragua, ICJ, 1986.

用武力。

在履行职能的过程中，国际法院促进了国际法的发展。国际法院虽然不能像立法机关可以制定新的法律，但是可以通过澄清、完善和解释国际法规则去为发展新的国际法规则奠定基础，或者显示出新国际法即将出现的趋势。由于对于争端的当事方而言，国际法院的判例具有法律效力而且这些裁判是对国际法的权威解释，因此，国家和国际组织都应该加以考虑。很多时候，这些裁判成为国际行为的准则，而国际法委员会也常常在起草新的条约之时，援引国际法院的裁判。

近年来，国际法院越来越显示出对于一些案件的积极态度，逐渐通过解释案件扩大自己的职权。最为显著的表现就是国际法院对于科索沃独立意见咨询案的管辖。事实上，国际法院获得管辖权并不是一帆风顺的，从联大申请开始，国际法院是否有权管辖该案件的问题就被提上议事日程。一些国家认为根据宪章第 12 条规定，当安理会对于任何争端或情势，正在执行联合国宪章所授予之职务时，国际法院非经安理会请求，不得对该项争端或情势提出任何建议。鉴于科索沃问题一直由安理会处理，因此，国际法院的咨询意见本身已经超过了可请求的范围。针对这一问题，国际法院的回答是，根据宪章第 2 条的相关规定，受到限制的只是联大在接收到国际法院咨询意见之后可采取的行动，而不是其提出咨询要求本身受到限制。因此，联大是有权利向法院提出咨询意见请求的。而还有些国家认为联大提出的该项请求不属于法律事项，因此也可否定国际法院的管辖权。针对这一问题，国际法院认为，尽管宣布独立行为本身具有政治属性，但是这不影响联大提出的问题是法律问题性质，而国际法院无论如何也不能拒绝联大针对一个法律性质问题的咨询请求。此外，国际法院还进一步阐明，国际法院的咨询管辖权不是国家寻求司法救济的一种形式，而是联大和安理会等联合国机构获得国际法院意见的重要手段。国际法院也无权评判咨询意见是否可能会对国际社会带来不利后果，这样的评判也缺乏一定的基础。[①]

三　战后司法存在的问题

（一）国际法院对科索沃独立的态度暧昧

国际法院通过对多个案件发表咨询意见，已经成为联合国宪章事实上的最高解释者。但是由于种种原因，国际法院的一些咨询意见显得有些避重就轻、避实就虚，未能解决国际法上的重大问题。近期最为显著的案例即2010年国际法院针对大会的申请对于科索沃独立事件发表的咨询意见。

科索沃原本是南联盟塞尔维亚共和国的一个省，由于历史的原因，这块土地向来充斥着流血和暴力事件，而科索沃也成为各种势力在历史上竞相争抢的对象。科索沃被塞族人认为是自己生根发芽的圣地，而一直以来，塞族也是科索沃的人口数量最大的民族；而20世纪六七十年代科索沃被赋予高度自治权利；进而引发塞族人的不满，引发了塞族人大量的迁徙浪潮，直到90年代，这块总人口200万的土地，却有90%为阿族人。在西方势力的干涉下，阿族人于1991年通过所谓全民公决单方面成立了“科索沃共和国”，进而组建了“科索沃解放军”，试图通过暴力手段独立，引发了南联盟的不满，因此两方出现了敌对情绪。1998年2月28日，阿族武装分子同塞族警察发生流血冲突。从此，阿塞两族的矛盾升级，武装冲突不断。西方国家介入了科索沃危机，1999年3月24日，以美国为首的北约对原南联盟进行了长达78天的空袭轰炸。6月3日，南联盟塞尔维亚共和国议会接受了和平协议，同意南联盟军队撤出科索沃。6月10日，联合国安理会通过1244号决议。由此，科索沃成为联合国的托管地，对其的实际控制权转由联合国临时行政当局特派团实施。在1244号决议中，安理会重申所有国家“对南斯拉夫联盟共和国以及该区域其他国家的主权和领土完整的承诺”，决定“在科索沃建立一个临时行政当局，使科索沃人民能够在南斯拉夫联盟共和国内享有高度自治”，并在科问题最终解决前，特派

---

① 余民才：《“科索沃独立咨询案件”评析》，《法商研究》2010年第6期。

团应“促进建立科索沃的高度自治和自我管理；在必要的地点和时间履行基本民事管理职能；组织民主和自治的自我管理临时机构并监督其发展”，并“促进旨在决定科索沃将来地位的政治进程”。根据此决议精神，2002 年科索沃成立临时自治政府。

各方于 2006 年 2 月 20 日起就科索沃问题展开谈判。谈判中，阿族和塞族的意见一直存在根本性的分歧。塞族一如既往地反对科索沃独立，不在国家主权的问题上让步，强调尊重联合国安理会第 1244 号决议，该决议承认科索沃是塞尔维亚的组成部分。塞尔维亚只同意给予科索沃实质性的高度自治，事实上，在此之前，南斯拉夫的铁托政府已经给了科索沃自治的地位。而对于科索沃单方面宣布独立的行为，塞族称其为非法行径。塞尔维亚政府宣布绝不放弃科索沃的主权，但保证绝不使用武力阻止科索沃的独立。然而谈判中，科索沃阿族一贯坚持除了“独立”其他一切免谈的立场，拒绝接受塞尔维亚提出的妥协方案。经过两年的谈判与斡旋，科索沃议会于 2008 年 2 月 17 日通过独立宣言，宣布脱离塞尔维亚。目前已获得了 108 个国家的正式承认。①

根据国际法院规约第 65 条的规定，法院对于任何法律问题如经任何团体由联合国宪章授权而请求或依照联合国宪章而请求时，得发表咨询意见。同年 10 月，联合国大会以 77 票赞成、6 票反对、74 票弃权的结果通过了塞尔维亚提出的请求国际法院就科索沃单方面宣布独立提供咨询意见的决议草案。2010 年 7 月 22 日，国际法院发表其咨询意见（International Court of Justice advisory opinion on Kosovo’s declaration of independence）。意见分为五个部分，分别是管辖权与裁量权，所涉问题的范围和含义、事实背景、独立宣言是否符合国际法问题、总结论。法院最终“认为 2008 年 2 月 17 日通过的科索沃独立宣言没有违反国际法”。②

国际法院的咨询意见存在以下几个方面的问题：

---

① 1999 年 6 月 10 日，联合国安理会通过 1244 号决议。根据这一决议，科索沃由联合国特派团管理，北大西洋公约组织领导的国际维和部队提供安全保障。

② 大会第 65 届会议补编第 4 号，《国际法院报告——2009 年至 2010 年》，A/65/4，第 241—249 页。

首先，联合国大会向国际法院提出的问题是“科索沃宣布独立是否符合国际法”，而不是“科索沃独立是否符合国际法”。因此，国际法院在其咨询意见中援引了这一理由，认为前者的范围比后者“狭窄”；而国际法院并未就科索沃是否已经获得国家地位，或者那些承认科索沃独立的国家行为是否符合国际法等问题受到咨询，国际法院没有理由扩大咨询意见的范围。因此，法院说的“不违反”，也只是2008年2月17日通过科索沃独立宣言这个具体的行为不违反国际法，而没有说科索沃独立这一事件整体上是不是违反国际法。也就是说，科索沃宣布独立之后，国际社会如何看待，是不是承认，要不要采取什么措施，科索沃是否真的就成了一个独立国家，法院一概不予评论。法院基于两点理由做出这样的结论，即国家实践并没有禁止宣布独立的行为；虽然科索沃单方面宣布独立的做法为国际法上的国家主权和领土完整原则所禁止，但国家主权和领土完整的原则仅限于国家之间的关系，不适用于国家内部的关系。法院认为没有必要讨论自决权和补救性分离权，联合国安理会1244号决议没有禁止科索沃宣布独立。但是，值得注意的是，本案在提交国际法院时，其背景材料十分复杂，也牵涉了长达半个世纪之久的民族冲突，问题远远不止书面提交的措辞那么简单。但是，国际法院没有充分理会这些因素和其背后蕴藏的真正法律问题，只是浅尝辄止地依照问题的字面意思进行解释。这不得不引起国际社会的质疑。①

其次，国际法院有几处都更换了大会提交问题时使用的措辞，这一改变其实是有着深刻的意义。一方面，联大问题中的“是否符合国际法”，在法院的咨询意见中改为“是否违反”，而对此最终得出的结论也是“科索沃通过独立宣言没有违反任何现行的国际法准则”。从严格的法律意义上看，“不违反”与“符合”并不相同。如果讲“符合”，就意味着有明确的国际法依据。而“不违反”，是指国际法中没有明确的禁止性规范。法院在针对这个问题的回答中，很明显有意识地转换了命题，用了“不违反”这个词，效果十

---

① 甄鹏：《国际法院：科索沃宣布独立合法吗?》，《世界知识》2010年第16期。

分微妙。虽然从一般的法理原则来说，法律不禁止即为权利，但就科索沃单方面宣布独立这一行为来说有两项相互对立的权利，即人民自决权与国家主权和领土完整权。即使单方面宣布独立的行为不为国际法所禁止，国际法也不允许通过这样的方式破坏国家主权与领土完整，在此语境下“法无禁止即权利”的推论是站不住脚的。[①]另一方面，在界定行为主体时，法院也明显地转换了命题。联大本意是将科索沃单方面宣布独立的主体界定为科索沃临时自治机构，国际法院的咨询意见没有确认这一点，而是将科索沃临时自治机构转换为科索沃人民的代表。原因是，无论是根据安理会第 1244 号决议还是根据《科索沃临时自治宪法框架》的规定，科索沃临时自治机构的权限仅为负责科索沃内部日常事务的管理而不具宣布独立的权能。国际法院这一主体的转换，其目的似乎是为了增强独立宣言主体的合法性。

最后，国际法院咨询意见还谈到了联合国安理会第 1244 号决议，认为这个决议中也没有禁止科索沃单方面宣布独立的规定。这个说法未免脱离了第 1244 号决议的本意，显得过于牵强了。安理会第 1244 号决议在对科索沃实施“国际管理”的同时，专门强调了尊重南联盟的主权和领土完整，这是一个基本前提。“国际管理”剥夺了塞尔维亚对科索沃的实际控制，使塞尔维亚维护自身主权和领土完整的能力受到制约，但这是有条件的，即各方应该通过谈判确定科索沃未来地位，这是决议的内在逻辑。即 1244 号决议并未明确科索沃最终地位的解决，但从其序言及正文通篇看来，并没有规定科索沃有选择独立的权利。[②]相反，能获得的唯一结论反而是，科索沃在当时并且今后都是塞尔维亚领土的一部分，塞尔维亚对科索沃的主权没有中断并将继续延续；联合国对科索沃设立的国际民事存在只是产生于为其提供保护措施的一段临时时期；未来科索沃应在享有高度自治的基础上交由科索沃人自己实行内部管理。

---

① 何志鹏：《大国政治中的司法困境——国际法院“科索沃独立咨询意见”的思考与启示》，《法商研究》2010 年第 6 期。

② 赵琪：《科索沃独立的国际法分析——兼论民族自决权》，《长春理工大学学报》（社会科学版）2010 年第 11 期。

科索沃单方面宣布独立，无疑是滥用了“国际管理”带来的便利条件。1244号决议为科索沃的法律地位提供了一个依据，在确定科索沃法律地位这一问题上，只要没有新的决议出台，这一决议就依然具有法律效力。然而，科索沃宣布独立的行为本身就是违反了该决议的原则和精神；而国际法院针对科索沃宣布独立所表现出的暧昧不明的态度无疑更进一步地纵容了违反安理会决议的事实，并且间接地将安理会置于一种尴尬的地位。南联盟基于对联合国的信任将科索沃置于其管理之下，但是事实上，“联合国不仅未能阻止科索沃独立步伐和欧美国家肢解塞尔维亚，而且实际上扮演了‘帮凶’角色”。①

总之，国际法院的咨询意见虽然不具有法律约束力，但对特定问题和国际法仍将产生重要的影响。就本案而言，国际法院的咨询意见再次确认了国际法院有权与安理会平行处理有关维持国际和平与安全的同一个问题，尤其是在某一情势仍由安理会处理但由于安理会的常任理事国行使否决权而不能就下一步行动做出决定时。但是，无论国际法院在意见的措辞上如何使用一些技巧，意见也至少承认了国际法不禁止单方面宣布独立的行为，这将可能打开一个潘多拉的魔盒，成为企图破坏国家领土完整、谋求民族分裂摇旗呐喊的依据，造成难以弥补的损害。众所周知，科索沃之所以能够获得独立，绝对不是一己之力的结果，而是各个大国之间政治博弈的结果。因此，这个案件提交给国际法院，无疑也是给国际法院出了个巨大的难题。也正因为如此，国际法院才会在措施上表现得十分谨慎，甚至不惜替换概念，以获得整个事件的合法性。②

（二）国际法院与安理会之间存在权力竞合

国际法院对安理会制裁措施是否有司法审查，这是一个历来被多次讨论的问题。事实上，1945年旧金山制宪会议上，比利时代表团就已向负责起草宪章中有关安理会部分条款的第三委员会第二小组提交了一份修正案，建议若安理会决议的效力涉及会员国有可能

① 余民才：《科索沃独立的国际法透视》，《现代国际关系》2008年第5期。

② International Court of Justice，Advisory Opinion Accordance with International Law of the Unilateral Declaration of Independence in Respect of Kosovo，No. 141，Year 2010，22 July.

被要求放弃其依据现行国际法所享有的国家基本权利时，应允许该国请求法院就这一问题发表咨询意见，若法院认为这样的权利被侵害或有被侵害的威胁时，则安理会应当重新考虑该决议或提交大会决定。但是该修正案最后未获通过。安理会作为联合国的执行机构，是联合国六大机关中唯一有权采取行动的机关，安理会对涉及国际和平与安全的很多问题通过了决议，这些决议对于维持国际和平与安全发挥了重大作用，但在20世纪90年代，西方一些学者就针对这一问题提出质疑，即安理会的制裁决议是否会超越权力或者有所偏私呢?[①] 这些决议包括：安理会1991年通过的针对伊拉克实施制裁的687号决议，1992年通过的要求各国敦促利比亚引渡涉嫌制造1988年美国泛美航空公司飞机爆炸案的利比亚特工的731号决议及对利比亚实施制裁的748号决议，1993年通过的建立前南斯拉夫国际刑事法庭的808号决议和827号决议，以及设立卢旺达特别刑事法庭的决议等。

这一争点在洛克比空难中体现得比较明显。1988年12月21日，美国泛美航空公司的一架民用航空班机在苏格兰南部洛克比小镇上空爆炸坠毁，造成共270人丧生。美国地方法院对两名利比亚嫌疑人提起诉讼，美国、英国要求利比亚引渡这两名犯罪嫌疑人，但被拒绝。1992年1月21日英、美两国将该事件提交联合国安理会，要求安理会敦促利比亚答应他们的引渡要求，同时，安理会通过了731号决议，敦促利比亚引渡嫌疑人。1992年3月利比亚向国际法院提起诉讼，主张利比亚按照1971年蒙特利尔公约有权拒绝引渡，并给予临时保护措施。1992年3月，在国际法院尚未对是否采取临时保护措施做出裁决时，安理会通过了748号决议，该决议对利比亚实施全球性制裁。随后，国际法院否决了利比亚的请求，认为利比亚不应得到临时保护措施。

关于这一点有很多争议，有学者认为，国际法院和安理会是联合国的平行机构，宪章制定者的本意是赋予安理会不受法院审查而独立做出安理会决议的权力，因此法院作为与安理会平等的机构

---

① Mohamm Bedjaoui ed., *The New World and the Security Council*, Dordrecht Martunus Nijhoff Pubishers, 1994, pp. 37－53.

（宪章第7条规定了联合国几大机构，字面意义来看各机构彼此之间没有从属关系），不应有权审查安理会决议。[①] 而也有学者认为，正因为宪章提到了国际法院是联合国体系内的最高司法机构，因此它也当然的有权审查联合国的政治机构，亦即安理会行为合法与否。[②]

事实上，在笔者看来，这个案例并没有针对性地提出国际法院是否有权对安理会决议进行审查的问题。因为国际法院在做出不予临时保护措施的裁决之时，只是把这个请求当作一个普通的案件在审查，并未提及自身与安理会权限交叉或重合后怎样处理的问题，其裁决虽然是在安理会相关的第731号和748号决议之后做出，但是并没有审查安理会决议的意图，只是遵循自己权限做出的独立裁决。

如果说国际法院在洛克比空难中表现出的态度还较为和缓的话，那么在2004年的隔离墙案中则表现出较为坚定的态度。2004年7月9日，国际法院做出名为"在被占领的巴勒斯坦领土建立隔离墙的法律后果"（the advisory opinion rendered on 9 July 2004 by the International Court of Justice on the Legal Consequences of the Construction of a Wall in the Occupied Palestinian Territory）的咨询意见，认为以色列使用武力在巴勒斯坦领土建立隔离墙的行为是违法的。以色列援引《联合国宪章》第51条关于自卫权的规定，主张其武力建立隔离墙的行为是针对恐怖袭击的自卫行为。但国际法院认为以色列不能援引该条规定为其行为辩护，因为《联合国宪章》第51条只在国家遭受另一国家武力攻击的情况下才承认自卫权的行使。

国际法院的上述意见和安理会关于自卫权的理解是不一致的。在美国遭受"9·11"恐怖袭击后，安理会做出第1368、1373号决

① Report of the Special Subcommittee of Committee IV/2 on the Interpretation of the Charter, U. N. Doc. 750, IV/2/B/1, 13 U. N. C. I. O. Docs. 831, 831-32 (1945).

② Robert F. Kennedy, Note, "Libya v. United States: The International Court of Justice and the Power of Judicial Review", *Virginia Journal of International Law*, Vol. 33, 1993, pp. 899, 913.

议，通过适用自卫权规定呼吁国际社会打击恐怖主义。在上述两个决议中，安理会都没有将自卫权的适用限制在仅仅由国家从事防范恐怖主义行为的情况。隔离墙案呈现出国际法上一个未决的重大问题，那就是如何理解国际法院与安理会在适用《联合国宪章》时发生的解释冲突。

隔离墙案中，尽管国际法院的裁决在客观上挑战了安理会在其他案例中做出的决议内容，表现出了国际法院在这个问题上的积极态度，但是这也未能从根本上解决国际法院与安理会的权限交叉问题。因为隔离墙案中，国际法院是根据大会的请求而做出的咨询意见，该权力是在宪章中得到明确规定的，且其最终做出的裁决只是与安理会过往的决议相左，并不是针对同一案例做出；相反地，在洛克比空难（Lockerbie plane bombing）案件中，两个主要机构之间的紧张关系就十分明显，一方面，法院做出裁决的依据是案件当事国一方的申请，而不是联合国大会的请求，所以其裁决内容是有拘束力的判决而并非咨询意见；另一方面，在这个案件中安理会与国际法院是面对着同一个案件，如果法院表现出积极、明确的态度，那么其造成的后果就是在实践中扩大了宪章对国际法院的固有权限的规定，即国际法院具有审查安理会决议的权力，这是一项根本性的变革。

联合国建立初期，一些学者认为安理会在宪章第七章的框架下行动完全不受任何约束（legibus solutus），也就是说，它完全免受司法审查。安理会本身就是联合国的政治机构，不是法律的创造。因此无论是国际法院规约还是宪章都没有赋予国际法院以权力对安理会行动进行审查。[①] 然而这样的理念却与有着法治国（Rechtsstaat）传统观念的法律人的理念格格不入。很难想象在一个蕴含分权制衡思想的法治国家，可以同时承认安理会这样一个被霍布斯主义者称为“利维坦”的极权形式，这也与国内层面的法治精神截然相反，

① Stefanie Valta, “The International Court of Justice (ICJ) Should Have the Power To Review UN Security Council Resolutions Adopted under The Aegis Of Chapter Vii Of The Un Charter. An Article Drawing, Inter Alia, from the Scope of Judicial Review In Germany”, *Cambridge Student Law Review*, 2006, p. 2.

因此应被摒弃。[①]

在笔者看来，安理会必须受到一些法律的限制，即使是受到宪章第七章所庇护的行为也要受到审查。在洛克比案件中，利比亚提出美英两国针对两名空难嫌疑人提出的引渡要求损害利比亚在蒙特利尔公约中享有的权利；这一点因为恰恰是安理会第748号决议提到的要求，因此，法院的审查显得极为重要。而事实是，如前所述，法院小心地避开了这个焦点问题，没有表明是否对安理会进行审查的态度，只是用一种极尽含糊和短小的理由，做出一种对该裁决很宽范围的解释。法院的措辞是这样的："在当时的诉讼阶段，利比亚并没有要求国际法院对748号决议的内容进行审查，因此利比亚基于蒙特利尔公约所主张的权利也并不在临时措施的保护之下。"[②] 事实上，从当时法院的报告不难发现，只有一名法官明确地表示反对对安理会的审查，其他法官并没有明确反对意见。[③] 有人说，"安理会的存在不是为维系法律，而是为了维持和平，而后者常常不等同于法律"，这种说法有其道理，但是需要注意的是，合法性不是和平的敌人，而是为了促进和平，因此，安理会行为的合法性才更能体现和平的真谛。如果对安理会的行动不加以限制或者缺乏可能的司法审查，那么安理会难免会陷入合法性的争议甚至重蹈国联覆辙。而加强司法审查换言之就是增强联合国行动的效力。

安理会与国际法院的权力之所以发生冲突，根本原因在于《联合国宪章》对两个机关的授权的重叠性，使得它们可能对相同的争端进行管辖，也可能在各自的立场上对《联合国宪章》进行不同的理解。正如国内一些学者所言，两个机关对《联合国宪章》的不同解释，只不过是政治与法律这两套争端解决办法的其中一种表现。但随之而来的问题是，在提供两套争端解决办法的同时，联合国会

---

① W. Micheal Reisman, "The Constitutional Crisis in the United Nations", *American Journal of International Law*, Vol. 87, 1993, pp. 83, 93, 94.

② 1992 ICJ Report, para. 39. Hans Kelsen, *The Law of the United Nations: A Critical Analysis of Its Fundamental Problems*, The Lawbook Exchange, Ltd., 1995, p. 295.

③ Judge Weeramantry, Dissenting Opinion, 1992 ICJ Report, p. 66.

不会因为两个机关之间的冲突，而在追求其目标的路上举步维艰？[①]这也需要联合国内部未来协调其主要机关之间在战后法治问题上的权限冲突。这只是物理层面的问题。

其实这两个案例折射出的更为重要的问题是，国际法院是否能够明确针对安理会业已做出裁决的事项，接受成员国申请做出裁决，而不论该裁决结果是否与安理会的裁决不符？如果答案是肯定的，那么就证明国际法院已具有审查安理会裁决的权力，将给国际法的发展和国际社会带来巨大的冲击。

① 林健聪：《联合国安全理事会与国际法院的权力冲突》，《云南大学学报》（法学版）2010 年第 1 期。

第三章

联合国框架下冲突的终结

随着国际局势的不断变化和非传统挑战的出现，联合国安理会依据《联合国宪章》第七章所采取和平行动的内涵和范围在不断扩展。随着单一维和行动越来越呈现出不足以应对现有国际冲突和威胁的趋势，联合国也在不断扩展其采取行动的方式和范围，综合性的和平手段也逐渐形成新的维和行动体系。传统的维和行动理念在于通过建立缓冲空间和相关机制，国家之间可以在达成一致的基础上解决彼此之间的争议，这是实现世界持久和平的唯一出路。随着国际冲突的不断发展和变化，单一维和行动可能为战争埋下隐患。近年来，联合国更多将工作和行动重心由冲突控制转移到和平与法治建设，而联合国也在实践中发展出一系列不同形式的和平行动，对一国社会的综合判断而灵活运用，从而大大提高在战后社会恢复和平和法治的有效性。

第一节　维和行动的法律基础

《联合国宪章》的相关条款构成和平行动的主要基础，而更多的发展来源于联合国在战后国家的诸多维和实践。

一　国际法理论的依据

从字面意义来说，自一项区域性或国际性情势足以威胁国际和平与安全之时，联合国即应当为和平而采取行动。根据《联合国宪章》（以下简称《宪章》）第1条的规定，“联合国之宗旨为：一、维持国际和平及安全；并为此目的：采取有效集体办法，以防止且消除对于和平之威胁，制止侵略行为或其他和平之破坏；并以和平方法且依正义及国际法之原则，调整或解决足以破坏和平之国际争端或情势”。因此，从《宪章》精神来看，联合国最重要的目的之一即是采取有效的集体办法维持国际和平。如前所述，在国际法意义上，宪章第七章并没有任何关于对联合国据此采取行动的定义。随着联合国实践的发展，从“联合一致共策和平”到“建设和平”，到当今联合国所采取的各种形式维护和建设和平方式，尽管仍然主要关注国际和平与安全，但是无疑具有了更多法治属性。

联合国维和行动呈现出两大特点：一是规模日益扩大，新的任务需求不断增加；二是功能趋于多元化，已从传统的监督停火等发展到协助当事国举行选举、恢复法治、实施“解甲归田”和协助战后重建等一系列任务。[①] 维和行动所包含的重建进程也逐渐开始实施长期规划，不仅只是单纯完成冲突方停火的任务即任其自生自灭，而是推动国际社会努力促进战后国家恢复战前的和平与法治，也需要在经济、政治、安全各方面进行更大程度的协同与合作。

二　国际法实践的依据

从历史的角度看，维和行动无疑是联合国集体安全体制中最为渊源深厚的和平行动。早在1948年，联合国安理会即通过第50号决议决定建立驻巴勒斯坦停战监督组织（United Nations Truce Supervision Organization，UNTSO），主要负责监督以色列与阿拉伯邻国之间的《停战协议》。[②] 随后的1956年联合国首次在维和中使用武装力量，建立联合国紧急部队（United Nations Emergency Force，UNEF）。至此，维和行动只是用武力响应武装袭击，但是仍然不能意图使用武力。[③]

① 《张义山大使在联大维和行动特别委员会2006年例会上的发言》（2006年2月27日），2016年7月8日（http：//www.china-un.org/chn/fyywj/2006/t237290.htm）。

② 该组织由234名非武装的军事观察员组成，总部设在耶路撒冷，这是第一批维和人员。

③ United Nations，*The Blue Helmets：A Review of United Nations Peace-Keeping*，United Nations Publications，1990.

尽管在实践中快速发展，但维和行动的定义在《联合国宪章》中却并没有予以规定，因此也被前联合国秘书长哈马舍尔德（Dag Hammarskjöld）称为“宪章的第六点五章”，它是在冲突当事方达成停火协议后为监督双方履行协议的情况而采取的行动。[①] 也即“宪章关于调解的条款和关于强制行动的条款之间的空白”。[②] 然而，由于联合国维持和平行动是在实践中发展而来的，因此在这方面并无一套完整、严密的理论体系和有拘束力的规则，而维持和平行动没有先例可循，也多系根据具体情势行事，[③] 在本质上仍然属于一种阻滞行动，旨在制止或遏制冲突中的战斗行动，同时进行协同的努力，使交战各方都坐到谈判桌上来，或以其他方式提供必要的时间并创造必要的气氛，以促成和平解决。

从法律的观点看，可以认为联合国的维持和平行动是以《宪章》第40条为依据的，该条规定在诉请第41条（不使用武力的措施，诸如断绝经济和外交关系）或第42条（使用武力的措施）规定的行动之前，安全理事会可以采取临时办法，防止冲突局势的恶化，同时“并不妨碍关系当事国之权利、要求或立场”。在联合国秘书长的报告中所使用维持和平行动的定义是：为了帮助维护或恢复冲突地区的和平，由联合国组织的有军事人员参与，无强制执行权力的行动。这样一种行动大致分为两大类：观察团和维持和平部队。但不论采取何种形式，它们都根据同样的基本原则行动。它们是由安全理事会组织的，特殊情况下由大会组织，并由秘书长指挥。维持和平行动必须征得驻在国政府的同意，通常也征得直接有关的其他各方的同意，军事人员由会员国自愿提供；军事观察员则是非武装的，维持和平部队的士兵装备轻型防御性武器，但他们只有出于自卫才能被批准使用武力。这种行动决不能干涉驻在国的内部事务，而且也决不能用来在影响会员国的内部冲突中支持一方反

① 联合国第二任秘书长达格·哈马舍尔德认为，维持和平隶属《宪章》“第六章半”的范围，介于根据第六章进行谈判和斡旋等传统和平解决争端办法与根据第七章授权采取更强有力的行动这两者之间。

② 《联合国手册》（第十版），中国对外翻译出版公司1988年版，第109页。

③ 盛红生：《联合国维持和平行动法律问题研究》，时事出版社2006年版，第4页。

对另外一方。

随着东西方冷战的结束以及意识形态矛盾逐渐边缘化，联合国的维和行动也越来越积极，人们对于维和行动也有了越来越高的期望，希望联合国维和能够在冲突频发地区发挥有效作用。但是联合国维和机制运作60多年以来，事实上一直毁誉参半，并且多次出现重大失误。因此，人们开始对联合国维和行动出现的问题进行反思，包括联合国维和行动的能力以及维和资源等。

一方面，维和环境日益复杂化，冲突和威胁的本质正在发生变化，非传统安全挑战和多方位威胁严重影响了联合国维和行动的有效性。而且，在过去的实践中，联合国发现了不断增加的东道国政府不合作迹象，也注意到一些冲突方对联合国的存在和行动不断增强的抵制行为。① 而应对上述挑战和威胁的机制也必然相应地带来维和规模的扩大，维和行动在冷战后的实践中越来越呈现出不堪重负的趋势。现在联合国维和人员的人数已经远远超出了最初的设想，而且在地域分布上更加广泛，任务也比以往更加复杂。维和任务和维和资源之间以及国际社会期望和联合国实际能力之间的落差日渐增大，这也使联合国维和系统的承受能力捉襟见肘。此外，联合国要对全球维和行动进行统一协调，不仅要提供足够的技术和后勤支持，还要确保维和人员的资质和职业水平，要对维和人员进行必要的监督。

另一方面，维和规模的扩大必然带来对资源需求的增长。从1948年到2008年的60年里，联合国维和行动开支大约为540亿美元。冷战后，尤其是进入21世纪以后，维和费用直线上升。其中，1999年度维和支出为27亿美元，但2009年度的维和支出高达71亿美元。目前，在刚果民主共和国、苏丹达尔富尔等地区部署的维和行动，一年就需要10亿多美元的费用。此外，在联合国维和行动物资采购过程中也存在欺诈、浪费和滥用职权等问题。②

---

① 赵磊：《联合国维和行动改革及各方响应》，《环球视野》2011年第10期。

② 同上。

第二节　维和行动的基本特征

建设和平的必然要求使得联合国积极参与维和区域的制度建设，特别是在法治领域，这一工作已成为联合国在许多冲突地区的核心任务。同时，在战后社会建设和平也一直是联合国法治工作的重点，也是联合国三个法治篮子中很重要的一个部分。自创立之日起，联合国就在减少世界各国的冲突和促成和平协议并协助其实施方面起到至关重要的作用。事实上，从字面上来看，建设和平是战后社会法治的核心要求，也是联合国宪章阐发的大会和安理会的重要职能所在。

一　法治是维持和平的基本内核

2004 年，联合国秘书长向安理会递交了一份题为“法治和在冲突中及冲突后社会中的过渡性司法”的报告，指出：“近年来，联合国越来越重视冲突中和冲突后社会的过渡性司法和法治问题，并从中汲取了有助于今后的行动的重要经验。”秘书长在报告中认为，“正义、和平和民主不是相互排斥的，而是互为依靠的必须达到的目标。在脆弱的冲突后环境中，要想在这三个方面都取得进展，就必须制订战略计划，小心协调，依次行动”。[①] 因此，可以说，协助推进战后国家的法治建设已经成为联合国综合性和平行动的重要内容和战略目标之一。在冲突国家落实停火协议、提供人道援助、举行民主选举、保障治安秩序的同时，启动和推进基本法治秩序的建立过程，是联合国在近年形成的新的“综合性和平行动”模式的一项基本原则。例如在安理会第 1509（2003）号决议中即指出，“必须对违反国际人道主义法的行为追究责任，并敦促过渡政府在成立后确保将保护人权、建立基于法治的国家和建立独立的司法机关定

① United Nations Security Council, *The Rule of Law and Transitional Justice in Conflict and Post-Conflict Societies*, Report of the Secretary-General, S/2004/616, p. 1.

为最优先事项”。①

联合国和平行动在促进法治方面更加侧重于对其司法进程的客观保障，主要通过相应的驻地维和部队监督冲突各方停火，并解除敌对力量的武装；通过援助计划向民众提供人道援助，并提供帮助改善及监督人权状况；以及协助民选政府开展重建国家和实现持久和平的各项工作，包括协助政府建立权威、打击腐败、控制军火交易、维持边境秩序、修复道路和其他公共设施等综合性工作。也就是说，和平行动是一系列传统维和以及建设和平新手段的综合，对于传统的维和人员而言，除了分散交战各方和解除参战者武装之外，还必须要做更多在法治层面的工作，必须在充分尊重法治和人权的情况下，强化负责安全和司法的机构例如警察部门、法院和教养机构。

为此，2007 年联合国在维持和平行动部内成立了法治和安全机构厅，突出显示了秘书长和成员国对这些问题的重视。此办公厅的职责是加强、协调和整合该部门在警察、司法、教养、排雷行动、原战斗人员的解除武装、复员和重返社会以及安保部门改革等领域的各项活动。该办公厅与联合国各成员国密切合作，确保维和任务历史性地解决法治重建问题，并确保将必要的人员部署到现场行动中。为了帮助处于冲突中或冲突后的国家更好地改善法治，在新的和平行动实践中联合国还开发了一套拥有 135 项具体衡量标准的法治指标（United Nations Rule of Law Indicators），监督一个国家的立法、司法及改造机构的表现。例如，在有关警察部门的表现的系列衡量指针中，包括警察对刑事犯罪的控制，对援助请求、家庭暴力和性犯罪行为的应对，对谋杀案件的破案率，对黑帮的打击等多项具体指标。

在另一层面，联合国和平行动本身也意味着国际法治的进步。从《联合一致共策和平》中引入的法律性广受争议的单一维和行动，到目前更加依据法治原则建立的“建设和平进程”与建设和平委员会，联合国和平行动的发展也逐渐使维和行动扩展成为一系列

① UN Security Council Resolution S/RES/1509 (2003).

以“法治”为核心的对国际和平与安全进行保障修复的强制性行动。同时，近些年来，在世界各大洲以及其内部不同地区中出现了许多区域性组织，在战后建设和平的过程中，区域组织的参与可以补充联合国法治能力的不足。还有，诸如世界银行集团、国际货币基金组织等专业性机构都可以发挥其难以替代的作用。此外，非政府组织在和平重建进程中的参与也不是偶然现象，由于其自身具备的专业化、灵活性以及非官僚化等特点，许多国家的政府更倾向于将和平建设资金通过非政府组织用于战后脆弱国家的重建和发展。因此，目前的重建进程已经越来越纳入了更多不同类型的参与者，法治进程也得以不断完善。

二　“保护”与“非暴力”是维持和平行动的重要要素

1999 年和 2000 年的联大会议上，秘书长安南呼吁国际社会就如何处理冷战后国际干涉的困境问题达成新的共识。随后，加拿大政府会同一批基金会于 2000 年 9 月在联大会议上宣布成立“干涉与国家主权问题国际委员会”（International Commission on Invention and State Sovereignty，ICISS），并于次年 12 月提交了一份名为“保护的责任”的研究报告。该报告中首次出现了“保护的责任”这一概念，主张用它取代人道主义干涉来形容正在进行和可能进行的国际干涉。随后，在 2004 年 12 月“威胁、挑战和改革问题”高级别名人小组向秘书长提交的报告中，也对“保护的责任”做出了回应。按照保护的责任理论，如果一个主权国家不能或者不愿履行保护责任从而造成人道主义灾难，并且这一事实得到确认，那么通过国际社会普遍接受的某种形式进行干涉就是合情合理的。但是对于人道主义灾难的确认必须严格且有法可依，要杜绝因干涉门槛过低而造成干涉滥用。一方面需要将干涉标准具体化并形成国际法，使未来国际保护责任的履行有法可依、有法必依；另一方面要加强安理会在判断国际干涉门槛以及履行国际保护责任方面的权威，使包括联合国维和行动的国际干涉既有权威性又有合法性。①

① 王永刚：《冷战后联合国维和行动的困境与变革：一种国际机制变迁的视角》，硕士学位论文，复旦大学，2009 年。

关于“非武力原则”，联合国前秘书长安南曾多次强调，蓝盔人员有权进行自卫并保卫他们负责保护的人，但他同时强调，应该永远把使用武力当成最后手段。因此，传统的维和行动以“当事方同意”“自卫”以及“中立性”作为三项基本原则，其特点在于强调冲突涉及各方的共同同意、武装部队的完全自卫性（仅配备轻武器）、中立性以及任务的简单性（隔离冲突双方或几方）。在联合国关于维和行动新颁布的文件中，“中立性”（Neutrality）原则已经被“公正性”（Impartiality）原则所取代。“公正性”原则意味着，如果当事方违反对和平进程的承诺或者维和行动遵循的国际规范和原则，那么这种行为将不会由于中立性而被姑息。[①] 这一点也体现在关于自卫的立场上，目前的维和部队日益奉行所谓的“积极自卫”原则，即除了保护自身的安全之外，还可以将这一范围扩展至其执行任务的领域中，例如维护安全区或者实施人道主义救援，都可以以武力保障其使命得以顺利执行。

此外，伴随着国际环境的变化，新一代的“多维度”联合国维持和平行动也应运而生。这些行动一般是在惨烈的国内冲突背景之下部署的，可能动用军事、警察以及民事混合性的资源来支持一项综合性和平协议的实施。在这一更为广阔的背景之下，联合国多维度维和行动的核心功能包括了如下内容：（1）在充分尊重法治和人权的前提下，创造安全稳定的环境，增强所在国保障安全的能力；（2）通过促进对话和解以及支持建立合法及有效的治理机制来促进政治进程；（3）创立一个框架，以此确保所有联合国以及其他行为体在国家层面以一致性和协同性的方式开展活动。[②]

三 国际组织、国家及非政府组织的协调是维持和平的必要保障

冲突后阶段要确保联合国的主导作用，也要保证在联合国体系内更高水平的透明度、适应性和可预测性。联合国要在冲突发生后

① United Nations, *United Nations Peacekeeping Operations: Principles and Guidelines*, 2008, p. 33.

② Ibid., p. 23.

早期就设立各项任务的优先次序，并且与国家层面的各位行动者采取联合行动。在整个进程中，各个行动者之间的作用可以相互加强，任何一方的缺席或者脆弱性都会损害整体。此外，作为联合国和平与安全机制核心的安理会应促进利益攸关方加强互动，如建立安全理事会、秘书处、实地指挥官和维和人员派遣国联席会议的互动机制，加强从维和规划到后续行动以及对进展情况的评估。此外，除召开会议外，安理会应当加强到实地进行考察的力度，以便评估并弥补指挥部与实地运作部门之间的差距。

因此，增强联合国的作用也是为了更好地协助各国在冲突后完成建设和平的任务。尤其是，建设和平委员会理应进一步考虑如何更好地发挥其作用。对一些建设和平的优先事项保持较高关注。要鼓励相关行动者实行适当的和及时的人力和财力资源来发展一个国家在优先领域内的能力和制度。通过对国家和国际级别的行动者实施共同的评估进程来监督国家对和平战略框架的实施情况，并且给予必要的政治支持。

此外，需要注意的一点是，发挥联合国的主导作用并不意味着对冲突地区一律采取联合国框架下的执行行动。联合国和平行动更多是一种恢复和平与法治解决路径，而不是强力的军事手段；是战后各种矛盾的调解方式，而不是强制途径。因此，为使和平行动发挥最大效能，冲突方和冲突区内必须有足够多的人相信，解决分歧的最有效工具是和平方式，而不是暴力手段。如果不存在这一认知前提，那么联合国就应慎重采取维持和平行动甚至是综合性和平行动。但另一方面，如果联合国在冲突地区能够有所作为却无动于衷，那么这个最权威的集体安全机制的价值将大打折扣。

联合国的主导作用在冲突后的早期意义很大，而联合国要真正发挥主导作用，也面临着很多困境。联合国在建设和平方面面临着前所未有的巨大挑战，也对联合国提出了很高的要求，即其应该具备独特的性质和能力，无论在人员配置还是在决策方面，都远远高过一般的国际组织。而参与其中的各个组织和个人应该以配合联合国整体行动为目标，保持这样一个庞大组织在运作过程中的平衡性。联合国应该有一个更加强大的、具有协作性的团队，这不仅有利于联合国各机构、也有益于联合国外部的合作团体更好地发挥作用。而为了能在冲突后最短的时间内迅速完成任务，联合国除了自身的专家以外，应该得到外部专家或者专业人员的广泛支持。而各个层级和部门的人员也要为实现联合国的主导作用而合作。

必须明确的一点是，尽管联合国是和平行动的主导，但和平行动无论在地位上还是在性质上都是促进战后国家恢复和平与法治的手段，因此，建设和平与法治在本质上是一种对战后国家的挑战和责任，也只有在这一层面的参与者可以确认它们自己的需求以及用一种可持续的方式解决问题。[①] 各国在冲突形式上都有各自不同的特色，但是大多数国家在冲突后的初期也有着很多共性，尤其是安全问题、政治上的不确定性以及持续的不稳定。持续的脆弱性往往伴随着不断变化的和平进程。

如前所述，事实上冲突地区人道主义危机和持续侵犯人权的行为可能会在敌对行动正式停止之后继续发生。因此，冲突的结束并不一定意味着和平的到来，相反，往往因为社会制度的崩溃，使得整个社会所有参与者之间仍然缺乏政治共识和信任，冲突的原因也还会持续存在。除了可能出现持续的暴力事件之外，对人权的损害、各种人道主义危机也时有发生，严重的犯罪事件，尤其是性暴力事件更是会破坏和平与法治进程。这一情势也意味着在主要国家决策者之间达成一定程度的政治意愿、承诺和共识是十分必要的，否则，和平与法治进程很容易会陷入失败。而这种共识要达到什么程度则取决于整个和平进程的特性、和平协议的内容等。例如在柬埔寨的和平进程中，由于得到很多政治团体的支持使得和平进程全面推行，因此，建设和平也相对较成功。但是也还有很多的和平进程则十分脆弱，要求国际和国家层面的行动者坚持建设和平的目标。在一些冲突国家，充分行使国家自主权的能力和意愿可能会受到限制，因为这一阶段的国家当局往往是任命的而非选举产生，通过冲突各方接受调解达成的协议而设立，他们可能不完全代表民众或被民众所认可，甚至他们可能过去曾涉嫌参与侵犯人权行为或重

① *Report of the Secretary-General on Peace-Building In The Immediate Aftermath of Conflict*, A/63/881 - S/2009/304, 11 June 2009, para. 7.

大暴行。

因此，要建立对和平进程的信心，必须做到国家当局与民众进行有效沟通和包容性对话，尤其要让民众对短期内国家可以取得的成果产生切合实际的期望。而联合国发挥自身主导作用并不代表可以越俎代庖，代替国家行动，反之，联合国应该要努力协助加强各国自身的和平建设能力。

近年来，以非政府组织为主体的全球市民社会已经成为国际关系中不可回避的力量。安南在 2001 年 7 月安理会上提交的《预防武装冲突的报告》中指出，非政府组织能在早期阶段找出冲突的根由，并提供非暴力的手段促进和平与安全的维护。另外，当政府和国际组织外交无果时，非政府组织能作为实施二轨外交的一种重要手段。① 美国的哈罗德·桑德斯（Harold Saunders）在其《公众和平进程：通过长期对话化解民族冲突》一书中详细阐述了市民社会在化解民族冲突中的重要作用。他认为，市民间的人际关系是国际和平和国内和睦的核心。民族冲突并不只是政府之间的冲突，它在根本上是通过人与人之间的冲突表现的，民族之间的怀疑、歧视、恐惧、憎恨造成了冲突，解决冲突就要消除这些因素，这是政府谈判所解决不了的。政府的作用仅仅是表面化的签订和平协议或条约，而只有政府之外的市民才能将人们之间的冲突关系转变为和平关系。否则，和平的恢复就没有稳固的基础。这种由市民运用自己的力量改变冲突关系、建立和平的过程被称为“公众和平进程”。②

在实践中，非政府组织的作用往往贯穿着整个冲突解决的过程，例如在早期的冲突预防阶段，非政府组织的国际网络使其方便提供一种预警功能，并且国际非政府组织还可以与本地的非政府组织建立联系，获取信任。③ 以卢旺达为例，早在大屠杀和联合国行动之

---

① 《秘书长关于联合国工作的报告——预防武装冲突》，大会第五十五届会议，A/55/985 - S/2001/574，2001 年 6 月 7 日。

② Harold Saunders, *Peace—A State of Interpersonal Relationship*: *Comments on A Public Peace Process*: *Sustained Dialogue to Transform Racial and Ethnic Conflicts*, New York: St. Martins Press, 1999, pp. 13 - 79.

③ 参见罗建波《非政府组织在非洲冲突管理中的角色分析》，《国际论坛》2008 年第 1 期。

前一些非政府组织业已向世界传递了很多重要本地情势。此外，非政府组织的优势还在于其拥有很多专业人士，他们可以提供更多的战后国家的状况。在冲突的情势中，非政府组织是政府与公民之间、冲突双方之间的一个重要的调停者。他们不仅为双方传递谈判的重要信息，还准备谈判双方和解的条件和基础。

除此之外，就是所谓第二轨外交（track-two diplomacy）的概念。如果说国家间冲突解决主要是通过政府间的官方外交来进行，即所谓的第一轨外交，那么非政府组织代表或者是有官方背景的学者和专家进行对话从而调解冲突解决机制，则是第二轨外交。而在冲突后，非政府组织的监控功能体现得更为充分。主要是对于暂时停火协议或者选举程序等的监控。由于非政府组织在冲突中的中立性和地理的第三方地位增强了它促进建设和平活动的能力。它注意与媒介合作，医治冲突给人们带来的心理伤害。它帮助人们去纠正战争时代的扭曲宣传，并重新塑造对以前敌人的印象。而在建设和平的阶段，非政府组织的重要任务则是信息和技术方面的援助；尤其是对于选举工作的援助。

非政府组织作用的发挥还依赖于与联合国以及国际政府间组织的合作。首先，非政府组织向联合国提出战后社会状况的情势和建议，对军备控制和防止武器扩散施加影响，借助于经社理事会的咨询地位、加强与联合国的信息交流等。此外，获得咨询地位的非政府组织有权以咨询者和观察者的身份出席理事会议并参加联合国的各种会议，并且有权做出发言。①

第三节　维和行动的实践

联合国安理会是在维持国际和平与安全领域主要的执行机构。基于《宪章》第33条规定：“任何争端之当事国，于争端之继续存在足以危及国际和平与安全之维持时，应尽先以谈判、调查、调

① William Zartman, *Putting things Back Together*, *In Collapsed States*: *The Disintegration and Restoration of Legitimate Authority*, Co.: Lynner Rienner, 1995, pp. 267 - 273.

停、和解、公断、司法解决、区域机关或区域办法之利用，或各该国自行选择之其他和平方法，求得解决。”“安全理事会认为必要时，应促请各当事国以此项方法，解决其争端。”可见，安理会负有促请争端当事国通过谈判、调查、调停、和解、公断、司法解决、区域机关或区域办法等和平手段，加强交流合作，消除国际争端、维护世界和平的权利。

一　安理会是维持和平的主要执行者

安理会有权依据第 33 条自动调查任何争端或情势，以断定它的继续存在是否足以危及国际和平与安全，也只有在这种情形下，安理会才能合法地行使它对于某种情势的管辖权。《宪章》第 34 条规定：“安全理事会得调查任何争端或可能引起国际摩擦或惹起争端之任何情势，以断定该项争端或情势之继续存在是否足以危及国际和平与安全之维持。”调查的目的在于判断某项国际争端是否真实存在、是否足以威胁国际和平与安全，这是采取其他行动解决国际争端的基础。为调查需要，安理会可以设立调查委员会，因为《宪章》第 29 条规定“安理会得设立其认为于行使职务所必需之辅助机关”。争端发生时，当事国出于对本国主权的考虑，可能拒绝接受其他国家或组织的调查。但是安理会凭借宪章所赋予的权利，以及“联合国会员国统一依宪章之规定接受并履行安全理事会之决议”的承诺，可以更为顺利地展开客观的调查。这种调查的权力，即使只是为了断定争端或情势的继续存在是否足以危及国际和平与安全的维持，也使安理会有权对整个争端进行调查和讨论。

《宪章》第 36 条规定：“属于第 33 条所指之性质之争端或相似之情势，安全理事会在任何阶段，得建议适当程序或调整方法。”第 38 条规定：“安全理事会如经所有争端当事国之请求，得向各当事国作成建议，以求争端之和平解决，但以不妨碍第 33 条至第 37 条之规定为限。”可见，安理会具有建议权。《宪章》把安理会可以提出建议的时间规定为“任何阶段”，随时允许安理会提出建议，赋予其相当大的权力。同时《宪章》对安理会的权利也有所限制，即“建议适当程序或调整方法”。原则上，安理会只能就程序问题或方法问题提出建议，而不应涉及争议的实体问题。但第 38 条也做出了扩大安理会权利的例外规定，即“经所有争端当事国之请求”，安理会可以就争端实体问题做出反应。

此外，安理会还可以将争端提交国际法院。《宪章》第 36 条第 3 项规定：“安全理事会按照本条作成建议时，同时理应注意凡具有法律性质之争端，在原则上，理应由当事国依国际法院规约之规定提交国际法院。”安理会向国际法院提交的案件，是国际法院管辖的一个来源。

二　建设和平委员会是和平行动的专门机构

如前所述，从 20 世纪 90 年代中期以来，维和行动即开始面临越来越大的挑战，而联合国所特别设立的委员会之间工作无法协调与统一，又使得进一步努力的效率极为低下。在联合国系统中并没有一个专门的机构应对冲突国家从战争向持久和平过渡的问题，[①] 因此，联合国前秘书长安南专门指定了“威胁、挑战和变革”高级别小组就维和行动的变革问题进行讨论。随后在该高级别小组提交的报告中即指出，在内战爆发前的阶段和战后的过渡阶段，联合国和广大国际社会，包括国际金融机构都没有做出妥善安排来援助那些试图建设和平的国家。“一旦维和人员离开一个国家，这个国家就从安全理事会的雷达屏幕上消失了。”虽然联合国经济及社会理事会设立了几个特设委员会来处理具体事项，但无论是其获得的资源支持还是其工作成效都极其有限。因此，对联合国体系而言，需要的是一个单独的政府间机构，专门处理建设和平问题，并有权监测和密切注意有风险的国家，确保捐助者、金融机构采取协调行动，筹集资金来促进可持续和平。同样在针对战后国家的维和行动实践中，联合国系统和其他国际社会的许多不同部门都在从事某种形式的建设和平工作，但在高级别专家小组看来仍然是效率低下，并且缺乏足够的工作协调。

这一“试金石议题”（touchstone issues）的成功得到时任秘书长

① United Nations, *Explanatory Note of the Secretary—General*: *Peacebuilding Commission*, April 17, 2005.

安南的赞同，在其2005年3月所做题为“更大的自由：为人人共享发展、安全和人权而奋斗”的报告中采纳了这个建议，并认为，如果当事国能够采纳建设和平委员会的建议，并利用和平重建基金提供的援助加强旨在消除国内冲突的机构建设，包括加强法治机构的建设，则更能突出建设和平委员会的价值。随后，这一成立建设和平委员会的提议也得到了包括美国在内的成员国的广泛支持。①

正如安南所说，“现在国际社会有了一个独特的政府间机构：第一个专门致力于建设和平的机构”。2005年世界首脑会议成果文件，以及大会和安理会关于设立建设和平委员会的决议都重申，联合国需要有一个专门的机制来负责帮助刚刚摆脱冲突的国家走向复原、重新融合，协助它们奠定可持续发展的基础。同时，虽然联合国很多部门参与建设和平进程，但是系统内缺乏一个监督该进程、确保其协调并提供长期支持的专职机构，从而造成和平行动存在断层和脱节，短暂建立起来的战后脆弱的和平状态也常常因此瓦解，重新陷入冲突。

在建设和平委员会中，组织委员会是常设机构，此外还包括若干针对具体国家的委员会。组织委员会由31个成员国组成，任期两年，可以连任。组织委员会的成员构成非常特殊，是从以下五类会员国中推选的：（1）从安理会中选出七个理事国（包括常任理事国）；（2）从经社理事会中选出七个理事国，并特别考虑到经历过冲突后复原的理事国；（3）从为联合国预算提供捐款，包括为联合国各个机构和方案以及建设和平基金提供捐款数额最多的十个国家中选出的五个；（4）从为联合国各个特派团派遣军事人员和民警人数最多的十个国家中选出的五国；（5）由大会推选另七个成员，以消除预留的地域不均衡的状况，并将经历过冲突后复原的国家包括在内。

除了国家行为体之外，建设和平委员会还鼓励包括国际政府间组织、非政府组织、私人企业和商业界积极参与。这样的组成尽管有助于调动更多会员国以及其他行为体积极参与建设和平活动，但

① United Nations, *Explanatory Note of the Secretarty—General*: *Peacebuilding Commission*, April 17, 2005.

是如果捐助大国和跨国集团的影响过大，会影响联合国和平行动的公正性。

隶属关系上，成果文件将建设和平委员会定位为一个政府间机构；因此，委员会的权力就不是在安理会体制内，而是在大会或者经社理事会之内。不可以说委员会是安理会的附属机构，在一些学者看来，建设和平委员会是大会和安理会的咨询机构，[①] 也是联合国第一个此类型的政府间机构。[②] 大会将通过对其年度报告进行辩论，全面负责审查建设和平委员会的工作。委员会要就规划和开始维持和平行动向安全理事会提供咨询意见。

根据大会决议，建设和平委员会有三个任务。第一，调动所有相关的行为体，筹集资源，就冲突后建设和平以及复原工作提供咨询意见和提出综合战略；第二，关注冲突后的重建和体制建设工作，支持制定综合战略，为可持续发展奠定基础；第三，提供建议和信息，改善联合国内外各相关行为体之间的协调，使国际社会长期关注冲突后复原问题。

建设和平委员会的不同寻常之处在于它的决策机关组织委员会的结构。它的31个成员由安理会、经社理事会和联合国大会分别从10个最主要的财政贡献国和10个最主要的维和部队贡献国中选出。换句话说，联合国的三大机关对该委员会的组织委员会的成员国构成有同样的决定权，这在联合国的历史上还是第一次。尽管建设和平委员会负责向联合国的三大主要机关提供建议，但它要向联合国大会而不是其他机关提交年度报告。建设和平委员会的两个辅助部门分别是一个小型的建设和平援助办公室和建设和平常备基金，前者由具备相关资格的专家组成；后者的资金则来源于自愿捐助。该委员会各方面的情况每五年审查一次。

三 联合国和平行动的重要辅助机构

根据《联合国宪章》的严格意义，联合国大会并不承担维护国际和平与安全的责任，因此也无法决定采取和平行动。但1950年

① World Summit Outcome Document in September 2005, para 99.

② Ibid..

大会通过的联合国维持和平决议，即《联合一致共策和平》（Resolution on Uniting for Peace）规定，“安理会遇似有威胁和平、破坏和平或侵略行为发生之时，如因常任理事国未能一致同意，而不能行使其维持和平及安全之主要责任，则大会应立即考虑此事，俾得向会员国提出集体办法之妥当建议，倘系破坏和平或侵略行为，并得建议于必要时使用武力，以维持或恢复国际和平与安全。当时如属闭幕期间，大会得于接获请求后二十四小时内举行紧急特别会议”。尽管这一执行权转移确是当时安理会“僵局”的妥协之举，但也引发了国际法学界的广泛争议。一些学者对此持有否定态度，例如美国学者汉斯·凯尔逊（Hans Kelsen）在其1951年著作《联合国法的新趋势》中就明确表达了这一观点；而英国的博威特（Derek W. Bowett）则认为此项决议是合法的。因为基于联合国的宗旨和原则，该决议仅仅设想大会可以采取维持和平行动而不是强制行动。①

不过，联合国大会是由全体联合国会员国组成的机关，即使存在执行行动领域的限制，但仍然拥有广泛的职权。在和平与安全领域内，大会可以讨论宪章范围之内的相关事项，并可以向会员国或者安理会或兼向两者提出关于此等问题或事项的建议。但是，这些建议，往往只具有政治性的影响力，却没有法律上的直接约束力。因为联合国大会从根本上来说还只是一个审议机关，而并非一个执行机关。除了大会决议对于各个会员国缺乏约束力之外，大会每年只召开一届常会，只有经秘书长或大多数会员国的请求才召开特别会议。② 因此，我国有学者认为，综合分析联合国大会的各项职权，与建设和平联系最为紧密的反而是预算权，因为借此大会可以审核每次具体和平行动经费的预算。③

为了更好地领导、组织、实施维和及和平重建行动，联合国秘书长潘基文对于原有支持上述行动的联合国行政部门进行了改革，目前由联合国维和行动事务部和维和行动支持部专门负责与此相关

① D. W. Bowett, *The Law of International Institutions*, Stevens, 1982, p. 52.

② Ibid., p. 47.

③ 黄惠康、黄进：《国际公法国际私法成案选》，武汉大学出版社1987年版，第242页。

的工作。

维和部的历史可以追溯到1948年首批联合国维和行动——联合国停战监督组织（停战监督组织）和联合国驻印度和巴基斯坦军事观察组（印巴观察组）创建之时。直到80年代晚期，维和行动一直通过特别政治事务厅运作，在1992年加利就任联合国秘书长后正式组建了维和行动部。维和部向世界各地的联合国维和行动提供政治和行政领导，在执行安全理事会任务规定的过程中与安全理事会、出兵国和出资国及冲突各方保持接触。维和部积极统筹联合国、政府和非政府实体在维和行动中所做的工作。维和行动部由行动厅、法治和安全机构厅、军事厅、政策评价和培训司以及维和部主任组成，并就军事、警务、地雷行动和其他问题向联合国其他政治和建设和平特派团提供指导和支持。

在利比里亚、东帝汶、海地和刚果民主共和国，维持和平行动与国家当局共同制订了综合计划，其中包括重建或建立新的警察局、法庭和监狱。同时，这些特派团还与所在国政府一道，协助本地发展确保上述机构能够开展运作所需的能力和人力资源。作为和平行动总体重建方案的一部分，联合国维持和平人员与国家合作伙伴和国际捐助方共同监督培训中心、大学和警察局的重建工作，并确保其能够培训所需人员。例如，维持和平官员在刚果民主共和国制定了应急培训方案，以培训数以百计的警官。2010年维和行动部共向17个和平特派团部署了联合国法治人员，其中包括180名司法事务干事，175名惩戒干事及14000名警官。[①]

这两个部门之间也有着明确的分工，维和行动事务部的使命侧重于计划、筹备、管理、指挥维和行动，以此来促使各类行动能够有效地完成安理会和联大在其权限范围内所做出的授权。[②] 维和行动支持部则专门负责维和行动实施地区的行政管理和后勤保障等事宜，在人员、资金及预算、通信、信息技术以及后勤等方面提供

① 参见2016年2月6日（http：//www. un. org/zh/peacekeeping/issues/ruleoflaw/index. shtml）。

② 2015年11月26日，联合国维和网站（http：//www. un. org/Depts/dpko/dpko/info/page3. htm）。

"应急型专业知识"。[①] 经过改革重组后的部门将会有利于联合国更加有效地实施维和及重建行动。

第四节　维和行动的新发展

联合国和平行动的复杂性决定了其行动目标往往会受到来自各方面因素，尤其是政治因素的影响。过往的一些失败行动表明，如果不能有效弥合大国之间的目标差异，联合国在行动上显得犹疑不决，会直接影响行动进程。因此，新时期联合国主导下的维和出现一些新的变化，把握趋势，确立清晰明确的目标，才能提高行动的效率。

一　维和行动需要更为明确的目标引领

通常情形是联合国的和平行动受到纷繁复杂的各方压力影响，例如在科索沃的行动中，正是由于联合国行动始终未能阐明清晰的行动目标，因此不仅抑制了国内建设和平与法治进程，同时也阻碍了联合国力量的努力。这种不明确的目标，从政治上而言是北约军队于 1999 年轰炸南联盟之后，美国和俄罗斯两大国之间斡旋之后妥协引发的后果；[②] 联合国也因为阻碍科索沃的民族自决而广受指责——国际社会对于由于科索沃行动目标不明确引发的一系列暴力事件未能妥善解决而对联合国失去信心。

一方面，从和平行动的效果来看，任务目标的混淆会引发行动本身的模糊。[③] 联合国的附属机构和专门机构应该在原则上根据过

---

① UN General Assembly Department of Public Information, *Momentous Year For United Nations Peacekeeping as it Mounts Two Unique Operations in Africa*, *Sustains* 18 *More*, *Restructures Department*, *Fourth Committee Told*, GA/SPD/382, 31 October 2007.

② U. N. Doc. S/RES/1244 (1999).

③ International Crisis Group, "Bosnia: Reshaping the International Machinery" (Sarajevo/Brussels: ICG Balkans Report No. 121, 29 November 2001) at 13, online: International Crisis Group, available at http://www.crisisgroup.org/home/index.cfm? id = 1495&l, visited on 23 September 2017.

渡行政当局的安排配置技术和人力资源，高效展开行动。但是在联合国和平行动的实践中，美国和其他发达国家往往不愿将其武装力量置于联合国的控制指挥之下，这就在客观上阻碍了上述理想状况的实现。因此，现实和平行动协作就显得尤为重要，否则将必然会导致联合国和平行动的失败。

另一方面，从实践情况来看，联合国和平行动的重心也往往会受到政治因素的影响而发生转移。例如波斯尼亚和科索沃的联合国使团签署了大多数的人权条约，但随后却发现有太多的“国家政治因素”（raison d'Etat）阻碍上述条约的进一步执行。事实上，联合国和平行动在过去的实践中往往倾向于将注意力集中在对于过去最高级战犯的起诉和处理上，而不是放在对未来控制和管理犯罪的机制建设和发展上。如前所述，人道主义援助和发展援助也更多受到供而非需的驱动，导致这些受到资助的计划最终代表了不同的利益，反而最终实现了供方而不是需方的要求。①

二 维和行动需要更为有效的资源供给

从20世纪60年代起，联合国和平行动就一直缺乏资金，也缺乏供联合国调动的部队，这些问题的存在严重制约着建设和平行动的顺利开展，在一定程度上影响着行动的成败。联合国和平行动的费用一般是由联合国会员国根据大会批准的特定比例分摊，个别情况下直接由当事国负担，或者由会员国自愿捐献。冷战结束以来，联合国和平行动部署频繁，造成经费大涨。为使和平行动发挥更积极有效的作用，保证其顺利进行，防止其被滥用，就应该不断完善其机制及其法律体系，必须建立健全其指挥和控制机制，对联合国安理会、秘书长和建设和平行动出兵国的权利与义务做出更明确的规定，同时也需要更多成员国的参与，特别是冲突国家自身在建设和平行动决策问题上的发言权和监督权，使和平行动的实施更能反映国际社会多数国家的意愿。

显然，联合国在和平行动中的资源全部来源于其成员国，和平

① Shepard Forman and Stewart Patrick, eds., *Good Intentions: Pledges of Aid for Post-conflict Recovery*, Lynne Rienner Publishers, 2000, p. 23.

行动在很大程度上也受制于成员国提供资源的有效性与方向性。不可避免的是，许多国家，尤其是提供多数资源的大国，在联合国和平行动中往往更加倾向于对其自身国家利益的考虑。因此，联合国在战后建设和平所需的资源往往受到资源提供一方利益的驱动而不是接收方的需求。这也在很大程度上导致了援助方通常倾向于在那些与其利益息息相关的项目上提供资源和援助。

实践中上述大国利益驱动资源的提供往往给联合国在战后国家的和平行动带来难以逾越的障碍，这一点已经在 2003 年发生于巴格达的联合国人权袭击事件中得到了证明。[①] 2003 年美国推翻了阿富汗的塔利班政权，布什总统随即发表了提供援助重建灾难国家的声明，但在仅仅 12 个月之后，美国国会在讨论议案时即重新分配了 300 万美元的援助。同样，类似大国政治利益的驱动也使得很多资金的承诺延迟或者根本无法到位，例如 1992 年 6 月在柬埔寨恢复和重建问题部长级会议中各国承诺 880 万美元的资金，但是到新政府 1993 年 9 月成立之时却只有 200 万美元资金到位。此外，即使是援助资金数额上能够达到和平行动的要求，但援助项目之间协调性、区域性方法的缺乏、国家和实体机构的不充分等问题仍然会带来反面效果，例如波斯尼亚获得的资金援助人均上已经超过了欧洲，但还是造成了持续性的资金危机。

因此，有学者认为，如果联合国和平行动的资源提供者，包括主导和平行动的大国和建设和平机构，能够在可预期的基础上对和平行动进行资金投入，而不是在个案的基础上考虑政治利益为过渡行政当局捐助救灾和重建基金，则可以在很大程度上解决上述问题。也就意味着，联合国和平行动自身在获得各成员国的资金之后就具有了一定的活动自主性，从而使得其建设和平的行动更加有效。但是，鉴于现有的联合国和平行动所面临的预算压力，这样的

---

① 2003 年 8 月 19 日，联合国驻伊拉克特派团总部所在地巴格达运河旅馆（Canal Hotel）遭到汽车炸弹攻击，包括联合国人权事务高级专员兼秘书长伊拉克特使德梅洛（Sérgio Vieira de Mello）在内的 22 人遇难，其中大部分是联合国工作人员，还有数百人受伤。参见 2017 年 2 月 6 日（http://www.un.org/chinese/events/memorial/19august/2006/sg.html）。

资金链改革事实上很难予以推进。因此，也有学者认为相对于直接投入资金，更加实际的做法则是，通过独立性信托基金的推动建立一个资源捐助的管道，由联合国和平行动所在地当局和联合国混合的机构进行协作，此外，还需要在联合国层面建立追踪资金流的监督机制，以确保资金真正投入到国际社会所关心的危机之中去。

从联合国资金援助的实践中可以看出，在应对2004年12月26日印度洋地区海啸的基金援助中，前秘书长安南也认为必须提醒援助国政府“在过去的日子里，我们的认捐与实际捐助之间已然有很大的差距，我希望这样的情形不再发生”。①

三　维和行动需要更为完善的组织间协调

传统意义上的和平行动多由联合国安理会调查、组织和筹划、执行。冷战结束后，区域组织越来越多地参与到集体行动中来，这些行动也涉及了越来越广的范围。因此，现阶段一种新的和平行动是经由联合国安理会授权后由单个国家或某个国家间组织采取行动，而部队的指挥权由该国家或国家集团拥有。

这种形式的和平行动第一次是由联合国前秘书长加利在《和平纲领（补编)》中提到的。而后，一些学者对此种行动进行总结，即安理会可以授权成员国组建并部署一支中立且公正的武装力量到冲突地区，而且并不需要获得所有相关方同意，而其授权的目的是有限的，并不包括阻止入侵者或终止强制敌对行动。②

早在《和平纲领（补编)》之前，欧洲安全与合作组织、非洲联盟都对本组织进行维和部署等事项做出了相关决议。在亚洲，由澳大利亚领导的东帝汶维和行动也是以区域办法来执行联合国授权的例证。③一些地区性安全组织自行制定了关于对本地区事务实施干预的规则，这些规则在很大程度上摆脱了联合国安理会的约束。

---

① Scott Shane and Raymond Bonner, “Annan nudges donors to make good on full pledges”, *New York Times*, 7 January 2005, A12.

② Walter Gary Sharp, “Protecting the Avatars of International Peace and Security”, *Duke Journal of Comparative and International Law*, Vol. 7, 1996, p. 107.

③ 薛磊：《联合国和平重建行动的发展与中国的对策》，《国际问题论坛》2008年夏季号。

在欧安组织框架下，1990 年于巴黎制定的《欧洲宪章》为其组织化发展奠定了基础，该文件设立了秘书处、常设理事会、危机预防中心、民主制度与人权办公室（ODIHR）以及安全合作论坛（FSC）等一系列机构。这其中较有影响力的是诞生于 1992 年的少数民族事务高级专员（HCNM），按照设立时的授权，该高级专员的责任就在于遇有严重冲突风险的情势时发布早期预警的信号，他具有对于成员国进行预防性干预的能力和权力，这是其他国际组织很难做到的。联合国前秘书长安南在第四次“联合国与区域组织合作会议”发言中也指出了联合国与区域组织合作的五个领域：和平协议的谈判与执行，促进安全和稳定，推进有效治理、民主化和人权保护进程，实现正义与和解，寻找有效途径将紧急救济和长期发展援助相结合。①

《联合国宪章》第八章界定了区域安排和区域组织在维护国际和平与安全方面能够发挥的作用，这实际上肯定了联合国同区域组织之间建立和发展相互关系的必要性。在《和平纲领》报告中，加利肯定了区域安排和区域组织在维护国际和平与安全中的作用，并指出了发挥这种作用的前提与方式。他认为过去区域安排的建立往往是因为没有一个全球性集体安全制度。因此，区域安排的活动有时候会同建立有效世界组织所需要的团结意识背道而驰。但是在这一大好良机的新时代，区域安排或区域机构如果以符合《联合国宪章》的宗旨与原则的方式进行活动，并且根据第八章的规定，同联合国、特别是同安全理事会建立关系，就可以发挥很大的作用。②

近年来，区域组织在维和行动中的作用日益增大。非盟、欧盟、美洲国家组织、西非经济共同体等区域、次区域组织，通过多种管道有力地支持和配合了联合国维和行动，有的甚至还自行组织了维持和平行动，这发挥了它们在维护地区和平与安全方面的独特优势，为遏制冲突和缓解人道主义危机做出了独特贡献。区域性国际组织的成员国，往往在民族、历史、语言、文化或精神上具有密切

① UN Press Release, SG/SM/7706.

② 陈须隆：《联合国与区域组织相互关系的一个范例——试析联合国与欧安组织合作关系的建立与发展》，《国际政治研究》2000 年第 3 期。

联系，培育了某种共同意识：或在现实国际生活中具有共同关心的政治、军事、经济或社会问题，形成了某种相互依赖关系。对于解决冲突的要求和愿望更为迫切，行动上也更为积极。同时他们对冲突形成的背景和原因了解得比较全面和彻底，在制定解决冲突决策的过程中，能充分考虑到各方的利益。其方法较为符合实际。因此，同其他类型的国际组织相比，区域组织具有更加稳定的社会、政治基础。区域性国际组织一般既有政治方面维持和平与解决争端的职能，同时在发生区域危机时，也能够因地理上的临近，反应时间快而迅速介入争端，比起外来力量，占了较大的上风。此外，加强同多边和区域性国际组织的战略性伙伴关系，鼓励区域性国际组织维持本地区的和平与安全已成为共同分担维持和平负担的一个主要优先事项。①

但是在实践中，由于安理会缺乏对区域组织的有效监督与控制，导致了较为严重的后果。例如，在波黑内战期间，安理会授权北约对塞族控制区采取武力打击，及至代顿协议签订后，安理会通过第1031 号决议，授权北约组建一支为期一年的多国部队进驻波黑，并可采取一切必要措施执行和平决议。结果北约对塞族进行了大规模空袭却没有有效解决矛盾。区域组织作为安理会武力解决争端的实施者，应满足以下条件：授权应明确；具体采取措施的区域组织应与所解决的争端具有密切联系，否则应避免由该组织武力介入；武力的使用要符合相称原则，即合比例原则，指武力反击的规模和强度要与所受之攻击相当。被授权使用武力的区域组织应对超出授权的行为所造成的后果负责，授权范围内的行为所造成的后果由被授权使用武力的区域组织与安理会承担连带责任。②

但是区域组织维持和平与安全面临很多挑战。从联合国方面讲，《宪章》许多地方含糊其辞，实践中难以把握，何谓“区域组织”、何谓“区域办法”等重要语词均缺少明确的规定。至于区域组织在采取相关行动时，如何向联合国报告、怎样接受联合国的监督和控制

---

① 唐黎立：《浅析区域组织维和的优势》，《法制与社会》2009 年第 5 期。

② 李雪锋：《对区域组织使用武力进行监督与控制的制度构建》，《郑州航空工业管理学院学报》（社会科学版）2006 年第 25 卷第 4 期。

等更是鲜有提及。安理会常常因其内部矛盾陷于瘫痪，其本身既不能在联合国范围内履行其职责，也不能运用其自身的权力完成对区域组织的监督、控制和协助。从区域组织方面讲，区域组织不是联合国的下属机构，其存在和活动都是自主的。区域组织可以有选择地接受联合国所赋予的任务，联合国只能要求区域组织“应该”“力求”，而非“必须”“完全”。因此，许多地区冲突的解决并非联合国所愿。区域组织本身的权力构成及其运行存在的问题，也使其作用的发挥受到诸多方面的影响。如北约在处理原南斯拉夫问题上，其内部主要大国的矛盾和斗争使问题复杂化。欧安组织在介入波黑冲突后因其成员国太多，意见不合而作用微乎其微、阿拉伯联盟在解决海湾危机时因立场各异而丧失诸多时机、北约依靠自身强大的政治、军事、经济力量以及在安理会常任理事国占据多数的地位，在解决波黑冲突中超越联合国，甚至是牵着联合国的鼻子走。

通常情况下，对区域组织范围内的冲突都是内部解决。而一旦冲突的解决涉及区域组织以外的国家和地区，区域组织作用的发挥就受到极大的限制。1991 年 12 月 9 日美洲国家组织宣布对海地实行禁运并冻结其在海外的资产。尽管美洲国家组织呼吁其他国家支持对海地的禁运，但事实上，此项决议在法律上仅能约束美洲国家组织的 34 个会员国，因此，美洲国家组织所采取的禁运措施在很大程度上受到削弱。联合国与区域组织的相互协调过程中亦存在很多的问题。对于地区冲突的处理，联合国着眼于全球利益。根本原因在于联合国是由全球范围内众多国家组成，其决策必然受到全球范围内其成员国各国利益的制约，而区域组织则侧重其区域范围内的利益。区域组织在许多情况下并没有按照要求实现联合国所赋予的任务。① 在联合国和区域组织共同参与解决某一地区冲突的过程中，各自内部大国之间利益差异及其政策的不同选择也引发二者之

① Report of the Secretary—General Pursuant to the Statement Adopted by the Summit Meeting of the Security Council on 31 January 1992, *An Agenda for Peace Preventive Diplomacy, Peacemaking and Peace-Keeping*, A/47/277 - S/24111, 17 June 1992, p. 38.

间的矛盾和斗争。[①]

四 维和行动需要设立明晰的法律责任

和平行动是一种手段，但是它只是针对冲突的症状而非源头。新一代的国内冲突所具有的某些特征给联合国和平行动人员带来了未曾遇到过的挑战，参加冲突的不只是正规部队，还包括平民和武装平民，海地的行动就证明了这一点。他们纪律松弛，指挥系统不清，是没有前线的游击战。在武装力量之外，要雇用更多的民警协助援助工作。这些雇用人员自身的犯罪和过错行为也时有发生。新一轮的海地和平行动中，不断传出有关联合国行动的新闻。由于参与联合国和平行动的人员大多来自世界各地、不同的国家，人员的繁杂性和流动性，造成了行动内部管理不善。全面加强行动的内部管理可谓势在必行。而且联合国在管理上缺乏有效的监督机制，监督和管理不力必然容易导致腐败等行为。诸如“石油换食品”计划的腐败案以及维和人员性侵犯丑闻，就暴露出联合国在内部管理上的缺陷和弊端。因此，这也就提出了联合国和平行动人员如何承担相关法律责任的问题。

事实上，不论是单一的维持和平行动还是综合性和平行动，联合国在其中的法律责任一直都是亟待解决的问题。然而，长久以来，联合国关于和平行动并未出台相关完善的法律，和平行动在不同的国家有着截然不同的复杂情形，导致联合国人员的法律责任问题一直无法解决。和平行动中可以适用于和平行动的法律文件主要有《联合国宪章》，大会和安理会的相关决议，一国的国内法等。有学者认为，1946 年的《联合国特权和豁免公约》、1949 年的日内瓦四公约及 1977 年的两个附加议定书、1954 年的《关于发生武装冲突时保护文化财产的公约》在内的适用于军事行动的一般国际公约之原则和精神、1990 年的《维持和平行动部队地位协议模板》、1991 年的《联合国与提供联合国维持和平行动人员和装备的会员国之间的协议范本》、1994 年的《联合国人员和有关人员安全公约》

① 参见仪名海《联合国和区域组织在解决地区冲突中相互关系初探》，《前沿》2000 年第 5 期。

以及1999年的《联合国秘书长关于联合国维持和平部队遵守国际人道主义法的公告》等也都理应成为和平行动中所要尊重和遵守的重要文件。①

首先，关于个人法律责任的处理之规定大都反映在《维持和平行动部队地位协议模板》和《联合国与提供联合国维持和平行动人员和装备的会员国之间的协议范本》《联合国秘书长关于联合国维持和平部队遵守国际人道主义法的公告》中。即联合国维持和平行动的所有成员，包括当地征聘的人员，在执行公务时发表的口头或书面言论和进行的一切行为应豁免于法律程序。此种豁免在上述人员停止作为联合国维持和平行动的成员或停止受聘用之后，或在部队地位协议及人员和装备提供协议其他条款效力终止之后，仍继续适用。此外，特别代表、联合国维持和平行动军事部队指挥官、联合国民警总长以及特别代表、部队指挥官手下工作人员中经政府同意为高级成员者，还享有与国内或国际法给予外交使节者相同的，在行动地区的人身、寓所、财产不受侵犯，非公务行为下的刑事和民事、行政责任之东道国管辖豁免。

其次，关于联合国的法律责任处理目前没有专门规定，实践中是按照和参照《联合国宪章》和《联合国特权和豁免公约》《国家对国际不法行为的责任》执行的。即“本组织于每一会员国之领土内，应享有于达成其宗旨所必需之特权与豁免……”，“联合国具有法律人格。联合国并有行为能力……提起诉讼。联合国，不论其财产与资产位于何处，也不论其由何人持有，对于各种方式的法律程序享有豁免，但在特殊情况下，经联合国明示抛弃其豁免时，不在此限。惟缔约各国了解抛弃豁免于不适用任何强制性之措施”。维和部队和维和人员执行公务时的行为视为联合国的行为，由联合国承担法律责任。“联合国对维和人员执行公务以外的行为所造成的死亡、伤害或损害不承担任何法律和经济责任”。对应当归属于联合国的法律责任，通常做法是：先由受害人或受害国向联合国提出赔偿请求，然后通过在当地临时设立维和部队内部求偿审理委员会

① 参见贾万宝《联合国维和行动中的法律责任问题探析》，《西安政治学院学报》2009年第6期。

或谈判和协商方式，对受害人或受害国实施以补偿为主的赔偿。所谓联合国维和部队内部求偿审理委员会方式，也即针对受害人的求偿，由维和部队中的行政管理官员、法律顾问、经济事务官员或负责赔偿任务的官员组成单边性求偿审理机构，在调查的基础上做出裁定的一种内部解决方式。所谓谈判和协商方式，也即针对受害国的求偿，由联合国和受害国代表在调查的基础上相互交涉达成一揽子赔偿的政治解决方式。联合国的赔偿只针对人员伤亡及财产损失，而且在确定赔偿时还要考虑提出索赔的受害人或任何人或实体由于故意或疏忽促成损害的情况。对惩罚性和道义性的赔偿、精神损害赔偿、一些动产和不动产的赔偿，以及赔偿数额和求偿时效，是明确给予排除或限制的。

最后，关于人员和装备提供国与东道国的法律责任处理目前也没有专门规定，实践中也是参照《国家对国际不法行为的责任》条款。就人员和装备提供国而言，如果它履行了人员和装备提供义务，而且又严格遵守了《联合国与提供联合国维持和平行动人员和装备的会员国之间的协议范本》的规定，即“联合国维持和平行动的职责纯属国际性质，所提供的人员应完全从联合国的利益出发约束自己的行为。除本国行政事项外，他们在执行职责时不应寻求或接受联合国以外任何当局的指示，政府也不应向他们发出此种指示，那么它对维和中所发生的任何特定法律事实也都无须承担法律责任。但如果遇有它提供的人员的严重疏忽或故意过失以致造成损失、损坏、死亡或伤害，以及由它部分或完全指挥和控制军事分遣队及维和人员行动的情形，则要由它分担或完全承担本应由联合国承担的法律责任”。[①] 人员和装备提供国与东道国应当承担的法律责任是第二位的法律责任，除非有特别的约定，受害人和受害国不能直接向它提出法律责任请求，而是要通过联合国维和组织。[②]

① 《联合国与提供联合国维持和平行动人员和装备的会员国之间的协议范本》，第9条。

② 人员和装备提供国和东道国承担法律责任的形式规定于《维持和平行动部队地位协议模板》第51至54条和《联合国与提供联合国维持和平行动人员和装备的会员国之间的协议范本》第29条。

第四章

联合国框架下国内秩序的重构

联合国在战后开展的各项和平行动为重新建立已遭冲突破坏的和平环境构建了完整的建设框架，而法治建设行动则是和平行动成功的重要保证。建设和平的目标是巩固已有的和平，并且力求在未来不再诉诸暴力，而内部冲突多数是由一种制度或者组织的破碎造成的，因此，对于已经经历严重冲突浩劫的国家或社会而言，衡量稳定的一个有效标准是，政治秩序容纳和克服秩序干扰的能力。在宪法秩序中，稳定源于政治制度尤其是宪法制度的持久性，当宪法制度确保了一个政体的稳定，则能够有效地避免冲突。

第一节　宪法与秩序

宪法作为限制政府权力、进行权力划分与制衡和保障公民基本权利的国家法治核心，已经得到了绝大多数国家的广泛承认，而由此产生的宪法秩序则是围绕上述宪法所确定的分配权利、制约权力行使的法治和政治制度而建立起来的政治秩序。

一　宪法与秩序基本理论

在近现代国家的发展史上，随着法治、人权、民主的思想逐渐成为资产阶级革命的共识，作为承认上述基本原则的新宪法也往往标志着一个国家的特殊历史进程。而对于冲突之后的国家或社会而言，国家架构尤其是宪法性架构进行重建，则是寻求和平与安全的基础所在。

宪法秩序的建立，不仅有助于推动和平的进程，将一个社会从动辄诉诸武力的状态转变为诉诸政治途径来解决冲突，而且在冲突后的崩溃社会机制中能够以权威性法律组织的形式重塑新的政权框架，从而使未来可能发生的冲突得到缓解和控制，而不是回归暴力。从这一层面上看，联合国在战后如何重建宪法秩序无疑是其法治重建所面临的首要问题，也是战后实现和平的基础问题。

由此可见，宪法秩序重建是一国的民主过渡、建设和平和国家重建过程中最为中心的一环。没有政治环境的转变，没有宪法秩序的重建，即使冲突结束，其后进行的制度改革和选举也是不会成功的，因此也无法实现真正的和平。① 在全球范围内更是有超过半数的冲突国家因为建设和平任务失败而重返冲突。② 此外，有很大比例的冲突国家，在其过渡阶段只获得了很脆弱的民主。③ 不可否认，宪法的制定以及宪法秩序的重建在政治和政权过渡中起到了极其重要的作用，因此也是战后建设和平的重要途径及最终目标。④

事实上，联合国已经开始尝试在冲突国家或地区重建国内法治尤其是宪法秩序的努力，⑤ 并将其委任于多数联合国和平建设进程之中，例如在东帝汶、阿富汗、纳米比亚等地在联合国框架之下进

---

① Chetan Kumar, *Building Peace in Haiti*, *IPA Occasional Paper*, Lynne Rienner, 1998; AdekeyeAdebajo, Building Peace in West Africa: Liberia, Sierra Leone, and Guinea-Bissau, IPA Occasional Paper, Lynne Rienner 2002.

② 有学者认为，在最初的五年中有39%的概率和平会陷入崩溃，在随后的五年中仍然有32%的社会崩溃概率。Paul Collier and Anke Hoeffler, Conflicts, Bjorn Lomborg, ed., *Global Crises*, *Global Solutions*, Cambridge 2004.

③ Thomas Carothers, "The End of the Transition Paradigm", *Journal of Democracy*, Vol. 13, Jan. 2002, p. 5.

④ 为本书的目的，"宪法"是指确立一国基本制度和规则的法律体系，可以是成文宪法，也可以是非成文宪法，在冲突后社会中甚至还可以通过和约确定。

⑤ U. N. Secretary-General, *Support by the United Nations System of the Efforts of Governments to Promote and Consolidate New or Restored Democracies*, U. N Doc. A/51/512, Oct. 18, 1996.

行的宪法立法以及选举进程。[①] 但与此同时，联合国在战后的法律体系建设也面临着保证当地主导与联合国支持的平衡之间的矛盾，使得联合国加强当地自主的进程一方面在许多重建实践中往往容易被忽略；而另一方面，在苏丹以及东帝汶的政治环境无法促进公众参与时，联合国的机制则又无法发挥应有的鼓励作用。[②]

马基雅维利（Machiavelli）在其著名的《君主论》中提到，对于无法实施自我防卫的国家，无论其法律是多么的完善，也都无法生存。[③] 而当世界上不存在国家强制力的时候，任何人对世界上的一切事物都是有普遍使用权利的。但所有人对超越他人优势地位的追求则导致人类陷入一种结构性困境的恶性循环，每个人对于权力的追求只能导致他们对更大的权力的追求，这就是霍布斯所言人类的“战争状态”，“每一个人对每个人的战争”。[④] 这样一来，人的自我保全和幸福生活都得不到保障。因此，霍布斯也同时认为，这种对于自身命运的关切反而可以让人们走出这种恶性循环，也是人们寻求出路的基本出发点。

因此，对于经历战火纷扰的战后国家而言，对国家架构尤其是宪法性架构进行重建，则是寻求和平与安全的基础所在。近代史上第一部成文宪法是美国从英帝国的控制之下获取独立后进行变革的结果，是一种旧秩序的扭转；而德国 1949 年宪法，标志着一场战争真正的结束；土耳其的凯末尔宪法则伴随着奥斯曼帝国的毁灭；宪法或是宣布独裁者死去，例如西班牙宪法正是在大独裁者佛朗西斯科·佛朗哥（Francisco Franco）死亡之后才建立的；有时宪法则是主权政府被迫进行的变革，例如 20 世纪 80 年代末期东欧原社会

① MunaNdulo, *The East Timor Crisis and International Intervention*, Cornell Law Forum, Vol. 26, 2000, pp. 3 – 9; MunaNdulo, *Afghanistan: Prospects for Peace and Democratic Governance and the War on Terrorism*, Cornell Law Forum, Vol. 30, 2003, pp. 10 – 18; See National Democratic Institute for International Affairs, National Building: The UN and Namibia, 1990.

② Philipp Dann, Zaid Al-Ali, "The Internationalized Pouvoir Constituant", *Max Planck UNYB*, Vol. 10, 2006.

③ Niccolò Machiavelli, *The Prince*, Trans. W. K. Marriott, Chapter 6.

④ ［英］霍布斯：《利维坦》，黎思复、黎廷弼译，商务印书馆 1985 年版，第 95 页。

主义国家领导人与反对力量通过谈判达成的一种国家性质和制度上的根本转变；还有一些是大众从少数掌权者手中夺权，而建立新的宪法，例如南非长久以来实施种族隔离制度，直到这种制度被废除，真正建立民主的宪法。

与现代宪法所确立的国家组织、权力分配与运行以及监督制度化结构类似，宪法秩序是围绕上述宪法所确定的分配权利、制约权力行使的法治和政治制度所建立起来的政治秩序。① 在宪法的最高规定之中参与和决策的制度化进程得以创立，从而对权力的拥有者进行限制。尽管现代国家之中确立的宪法秩序往往包括了成文法典，但宪法秩序通常更需要制度化的规则以及对权利的保护与承诺，共同塑造并限定秩序内权力的行使。② 在这一点上，"宪法首先是政府限制、约束和允诺控制政治权力运行的工具"。③

按照美国著名的战略学者约翰·伊肯伯里（John Ikenberry）的观点，④ 宪法政治秩序包含三个本质特征。首先，根据宪法形成宪法秩序意味着民众与政府在国家运行基本层面的原则和规则上达成了一致意见，参与和赞同均基于这些达成共识的基本原则和规则。这一基本层面意见一致，从根本意义上赋予了政治秩序的规则和制度的合法性。其次，宪法性规则和制度的创立，确立了对权力行使的约束性、权威性限制。宪法是对政治进行合法限制的一种形式，常常体现为明确规定权利、保护和基本规则的原则宣言。制度设计和程序，诸如权力的划分、牵制与制衡也确保了制度限制，而权力的持有者必须在一个制度化的政治进程中行使其权力。在这一秩序之中，"每一团体通过政治制度行使其权力，其权力因此而缓和、受到节制乃至重置，从而使得某一主导性的社会力量与其他众多力

---

① G. John Ikenberry, *After Victory: Institutions, Strategic Restraint, and the Rebuilding of Order after Major Wars*, Princeton University Press, December 15, 2000, p. 26.

② 目前世界上多数国家均是宪法国家，但事实上，宪法本身并不造就宪法性的政治秩序。Jon Elster, Claus Offe and Ulrich K. Preuss, *Institutional Design in Post-Communist Societies: Rebuilding the Ship at Sea*, New York: Cambridge University Press, 1998, p. 63.

③ Giovanni Sartori, *Comparative Constitutional Engineering: An Inquiry into Structures, Incentives and Outcomes*, London: Macmillan, 1994, p. 198.

④ ［美］约翰·伊肯伯里：《大战胜利之后——制度、战略约束与战后秩序重建》，门洪华译，北京大学出版社2008年版，第68页。

量相契合”。[①] 再次，宪法秩序的形成，在一定程度上能够促进这些规则和制度扎根于更为广泛的政治体系且不易变更。一旦宪法秩序获得稳定的地位，则政治只会在这些法律和制度范畴内出现。换言之，宪法和宪法的变革存在政治“路径依赖”的观念。改变一个国家更高层面的法律需要动员“人民”，这是宪法规则所规定的程序，也符合通过造就充分的“民主合法性”来实现根本性宪法变革的需要。

在成熟的宪法民主国家中，宪法对权力的限制作用清晰可见。当某一政治派别赢得选举并上台秉政，其所能够运用权力的范畴即受到根本性的、极其明确的限制。因此，这一宪法结构的匮乏也在某种程度上导致了种族、宗教分裂的国家出现冲突。在这些国家里，胜利意味着绝对胜利的可能，如果某个宗教或种族团体赢得了对国家机器的控制，对其他团体而言，则失去了防止被暴力摧毁的保障，进而必然导致各团体爆发激烈武力冲突。而只有每一个团体都保证放弃使用武力，并允许其他集团暂时运用权力（并且这一权力受到极大的限制）才能够达成稳定的宪法协议。这一点也是战后法治重建的基础所在。

二 宪法秩序的重建

尽管当今世界各种冲突的形成都有不同的复杂因素，但对于已经经历严重冲突浩劫的国家或社会而言，恢复和平与稳定无疑是最迫切的重建目标，而衡量稳定的一个有效的标准是，克服秩序干扰的能力。在宪法秩序中，稳定源于政治制度尤其是宪法制度的持久性，当宪法制度确保了一个政体的稳定，则能够有效地避免冲突。尽管战后重建面临着很多综合性的艰巨任务，但从长远上讲，宪法秩序的重建是为了推进人权与法治、加强国家的制度建设以及稳定性；而在短期来讲，其目的是协助冲突的根本解决和获得和平。

战后国家国内法治的实现，是在冲突状况下重塑稳定社会状态

---

① Samuel Huntington, *Political Order in Changing Societies*, New Haven: Yale University Press, 1968, p. 9.

的宪法秩序，但建立宪法秩序首先要有一部符合宪法精神和法治价值的宪法。只有依据弘扬人民主权，限制政治权力的基本理念而成长起来的宪法才是法治之根本法，“良宪”的存在及其理性运作是依法治国的基础和关键。法治国家的内涵不只是依宪治理，更在于依良宪治理。[①]

因此，从这一层面上而言，宪法秩序的重建过程往往也是新宪法的制定过程。战后国家原本的政治结构被打断，通常会引发新的宪法变革，进而创制新的宪法。也有学者认为，宪法在一个国家的历程中，从来不是在平静中产生的，相反而是来自危机或者是动乱。人们对新宪法的期望往往不仅仅是在于引导国家度过政治危机，还期待它能够带来更多进步，使新的宪法秩序成为国家一切法律制度和行政管理的基础。“宪法的观念……在其产生之初就饱含着激情，包含着所有政治进步的希望”，[②] 当其获得成功之时，即“向社会施加了有益的影响使得社会理性化，并且自我完善”。因为宪法的明确目的在于改善现有的环境，这也是宪法的起草者永远不变的对未来的憧憬，光明并充满希望。[③]

不过，新宪法在战后国家的建立关系着一国的性质以及未来政体的选择。当一个国家面临完全的政治洗牌而从零开始时，其宪法制度的选择无疑关乎未来长期的稳定与和平，无疑也是冲突后面临重建宪法秩序任务的国家和国际社会所要共同思索的问题。[④] 战后国家的目标是在民主和宪法原则上建立新的政治体系。民主能确保政权力量的改变，而制宪则界定了权力实施的限制。制宪进程代表民众意愿，达成对未来国家的共识，确保对人权和民主治理等基本原则的尊重。[⑤] 要在众多的政治团体以及广泛的民众参与中求得平

---

① 汪习根：《论宪法对构造法治国家的价值》，《政治与法律》1999 年第 6 期。

② Ulrich K. Preuss, *Constitutional Revolution: The Link Between Constitutionalism and Progress*, Trans. Deborah Lucas Schneider, Prometheus Books, 1995, p. 64.

③ Kim Lane Scheppele, "A Constitution Between Past and Future", *William And Mary Law Review*, Vol. 49, p. 1377.

④ Jamal Benomar, "Constitution-Making after Conflict: Lessons for Iraq", *Journal of Democracy*, Vol. 15, April 2004, p. 54.

⑤ Ted Robert Gurr, *Peoples Versus States: Minorities at Risk in the New Century*, United States Institute of Peace, 2000, p. 153.

衡，还要在各个行动者之间解决分歧，取得制定宪法这个短期任务和建立稳定的宪法秩序这个长期目标之间的平衡。①

在冷战结束后的数十年中，许多冲突国家宪法秩序的重建是伴随着长期战争的结束而实现的。从宪法学角度而言，如果说过去学者将更多的焦点关注于战后国家重建宪法秩序的成败是由宪法体制决定的，即所谓总统制、议会制以及混合制之争，那么近年来，越来越多的学者开始超越宪制形式本身来思考战后国家的民主问题，②亦即一系列外源性观点出现。他们认为，民主的巩固实际上与总统制、议会制、混合制等这些宪制形式没有太大关系。有学者认为，无论冲突后宪法政治体制是采取总统制还是议会制，对于民主制度的巩固并无明显的影响。作为民主形式的总统制与议会制，二者都有民主巩固与民主崩溃的案例，行政权力的宪制类型差异与民主或威权结局之间的所谓密切关系并不明显。③ 从这一角度而言，战后国家重建宪法秩序的能力和效果都不可避免地受到本国经济、政治、文化和历史遗留因素等综合环境的影响。一方面，关于民主政治与经济发展的关系，自古以来就有论述。而从现代国际社会的发展和实践中不难看出，富足的国家往往拥有更多的民主可能性。④因为一个国家越富足，其国民进行政治表达的利益驱动力就越大，同时又不至于突破理智和自我约束。而且，富裕国家的贫富差距往往更小，社会财富的分配更加公平，从而有助于缓和社会冲突，遏制极端主义势力，创造一个和平理性的民主环境。一个高度工业化的现代经济和更为复杂的社会及其所需要的受过教育的人口更有助于民主政权的建立。可以合理地假设，这些社会也将比那些非工业

① Jock Covey, "Making a Viable Peace: Moderating Political Conflict", in Jock Covey, Michael J. Dziedzic, and Leonard R. Hawley, eds., *The Quest for Viable Peace: International Interview and Strategies for Conflict Transformation*, US Institute of Peace 2005, pp. 99, 114.

② 张勇:《转型国家的宪制选择与民主巩固》,《学海》2010 年第 2 期。

③ Seymour Martin Lipset, "The Centrality of Political Culture", in Larry Diamond and Marc F. Plattner, eds., *The Global Resurgence of Democracy*, Johns Hopkins University Press, 1993, p. 150.

④ [美] 西摩·马丁·李普塞特:《政治人:政治的社会基础》，张绍宗译，上海人民出版社 1997 年版，第 27 页。

化的社会更有利于新民主政权的巩固。[①] 另一方面，那些关注政治文化的学者们特别看重与民主相适应的政治文化，他们认为，不同的文明群体和历史文化传统在价值观与行为上对民主巩固具有不同的影响。例如，天主教文化和伊斯兰教文化不适宜民主政治的生长，它们往往更加崇尚精神权威，而对民主缺少热情。[②]

宪法秩序的重建不等同于任何一个单一的传统意义上平息危机的方式，即制造和平、维持和平、建立和平和预防性外交等。战后国家的宪法秩序特指在遭受重大社会创伤的社会恢复以往的秩序或者是建立全新的以宪法为基础，保障基本权利和行政、司法等社会各个机构有效运行的一种状态。可见，战后国家宪法秩序的恢复与重建需建立在建设和平的基础上，也是建设和平的必要组成部分；没有宪法秩序的恢复和重建，永久的和平将会成为遥不可及的神话。

具体而言，除了框架之外，联合国以宪法秩序的重建为例探讨战后国家制宪进程的效果，就需要建立一些评估的标准：战后国家是否实现社会的真正和平和民主就是评估宪法影响力最为明显的两大标准。[③] 对于那些刚刚摆脱暴力和冲突或者是摆脱暴力和冲突威胁的国家而言，持续和平的作用不言自明。长久性解除冲突的最好政权结构是民主机制，战后法治的标准要建立在一个公开和平等的竞争和投票基础之上。[④]

因此，从这一层面上而言，宪法秩序的重建过程往往也是新宪法的制定以及宪法选举的重启过程。尽管制宪和建立完整的宪法秩序在传统上均属于一个国家的主权事务或者民族自决的范畴，不应

---

① ［美］塞缪尔·亨廷顿：《第三波——20 世纪后期民主化浪潮》，王冠华译，上海三联书店 1998 年版，第 326 页。

② Adam Przeworski, Michael Alvarez, Jose Cheibub, and Fernando Limongi, *Democracy and Development: Political Institutions and Well Being in the World*, 1950 - 1990, Cambridge, Cambridge University Press, 2000.

③ Kirsti Samuels, Post-Conflict Peace-Building and Constitution-Making, *Chicago Journal of International Law*, Vol. 6, No. 2, 2006, p. 23.

④ Sunil Bastian and Robin Luckham, "Introduction: Can Democracy Be Designed?", in Sunil Bastian and Robin Luckham, eds., *Can Democracy Be Designed? The Politics of Institutional Choice in Conflict-Torn Societies*, Zed, 2003.

受到任何其他国家或组织的干涉，但随着联合国在战后重建尤其是法治重建中的地位不断加强，联合国对冲突地区宪法秩序的重建、援助与监督也在实践中得到拓展。[①] 不过值得注意的是，尽管目前联合国在冲突地区的实践已经大大超越了传统“辅助”性质和“技术支持”性质，[②] 但宪法重建的过程仍然没有形成一致而明晰的界定，通常包含了宪法原则或者过渡性宪法文件的制定和通过，民主选举的召集和制度化建设以及最终宪法的批准等一系列法治行动。

衡量战后国内是否成功完成宪法秩序的重建，其中一个重要标志是冲突是否得到有效的治理，文明是否得到提升。宪法的成功实现当然还包括其他标准，例如，宪法模式决定了政权的组成形式，从而决定是否有效地避免权力滥用。通常情形下，宪法能否更好地保护个人权利和民主文化是衡量其是否成功的标志。但是对于现实中的联合国实践而言，则面临较为复杂的困境。

一方面，从战后宪法制定的角度而言，战后国家的脆弱性与制定宪法秩序对于社会状况的稳定性和长期性的要求决定了二者之间存在着必然的矛盾。宪法的制定和实施不是靠着短暂的热情就可以成功的，它需要很多技术的支持和具体社会状况的考虑。换言之，在什么样的环境下、通过何种方式去建立新的宪法，是战后国家实现永久和平进程中要重点研究的问题。宪法一经通过，就应立即推进与宪法相关的诸多后续行动。但战后国家结构的极度不稳定又促使其必须在极短的时间内通过宪法改造，否则不仅会造成和平保障机制的缺位，同时也会使后续法治重建行动缺乏明确的目标和指引。

另一方面，从宪法制定之后的国家选举角度而言，辅助冲突国家或社会进行宪法性选举进程必然要对冲突地区的文化、历史和冲突的原因有深刻的理解；此外，现存的宗教、种族和社会紧张关系

---

① Yash Ghai，“The Constitution Reform Process：Comparative Perspectives”，International Conference “Toward Inclusive and Participatory Constitution Making”，3 – 5 August，2004，Kathmandu（Nagarkot），available at http：//www.idea.int/news/upload/Nepal% 20 – %20workshop%20paper%20 – %20Yash%20Ghai.pdf，visited on 26 June 2017.

② Marti Koskiennemi，“Foreword”，in O. Korhonenand J. Gras，eds.，*International Governance in Post-Conflict Situations*，Finland：University of Helsinki，2001，p. vi.

以及冲突各方在一个国家或者社会的地理分布和可能的区域联系也应考虑在内。但从目前的联合国实践看，即使对上述这些要素了若指掌，也并不能确保战后选举的必然成功。回顾2004年阿富汗总统选举以及2005年各级议会选举的进程，不难发现，影响选举成功与否有着若干重要的不可忽略的因素。尽管阿富汗最终也在看似民主的进程中顺利产生了领导机构和政权组织，但是大选并非完美。

三　联合国对战后秩序重建的作用

从传统意义上来说，制宪和建立完整的宪法秩序无论如何均属于一个国家的主权事务或者民族自决的范畴，不应受到任何其他国家或组织的干涉。但随着联合国在战后重建尤其是法治重建中的地位不断加强，联合国对冲突地区宪法秩序的重建、援助与监督也在实践中得到拓展。① 不过值得注意的是，尽管目前联合国在冲突地区的实践已经大大超越了科斯肯涅米（Marti Koskiennemi）所认为的传统“辅助”性质和“技术支持”性质，② 但宪法重建的过程仍然淹没在联合国漫长而繁复的维持和平与建设和平行动之中，国际法学界对其也并没有形成一致而明晰的界定。但作为宪法重建核心的战后国家的制宪模型则在联合国的反复实践中逐渐形成，往往包含了宪法原则或者过渡性宪法文件的制定和通过，民主选举的召集和制度化建设以及最终宪法的批准等一系列法治行动。

事实上，联合国已经在实践中为战后恢复宪法秩序建立了一系列协助机制，尤其以联合国在其中的直接参与和协调为主要特点。尽管针对不同冲突地区的具体情势，联合国框架下的宪法建设可能各有不同，但它们也确实具有特定的运行共性，这些联合国协调和主持下的直接协助措施，不仅包括对冲突地区的经济和物质援

① Yash Ghai, “The Constitution Reform Process: Comparative Perspectives”, International Conference “Toward Inclusive and Participatory Constitution Making”, 3 - 5 August, 2004, Kathmandu (Nagarkot), available at http: //www. idea. int/news/upload/Nepal% 20 -% 20workshop% 20paper% 20 - % 20Yash% 20Ghai. pdf, visited on 26 June 2017.

② Marti Koskiennemi, “Foreword”, in O. Korhonenand J. Gras, eds., *International Governance in Post-Conflict Situations*, Finland: University of Helsinki, 2001, p. vi.

助，而且还涵盖建立透明化、公众参与的运作体系；[1] 设立宪法起草机构，为本地立法者提供专家咨询和相应的智力支持，例如在索马里制宪进程中为索马里过渡联邦议会宪法委员会举办简介讲习班，以及为独立联邦宪法委员会提供人权咨询；[2] 管理以及监督选举法律的制定和立宪后选举；与当地市民社会和非政府组织合作，建立机构信息公开管道和公众参与路径。例如在吉尔吉斯斯坦政府的制宪进程中，联合国的积极支持和联合国机构间的努力，推动了其宪法经全民公决通过；监督宪法的实施规划。由此可见，联合国对战后国内法治建设中的直接协助在流程上涵盖了完整的宪法起草和制定过程，并且对其实施还可能进行初步监督，例如联合国还在津巴布韦的制宪过程中提供援助，全面审查津巴布韦宪法。[3]

从广义上来说，联合国在战后国家重建宪法和法治的过程，也是国际法不断发展的过程。作为国际和平与安全核心的普遍性国际组织，联合国无疑在当今世界影响着国际法的发展进程，也对各成员国国内法规则不断渗透。因此，从这一层面上说，宪法重建也是国际法律规则发展实践的重要表征。例如在“二战”后各冲突地区法治建设多倾向于强调民族自决，而当今国际法的发展同样也使得联合国在重建法治，特别是宪法重建之中，更加注重“良治”（good governance）和国际法精神。[4] 例如联合国秘书长在《加强和协调联合国法治活动》报告中即指出，“宪法符合国际人权以及其他规范

① UNDP, *Support to the Constitution-making Process in Afghanistan-Final Report*: 2002－2004, AFG/03/024.

② UNDP, *Support to the Constitution-Making Process in Afghanistan-Final Report* 2002－2004, AFG/03/024; VijayashriSripati, "Book Review", *Human Right Quarterly*, November, 2008.

③ Report of the Secretary-General, *Strengthening and Coordinating United Nations Rule of Law Activities*, Sixty-fifth session: The rule of law at the national and international levels, UN Doc. A/65/318, 20 August 2010.

④ UNDP, *State-Building and Government Support Program-Afghanistan* (2007); UNDP, *Learning from Experience for Afghanistan-Report on Afghanistan Programming Workshops* (2002); UNDP, *Governance for Sustainable Human Development*, A UNDP Policy Document.

和标准”。[①] 这一点也在2009年联合国秘书长《协助制宪进程指导手册》（Guidance Note of the Secretary-General：United Nations Assistance to Constitution-making Processes）中得到体现，该文件提出了著名的“指导六原则”，强调和鼓励遵守国际法规则和国际法律标准。[②]

如何实现战后的宪法秩序要求，这需要以联合国为代表的各个国际组织和其他社会团体、国家的共同协作。一般情况下，战后制宪的进程包含以下技术性要素：（1）对宪法的制定做出必要的预测，可以在和平协议或者类似的工具性文件中规定制宪进程；（2）建立代表性机构，引导对公众的教育，完成公众咨询，为宪法的起草做准备；（3）主要的赞助者之间通过谈判达成协议来确定重建宪法秩序的进程，包括为整个过程建设框架和蓝图并确定参与人员，商讨宪法的通过程序和办法，解决彼此之间的矛盾和冲突等；（4）及时公开相关信息，对民众进行宪法的普及教育，向民众广泛征询关于宪法草案的意见；（5）主要机构对宪法草案进行讨论和修改，如若继续波黑宪法进程的老路，没有能对宪法的草案进行全社会范围内（尤其是主要机构）的充分讨论和分析，那么宪法条文本身就已经是问题重重了，更为重建宪法秩序、实现未来长久和平埋下了隐患。[③]

第二节　宪法制定面临的挑战

宪法秩序的建设和形成是一系列复杂政治、法律和社会运行有

① Report of the Secretary-General, *Strengthening and Coordinating United Nations Rule of Law Activities*, Sixty-fifth session: The rule of law at the national and international levels, UN Doc. A/65/318, 20 August 2010.

② United Nations, “Guidance Note of the Secretary-General: United Nations Assistance to Constitution-making Processes”, *United Nations Rule of Law*, April 2009, available at, http: //www. unrol. org/files/Guidance_Note_United_Nations_Assistance_to_Constitution-making_Processes_FINAL. pdf, visited on 15 March 2017.

③ Jamal Benomar, “Constitution-Making and Peace Building: Lessons Learned From the Constitution-Making Processes of Post-Conflict Countries”, *United Nations Development*, August 2003.

序的结果，因此传统上的宪法制定与宪法秩序的形成需要很长时间的积累和相对稳定的社会状况。但这一点对于经历冲突的社会来说却异常困难，一方面，从战后社会自身的状态来说，在冲突结束的过渡期间，整个社会并未完全实现和平而仍然处于一种动荡不安的状况；另一方面，从战后国际社会对该国家所施加的影响来看，大量国际社会的资源会在这一时期涌入，如果能够将各个资源加以配合有效利用，那么会收到事半功倍的效果，否则不仅会丧失宝贵的重建宪法秩序的黄金时期，还会造成制度上的混乱，为全面的法治与和平建设埋下失败的隐患。

一　战后社会环境不利于宪法的制定

冲突与秩序这二者之间的矛盾往往在战后重建和平初期无法调和——制定宪法需要的是长期审慎的考虑和制度设计以及稳定的社会秩序，而冲突后危机的状况又不允许这样的审慎思考。“冲突”的现实情况通常意味着存在一种建立全新宪法秩序的动力，但也意味着一劳永逸、成功制定出一部宪法的概率很小。①

此外，与战后重建宪法秩序相关的另一个困难来自于宪法自身的特性。现代国家普遍接受宪法在法律层级上具有最高效力，这也就意味着宪法要比其他法律更难做出改动，变革、废除、重新订立宪法的过程也更加艰巨。在武装冲突所带来的社会危机中，宪法的基础性以及最高法律效力等特点有助于提升公众热情，进而容易制定出最好的法律制度。但也正是由于宪法的稳固性本质，以及在法律层级中的基础性和最高性地位，可能会成为很多方面的不利因素。既得利益集团惧怕因为宪法的变革而失去权力，因此会通过各种手段尝试阻挠新的宪法进程。而在一个多数派占据绝对地位的社会之中，少数派，以及政权更替社会的少数派，也都会拒绝参与一个旨在加强多数派地位的宪法进程；更何况在这样的社会之中往往法治较弱而法制亦不健全，少数派也可能根本不希望将自己的未来

① Vicki C. Jackson, “What's in a name? Reflections on Timing, Naming, and Constitution-Making”, *William and Mary Law Review*, Vol. 49, 2008, p. 1249.

寄希望于一纸权力文书之上,[1] 这也是联合国建设宪法框架下所遇到的严峻挑战。

因此，有学者提出，在目前联合国辅助的宪法制定进程中，可以通过制定“过渡性宪法”的方式快速获得战后法治建设的基础性依据，而同时可以缓解制定稳固宪法的压力。例如已经制定的北爱尔兰宪法性协议以及过渡时期的南非宪法。过渡宪法的性质可以不像正式的宪法文件那样具有稳定性和相对永久性，而可以根据战后国内的现实情势具有一定的弹性。尽管其批准通过的过程可能会欠缺一定的民主性，但它能够迅速赋予有关机构以权力，从而做出有拘束力的决定，而这对于稳定社会秩序则是必需的。从这个意义上来说，过渡性宪法能够赋予有关机构对今后正式的制宪过程以管理和实施的权力，或者是有权规定制宪所要遵守的原则和方法，其成功概率是很高的，因为它的临时性特征不仅可以吸引各个团体广泛参与，还可以有效节约时间和成本、提高效率，实为冲突后短期恢复宪法的很好选择。但是从时效性的角度来说，由于其很快就会被更加成熟、完善的正式宪法文件所取代，其成功又只是一种暂时的成功。[2] 就一国在战后制宪来说，一些临时安排更有可能提高制宪的成功率。如前所述，在和平情势下执政者更加可能去较多关注长远的社会整体利益，而在冲突情势下则恰恰相反。因此，在和平谈判进行或是暴力正在发生阶段做出一些临时安排对于未来全面的制宪是有诸多益处的，“就如同一个借鉴现存宪法和适应自身状况而立宪的混合体”。[3]

正是由于战后社会状况的脆弱性与制定宪法秩序对于社会状况的稳定性和长期性的要求之间有着难以调和的矛盾，所以这一进程才会存在诸多困境。宪法自身的最高法律地位属性不仅给宪法秩序的建立蒙上了一层神秘的色彩，而且极易在战后利用普罗

---

① Karol Edward Sołtan, “Constitution Making at the Edges of Constitutional Order”, *William and Mary Law Review*, Vol. 49, 2008, p. 1409.

② Vicki C. Jackson, “What’s in a Name? Reflections on Timing, Naming, and Constitution-Making”, *William and Mary Law Review*, Vol. 49, 2008, p. 1249.

③ Princeton Workshop on Constitution Building, *Proceedings Workshop on Constitution Building Processes*, May 17 - 20, 2007, Princeton University, pp. 25 - 26.

大众对于全新社会秩序和全新生活方式的期许，从而以建立全新的秩序为名吸引民众的巨大参与热情。然而，宪法的制定和实施不是靠着短暂的热情就可以成功的，它需要很多技术的支持和具体社会状况的考虑。换言之，在什么样的环境下更容易通过何种方式去建立新的宪法，是战后国家实现永久和平进程中要重点研究的问题。宪法一经通过，就应立即推进与宪法相关的诸多后续行动，包括对公众进行与宪法相关的宣传教育、发展附属性立法等。这些行动经常要求增加更多的财政和人力资源。如果新宪法缺乏充分的实施保障，那么，无论宪法的条文多么完美、制定宪法的程序多么成熟，都会从根本上破坏整个宪法秩序的重建。

二 战后的创伤不利于政权选举的实现

如前所述，在战后的法治建设中成功制定和施行宪法仅仅是宪法建设的基础和开端，在现代社会宪法施行的重要保证则是经过民主选举而产生遵守宪法的政府。事实上，宪法秩序的重建并不必然意味着宪法秩序的形成，相反，秩序的形成往往需要耗费巨大的时间以完成制度的建立，而联合国作为国际辅助机制的局限性决定了其无法完成全部的过程，而仅仅只能通过协调和努力促进宪法和政府选举的最初确定。因此，可以说联合国在战后法治重建的进程并不意味着实现了最终的和平和稳定，而只是为和平和稳定开启了一扇门，是后续一切和平行动和法治建设行动的基础。

战后迅速实行选举的目的在于推进两个相互关联的目标，即战争的终结和民主的重建。可以说，选举已经成为冲突解决之后从各方谈判中衍生出来的一个让新领导体系合法化的最主要路径。[①] 但与正常国家的制度化选举不同，战后国家的选举不但要解决困扰一个社会内部和外部各种有关合法性的争议问题，还要在混乱的社会秩序下，在安全机制失灵、充满恐惧、信任缺失和制度坍塌的社会

---

① Timothy D. Sisk, "Elections and Conflict Management in Africa: Conclusions and Recommendations", in Timothy D. Sisk and Andrew Reynolds, eds., *Elections and Conflict Management in Africa*, Washington, D. C.: United States Institute of Peace Press, 1998, p. 146.

环境中重建秩序。

从国际社会在解决战后宪法性选举的实践来看，往往和平谈判的最后成果构成了选举进程的基础，但每一个冲突后的和平协议又各不相同，因此其所规定的选举进程也有所差别。由于和平协议通常是一国停止武装冲突后的第一步进程，因而签订也较为仓促，其所规定的选举进程往往并不符合现实的需要。最主要的表现之一即是和平协议中规定的不切合实际的时间表，因为一国宪法秩序的恢复，无论是立宪或是选举，事实上都无法确定准确的时间，而是要根据实际情况不断变化。

20 世纪 90 年代初，南斯拉夫在经历了三年痛苦的战争和残酷的种族清洗之后，一个纯粹由精英分子参加的代顿会谈（Dayton Talks）于 1995 年展开，经过两周的艰苦谈判在美国俄亥俄州的代顿草签了波黑和平协议，又称为《代顿和平协议》（*Dayton Peace Accords*），至此彻底结束了波黑战争。《代顿和平协议》对于波黑的影响十分深远，不但为波黑制定了宪法，而且调动了各主要国际组织和机构参与执行代顿协议，并且在协议中对临时选举委员会、宪法法院的组织均做出了规定。《代顿和平协议》结束了长达三年半的武装冲突和战争，据此协议波黑国家获得重建。然而，实践最终表明，《代顿和平协议》只是一个经过长期谈判而达成的停火协议，并不是一个把波黑建设成一个能有效运转、现代的多民族欧洲国家的蓝本。直至今天，《代顿和平协议》所建立的宪法也不能独立地解决塞尔维亚、克罗地亚以及穆斯林之间的权力关系和政治体系，宪法的运作在很大程度上仍然依靠外界的势力。

由此可见，尽管和平停火协议在某种程度上能够完成简单的冲突后宪法建设依据的任务，但将其与最终宪法和宪法性选举混同则无益于战后国内的法治建设。和平协议的谈判与短期的冲突终结相关，而宪法的制定以及一国宪法秩序的重建往往包含着对国家长期制度的关注，所以武装冲突的终结以及和平协议的签订都注定只是宪法秩序的前提。

选举作为宪法制定与最终实施过程中重要的一环，事实上处于在看似分离实则相连的两个过程即战争中止和民主化进程的实现之间，因此必然受到联合国协助的重视。从管理角度来说，一方面，对于冲突后复杂而不稳定的社会而言需要通过国际协助对选举过程进行指导和监督；另一方面，制度的合法性对于长期的和平与民主也相当重要，而选举委员会在这个过程中承担了多重功能，可以说是战后国内选举的重要力量。

不过，从联合国目前在协助国内选举的实践来看，无论是选举委员会还是联合国，在选举方面都没有固定的模式，各国都并不完全相同。[①] 通常情况下，联合国通过设立相应的临时机构，例如监督和检测委员会（the Supervisory and Monitoring Commission，CSC）和停火委员会（the Cease-Fire Commission，CCF）等联合决策机构汇聚主要的政治行动者，通常由联合国秘书长特别代表主持进程，并在一国协助建立独立的选举委员会展开选举工作。例如阿富汗独立选举委员会的前身即是阿富汗临时选举委员会，其最初是为了对应联合国阿富汗选举管理部门而设立的，其目的是由该临时委员会与负责选举的联合国对应部门共同组成一个联合选举管理机构，并通过大批阿富汗本国登记人员在安排和举行选举的过程中负责更多工作。

选举委员会的任务通常涵盖整个选举和民主建设过程，既要负责一国选举的组织和管理，还要兼管冲突的解决和民主的建成，其主要目标是组织一场“可信的选举，即自由和公平的选举”，[②] 从而解决不公平、不独立、效率、专业性、透明度等问题。而联合国在选举中重要的作用是增加公众对于选举的信任度，尤其是在柬埔寨和莫桑比克的选举中几乎是最重要的作用。[③] 而阿富汗则以宪法第61条第8、9两款规定的形式将选举委员会作为国家机构予

① Guy S. Goodwin-Gill，*Free and Fair Elections in International Law*，Geneva：Inter-Parliamentary Union，1994，p. 23.

② Peter Harris，“Building an Electoral Administration”，in Harris and Reilly，eds.，*Democracy and Deep-Rooted Conflict*：*Options for Negotiators*，*International Institute for Democracy and Electoral Assistance*，Stockholm：International Institute for Democracy and Electoral Assistance，1 January 1998，p. 310.

③ Jennifer McCoy，Larry Garber，and Robert Pastor，“Poll-Watching and Peace-Making”，*Journal of Democracy*，Vol. 2，fall 1991，pp. 102 – 114.

以法定化，使之成为一个独立的国家机构，并规定选举委员会的职权包括：（1）监督总统选举。参选政党和候选人向选举委员会登记后，取得候选资格。独立选举委员会有权依法决定提出申请的政党或者申请人是否符合要求。此外，独立选举委员会监督整个总统选举过程。有权就任何可能导致非自由平等选举的情况和因素进行调查并依法做出相应的处理。（2）监督各种选举和公投。阿富汗独立选举委员会享有对国内各种选举广泛的监督权，其中包括国会议员的选举、地方议会议员的选举等。从广义上讲，该项职能亦包括对总统选举的监督，但由于总统选举的特殊性，故阿富汗宪法中予以特别的规定。此外，阿富汗独立选举委员会还监督总统就重要的国家、政治、社会，以及经济事务发起的公民投票。（3）审查国会议员提出的不信任案，通过委员会成员十分之一提议即可对各部长提出质询，若对其答复不满意者，下院即可考虑提出不信任案，获得多数之同意即通过。由于政府部长的任免对于国家有重大的影响，为了防止多数人的不理性，因而赋予独立选举委员会对此进行审查的权力，从而为决策的合理性提供了一个有力的支持。①

第三节　宪法秩序重建的实践

联合国框架下众多的法律文件为战后社会宪法秩序的重建提供了基本原则。然而这些法律框架在不同的国家有不同的适用方式，这取决于国家环境和各自实现宪法秩序的短期目标。有些国家的秩序重建有更为细致的框架，包括为宪法确定基本原则和具体的订立程序等；有些国家宪法秩序重建的法律框架更具有概括性，实践更加灵活而富有可操作性，以便适应不可避免的政治环境的变化。

① 联合国安理会大会第 57 届会议秘书长报告：《阿富汗局势对国际和平和安全的影响》，A/57/850 - S/2003/754。

一 联合国框架下的规则之治

作为依据国际法规则建立的普遍性国际组织，联合国在其维护国际和平与安全的实践中一直强调努力建设国际和国内层面两级法治的重要性，因此在联合国框架下的法治建设，必然要受到国际法律的影响，事实上在联合国主导的宪法建设与选举援助中也无一例外均对国际法的遵守和适用做出了规定，例如阿富汗新宪法即强调应“遵守国际法规则”。同时，作为联合国法治篮子的重要内容，国际人权规则和标准不仅仅是制宪进程的基本原则，而且其本身也是联合国法治工作的内在要求之一。当宪法草案与这些规则不相一致，当冲突后形成的以新宪法为基础的一国政府在其施政过程中违反这些基本国际规则时，联合国理应捍卫国际法规则，并就一些实质性问题与各国对话，在国际法的基础上解释国家责任，最终达成共识。此外，联合国还应该主张那些已经被边缘化或者有被边缘化危险的人群的权利，例如妇女、儿童、少数民族、原住民、流亡者、难民等的权利。联合国应在宪法中主张男女平等原则，也要求国家积极考虑保护儿童权利的特殊条款。

一般而言，冲突后社会的法律框架至少要包含以下要素：（1）主要的宪法原则或者实质性的宪法条款；（2）宪法组织的工作计划；（3）规定主要任务的时间表；（4）关于制宪组织免于政府控制的承诺；（5）建立宪法组织和指定代表机构的透明规则；（6）规定公众的参与程序，分配时间和资源；（7）规定联合国和国际社会其他机构的角色。①

二 联合国协助下的国家主权之治

与建设和平进程等其他事项一样，联合国也认识到国家秩序重建的进程同样需要坚持国家自主权，在此过程中，官方、政治团体、市民社会以及一般民众在制宪中的充分参与理应为题中之义。

① Jamal Benomar, “Constitution-Making and Peace Building: Lessons Learned From the Constitution-Making Processes of Post-Conflict Countries”, *United Nations Development*, August 2003.

制宪，从根本上说，是一种主权行为，只有国家真正主导的制宪行动才能最终成功，联合国的行动也只能是建议或某种程度的参与，或是在关键时刻起到协调性的作用。联合国授权之下的武装团体，如果过多主导整个进程，会造成国内领导人因为担心联合国或者其他国际援助的减少而饱受压力。任何援助都应从国家或者过渡当局的要求和利益出发，其观点和建议也应该适应国家或者当地的具体环境，从来就没有放之四海而皆准的宪法模式或者进程，也没有普适性的宪法框架。

三　联合国参与下的程序之治

从国内法的角度而言，拥有全面参与性和透明性的宪法进程无疑可以提供一种途径供人们去亲历民主治理的过程，以及学习相关的国际法原则和标准，可以在战后提升民众对民主化国家治理的期待。此外，全面和富有参与性的进程也更容易产生被大众认同的宪法框架，包括专业法律人协会、媒体以及其他市民社会组织，以及那些被边缘化或者有被边缘化危险的团体在内的社会各个阶层，都应被赋予充分的话语权。从这一层面上来说，宪法秩序的重建有助于国家重建，宪法重建进程如若不鼓励公众参与则会丧失合法性，因此宪法重建可以说是一种赋予大众民主权利的运动。例如在南非的宪法重建过程中，即通过各种渠道和方式保障了公众对宪法建设的全面参与，不仅通过电子邮件、会议、调查问卷和网络等多方途径吸取意见，南非还允许媒体广泛报道整个制宪的争论，收到来自民众多达200万条的意见。正是建立在所有这些意见的基础上，南非新宪法草案二稿才产生，最终获得通过。事实上，如果公民能够通过公共咨询和教育参与制宪进程，他们将更容易了解到新宪法被人们接受的程度，抵制违宪行为。此外，社会各界广泛参与整个进程会增强人们的参与感以及彼此之间的信任感，为精英团体、政府与普通公民之间的交流提供广阔的平台。①

---

① R. James Bingen, "Overview-The Malian Path to Democracy and Development", in R. James Bingen, David Robinson and John M. Staatz eds., *Democracy and Development in Mali*, Michigan State University Press, 2000, p. 245.

如前所述，制宪和和平协议的制定不能是一个重合的过程，而实践中，和平协议的制定可以为实现宪法秩序做出政治上的重要铺垫。如果在和平发展的社会，制宪理应在一种稳定的社会环境中进行，宪法文件本应产生在各方协商以及广泛、长期的深思熟虑和争论、咨询的基础之上，但是在千疮百孔、百废待兴的战后国，这样的宪法成为奢侈的追求。

尽管如此，不难发现一些较为成功宪法秩序都是坚持长期政治谈判的结果。这些广泛却艰难的讨论、谈判构成了各方协商的基础，也在一定程度上推动谈判进程。而实质性的考虑也有助于实现政治体系和宪法秩序的长期性、持续性和稳定性。充分的讨论和考虑使得各个政治团体在制宪过程中对实现国家和解的承诺更加清晰，也因此增加了他们各自竞相实现承诺的压力和动力。充分的讨论和考虑也为多元政治文化的协商与合作打下了基础。例如在纳米比亚，宪法争论持续了长达几年的时间，这个过程为未来国家宪法秩序的建立奠定了基础，也为各个政治团体参与政治生活、加强自身能力提供了机会。

此外，战后宪法秩序的重建不能贪图效率，单纯求快的做法也已导致很多宪法还只是停留在纸面上而无法获得真正的施行。联合国应该针对宪法条文和过渡期间的制度安排提供建议，而针对宪法秩序的相关援助措施（包括技术和财政方面的支持）都不能随着宪法的成功制定而结束。不同类型的冲突，不同的冲突后社会状况，所有的因素综合性地决定了重建宪法进程的时间表，而且随着时间的推移，一国国内国际政治环境的变化都会对这个时间表产生影响，这个时间表并非一成不变。尽管时间表的制定在一定程度上可以对国际社会推动一国的宪法秩序产生有益的压力，但是，由于宪法的稳定性和最高性等内在特征，制宪和选举都要求合法的程序和充分的规划，这些都需要依据对不同的国内本身情况进行充分考虑而确定具体时间，而不应教条地遵守联合国所预定的时间。在和平发展社会的制宪或者宪法的修改中，高度的公开性和透明度显得颇有价值，也是公众得以参与宪法秩序的建成，充分感受到其自身代表性、实现自身利益的重要途径。

四　联合国主导下的多元主体之治

从协助宪法秩序重建的国际主体来看，尽管联合国仍然占据主导性地位，但往往仅依靠联合国的力量进行宪法秩序的重建进程不能实现各个政治力量之间真正的平衡。从制宪的角度来看，宪法的制定需要调动广泛的专业资源，开展合作；而长期的宪法秩序也要求在联合国内部以及联合国以外与专业人员广泛合作，以确保最好的国际实践。如前所述，由于在一国宪法秩序的建立过程中，该国自身应该发挥主要作用，所以联合国应该最大限度地协调一国与国际社会的伙伴关系，协助该国与国际社会彼此交流。宪法秩序的建立要求不同组织和机构中专家的协作。这也就要求一种所谓的“召集机制”（convening mechanism），即在指定的专业机构中挑选专家，他们具有流动性和协作性，可以随时根据统一的调派和指挥发挥自身作用，这些机构通常包括：（1）处理政治性事务的机构，例如和平行动部（Department of Peacekeeping Operations）；（2）主管冲突治理的机构，如联合国开发计划署；（3）法律机构，如法律事务办公室等（Office of Legal Affairs）；（4）人权机构，如联合国人权事务高级专员（High Commissioner for Human Rights）；（5）负责保护妇女、儿童、易受伤害人群以及被边缘化群体的机构，例如联合国儿童妇女发展基金组织（United Nations Children's Fund/United Nations Development Fund for Women）；（6）专为保护逃亡者、无家可归者等设立的机构，如联合国难民事务高级专员（United Nations High Commissioner for Refugees）；（7）公众信息部（Department of Public Information）等。

从这一层面上说，专家的参与固然不可或缺，但是更为重要的是专家们可以在需要的时候及时地出现，第一时间高效率地发挥作用，因此，联合国的协调就很重要。在纳米比亚，宪法专家们加入了关于国家制度的辩论，各个专业团体积极地举办了各种形式的讲座、晚间课程以及工作坊，开展关于宪法的各种讨论，促进了大众对于国家人权保护、政体选择、民主建设的了解和认同。除了宪法专家之外，其他领域技术人员的参与也是一个至关重要的环节。制宪是一个复杂的操作过程，对于预算、教育、咨询、公共关系、援助甚至 IT 等相关领域的专业人员也有较大的需求。同样，一旦国内产生人才需求，联合国就应该及时提供相关技术人员，这就要求联合国不仅可以快速调度其内部人员，还要随时与系统外的资源保持联系。①

① Louis Aucoin，"The Role of International Experts in Constitution-Making：Myth and Reality"，*Georgetown Journal of International Affairs*，Vol. 5，2004，p. 89.

第五章

联合国框架下国内正义的实现

半个多世纪以来，联合国在理论和实践方面为战后正义做出了巨大的贡献，对国家和本地层面的司法制度的支持都是战后国家或地区进行和解和法治重建的最重要动因。由于联合国自身的弊端以及司法机制本身的复杂性，导致联合国框架下的司法制度一直不能发挥最佳效果。在平等和非歧视的基础上协助建立法治，尤其要关注易受到危害的特殊群体和被边缘化的群体，这一直是联合国的职责所在，司法机制则是联合国加强国家层级法治的重要措施，可以被认为是联合国对战后国家的一种法治输出。然而，这是一项复杂、困难而又长期的工作，其成功取决于国家各个团体的承诺。

联合国作为最重要的国际组织，在经济上、政治上为战后司法和冲突后法治的建立做出了很多努力，也采取了很多的实际措施。真相委员会、刑事法庭、国际刑事法院，赔偿、公开道歉等都是极其重要的司法机制。这些机制的宗旨是在遭遇过大范围人权破坏的社会中促进和解，并推动改革和民主进程，最终目标是缓和紧张状态、重建法治。这些机制各有特色，各有利弊，但是没有任何一个机制可以单独地一劳永逸地解决战后国家的所有问题。只有将这些纷繁复杂的诉讼或者非诉讼方式有效地结合起来才能真正实现法治的最终目标。

第一节　战后司法重建的几个阶段

联合国安理会曾在一次会议中讨论联合国建立司法和法治方面

发挥的作用，[①] 随后主席代表安理会发表了一项声明，[②] 指出联合国系统拥有丰富的相关专门知识和经验，并着重指出有必要掌握和推广这些专门知识和经验，以便借鉴和吸取过去的经验教训。2004年，联合国秘书长提交题为“冲突中和冲突后社会的法治和司法”的报告，系统阐述了联合国在司法领域做出的贡献以及未来所要努力的方向。战后司法实践表明，其行动总体上呈现一定的阶段性特征，各个阶段有其特殊性，也有很强的共性。

一　对冲突事实的查明

司法不仅意味着必须处理警察、法院、监狱、辩护律师和检察官等问题，而且还必须顾及市民社会（包括受害者、妇女、儿童和少数族裔）的需要。因此，选择司法机制最好的做法并不是在惩罚和宽恕之间做“非此即彼”的选择，而是建立某种综合机制。兴起于大规模暴乱和违反人权土地之上的新兴民主国家也许很难去起诉多数的人权罪犯。因此，针对大规模的人权破坏，需要发展更加广泛和富有创造性的战略，以确保社会整体的正义。刑事司法体系不能仅仅是强调对过去伤害事件的惩罚，因为只有查清事实才能实施刑事诉讼。[③]

创伤中受害的幸存者应该得到治疗，同样地，那些暴乱团体的成员也应得到治疗，即他们必须承认自己的罪行，为此道歉。[④] 传统的司法旨在战后国内法上惩治罪犯，而真相委员会可以积极地改变传统司法体系，为国家和市社会提供发挥作用的机会，它最适合于开始一项长期的和解进程。它还可以作为诉讼手段的补充，建立

---

① United Nations Security Council, 4835th meeting, U. N. Doc. S/PV. 4835.

② Statement by the President of the Security Council, U. N. Doc. S/PRST/2003/15, 24 September 2003.

③ Payl van Zyl, “Dilemmas of Transitional Justice: The Case of South Africa’s Truth and Reconciliation Commission”, *Journal of International Affairs*, Vol. 52, 1999, p. 234.

④ Ervin Staub, Laurie A. Pearlman, Alexandra Gubin & Athanase Hagengimana, “Healing, Reconciliation Forgiving and the Prevention of Violence after Genocide or Mass Killing: An Intervention and Its Experimental Evaluation in Rwanda”, *Journal of Social and Clinical Psychology*, Vol. 24, 2005, pp. 297 - 334.

对肆意违反人权行为的问责制。[①] 此外，它还提供了关于暴行的历史记录，通过事实调查团公开调查暴行的原因和后果，举办听证会，并将肇事者、证人和受害者记录于报表中。[②] 关于真相委员会的一个成功案例是种族隔离之后南非建立的真相与和解委员会（Truth and Reconciliation Commission，TRC），其最重要的角色之一是促成官方承认侵犯人权。[③] 在公众场合公开承认破坏人权的暴行，这一行为可以更有效地防止未来再度发生这类暴行。

市民社会也大量地参与了真相与和解委员会。例如，非洲国民议会与南非贸易联盟议会（COSATU）之间共同协作，证实了在大规模行动中发动社会团体的重要性。[④] 真相与和解委员会中出现了两种类型的和解，一是个人之间的和解；二是国家的和解；后者主要是帮助一国在和平之上建立自身的民主。[⑤] 真相与和解委员会同时包括了司法体系和标准的真相披露系统，如果罪犯承认重大侵犯人权的罪行，大赦委员会将会进行听证，决定是否给予大赦，有罪不罚的制度，仅在十分必要的时候做出。[⑥] 然而给予从事人权侵犯之人以大赦，招致诸多批评，因为它消除了惩罚罪犯的威慑作用，弱化公众对于法律体系的信任。[⑦] 真相与和解委员会最主要的目标是对于真相的追求，以及披露真相和惩罚罪犯，提供治疗的平台。[⑧]

---

① Elizabeth Evenson, "Truth and Justice in Sierra Leone: Coordination between Commission and the Court", *Columbia Law Review*, Vol. 104, 2004, pp. 730, 734.

② Diane F. Orentlicher, "Settling Accounts: The Duty to Prosecute Human Rights Violations ofa Prior Regime", *Yale Law Journal*, Vol. 100, 1991, pp. 2537, 2546.

③ Payl van Zyl, "Dilemmas of Transitional Justice: The Case of South Africa's Truth and Reconciliation Commission", *Journal of International Affairs*, Vol. 52, 1999, p. 2.

④ Princeton Lyman, *Partner to History: The US Role in South Africa's Transition to Democracy*, USIP, 2002.

⑤ Tristan Anne Borer, "Reconciling South Africa or South Africans? Cautionary Notes from the TRC", *African Study Quarterly*, Vol. 8, 2004, pp. 19, 23.

⑥ Payl van Zyl, "Dilemmas of Transitional Justice: The Case of South Africa's Truth and Reconciliation Commission", *Journal of International Affairs*, Vol. 52, 1999, p. 12.

⑦ Gunnar Theissen, "Supporting Justice, Co-existence and Reconciliation after Armed Conflict: Strategies for Dealing with the Past", Bergh of Research Centre for Constructive Conflict Management, 2004, p. 4.

⑧ Payl van Zyl, "Dilemmas of Transitional Justice: The Case of South Africa's Truth and Reconciliation Commission", *Journal of International Affairs*, Vol. 52, 1999, p. 12.

在过去的20多年里，真相委员会一直是实现司法的重要工具。因为这是介于不受惩罚和刑事起诉之间的一种妥协方式。真相委员会向被害人提供了一个平台，他们可以讲述自己的故事和遭遇，却不直接起诉人权践踏者。[①] 真相委员会的作用在实践上主要体现于以下几个方面。

首先，真相委员会可以在战后国内帮助其重建法治。为实现这一目标，真相委员会致力于实现三个目标：第一，批判在冲突过程中违反国际法的行径，将一些行为标记为非法或错误，为使用非惩罚方式解决冲突迈出第一步。第二，由国家或者其他的行为者承认各自罪行，有利于确立法律权威。第三，通过法律的规定来保护践踏人权者的某些权益，也是对于法律和秩序的再次认可。

其次，真相委员会可以教育公民认识到之前的罪行或者错误行径。[②] 这就要求真相委员会去实行完全不偏不倚的调查，并且公开地公布其发现。彻底全面地调查人员、财政资助，还要注意证人的保护。2005年2月14日，在黎巴嫩首都贝鲁特市中心的爆炸导致20余人死亡，其中包括前总理拉菲克·哈里里（Rafik Hariri）。联合国秘书长旋即派出一个真相调查团，前往调查该暗杀案的起因、情况和后果。调查团于2月25日到达贝鲁特后，会见了很多黎巴嫩的官员和各政治团体的代表，对黎巴嫩的调查和法律诉讼程序做了彻底的检查，研究了罪案现场和当地警察搜集的证据，收集并分析了罪案现场的取样，并同该罪案若干目击者面谈。随后联合国真相委员会得出结论，黎巴嫩当局进行的调查不能取信于人，而应进行国际的独立调查来查明真相。为此必须设立一个具有执行权的工作组，由调查工作所需的各个领域专家组成。尽管真相委员会的时间和人力有限，但联合国真相委员会的结论和建议无论是对当地的事实调查还是对恢复地区和平与稳定均大有帮助。委员会的负责人必

---

① Priscilla Hayner, *Truth Commissions: Exhuming the Past*, NACLA Report on the Americas, September 1, 1998.

② Stephan Landsman, "Alterantive Responses to Serious Human Rights Abuses: of Prosecution and Truth Commissions", *Law and Contemporary Problems*, Vol. 59, Autumn 1996, p. 81.

须在政治上独立，并且在任何一个战争犯罪上都是无罪的。报告里必须要批判违反国际法的冲突的所有方面。其目标就是去告知所有公民暴行是如何实施的，是如何影响到个人生活的。在这方面，人们可以认识到过去暴行的疯狂也更能反对未来可能发生的暴行。

再次，真相委员会促进社会的复原，对于受害者的识别验证了人权缺失和人员失踪情况，[①] 之后才能走上赔偿程序。真相委员会应该为受害者受到的心灵和身体的创伤、财产的破坏而向政府索取赔偿，并且建议某种分配的体系。不像刑事起诉那样只聚焦于对犯罪者的惩罚，真相委员会给予受害者话语权。真相委员会还为纪念死亡者实施一些具体的措施。他们调查无名墓碑的位置、协助死亡者的合理安葬等。[②]

然后，真相委员会的成功还主要取决于对于罪犯的惩罚，而不侵害其权利。一些真相委员会惩罚罪犯，只是公布其罪行。2005 年根据前联合国秘书长安南（Kofi Annan）的提议，联合国在布隆迪设立了“真相与和解委员会”，真相委员会在布隆迪确定历史事实，确认布隆迪种族冲突的起因和真实情况，将布隆迪自 1962 年独立以来的种族犯罪归类并鉴别责任人，而也正是在联合国真相委员会的基础之上，卢旺达国际刑庭对布隆迪的种族冲突也完成了对国际罪行追究惩罚的任务。而联合国东帝汶“真相和调解委员会”也在东帝汶建立起了惩罚罪犯的临时性法庭，协助东帝汶帝力区法庭于 2001 年 12 月 11 日对 1999 年 9 月 25 日东帝汶的一起屠杀案做出最后宣判，10 名亲印度尼西亚的“蒂姆·阿尔法”（Tim Alpha）组织成员以“反人类罪”等罪名分别被判处 17—33 年的有期徒刑。真相委员会也会建议对一些罪犯做出赦免，这是一种刑事起诉和严重道德谴责之间的妥协。但是罪行不会被无条件地宽恕，任何在真相

---

① Neil J. Kritz, “Coming to Terms with Atrocities: A Review of Accountability Mechanisms for Mass Violations of Human Rights”, *Law and Contemporary Problems*, Vol. 59 (Autumn 1996), p. 127.

② Rosa Lopez, “Engendering Hope in War-Torn Society”, *Challenge*, Vol. 6, 1998, p. 9.

委员会下达成的大赦协议都要尊重国际法。

最后，真相委员会对未来可能违反人权的行为有威慑力。这个通常是指真相委员会可以提出加强民事和司法组织而逐渐减弱军事力量的建议。同时，真相委员会完成报告的过程也是在为国家的和平做准备。理论上讲，国家和地方的组织等应该一起努力。国家级别的努力致力于国家的重新统一和法治的重建；而地方层面的努力则包括地方团体实行自我复原，暴力多发生在当地，施暴者和受害者的距离接近，所以本地社团和组织就可以作成为施暴者和受害者沟通的最好桥梁；当地组织能有利于受害者将自己内心的恐惧和遭遇向最安全的对象倾诉。这一点在一个拥有多样化文化背景的国家里是尤其重要的。

事实上，大多数的真相委员会并不能完全地实现上述所有的目标。当一个国家不能满足真相委员会必需的要素之时，另外一个实体则应该很快介入补充。

二　国际法机制下的刑事审判

对大规模践踏人权行为、屠杀、战争犯罪以及人道主义犯罪的调查和惩罚，逐渐被国际社会和国际法所接受。国际司法体系在其中承担了重要的角色，它们能够确保中立，建立整套的体制和程序。尽管国际司法体系的优势众多，但在针对破坏人权的行为时，其作用又显得十分有限。第一，这类案件中罪犯的身份往往比较特殊，例如，罪犯若是一国的政治领袖，则国际法律体系很难进行司法管辖。第二，由于国际法庭财力资源有限，只能对于那些极度严重犯罪的个人进行惩罚。第三，实践中，由于文化和语言的障碍，国际司法体系难以对于地方性冲突的解决产生实质性和根本性影响，地方社会很难理解国际司法体系的审判，甚至产生误解。最典型的例子即是波黑当地对于前南国际刑事法庭的认识。由于各个阶层法官以及其他的法律工作者并没有很好地了解到前南国际刑事法庭的工作，因此，他们怀疑前南国际刑事法庭工作的动机和结果，而这些怀疑和偏见在很大程度上源于法庭与当地民众之间的隔阂。[①]

正是由于国际司法系统存在诸多弊端，因此更有效的方法是，在国际社会的协助下一国依靠自己的司法来实现冲突后的审判，然而在二者之间达成平衡是十分困难的。在科索沃的案例中，联合国授权国际和国家层面的法官在科索沃当地法庭共同工作，允许国家和国际两个层面的律师对犯罪辩护，最终也是步履艰难，因为国际规范和本地法律针对战争犯罪的矛盾难以调和。[②]

冲突过后，如若暴徒未能得到惩罚，正义无法被彰显，那么新的和平将无法达成，人民的愤怒和不信任都将成为阻碍社会重建和发展的主要力量。而未能彻底解决的过去的不正义成为新的战争和冲突的源头。[③]

在国际刑事司法体系发展的推动下，国际化刑事审判机构应运而生。在过去的几十年里，联合国设立或者帮助设立了各种形式的国际化刑事法庭，以处罚个人严重违反国际法的行为。1993 年联合国安理会创立了前南国际刑事法庭以回应在巴尔干冲突期间所发生的暴行。1994 年安理会创立了卢旺达国际刑事法庭以回应当年在卢旺达所发生的种族灭绝行为。另外，在塞拉利昂、科索沃、东帝汶和柬埔寨建立了几个混合法庭。期待已久的第一个基于条约所产生的国际刑事法院，也于 1998 年 7 月建立，并于 2002 年开始工作。国际化刑事审判机构的设立是在冲突后社会中促进和平与和解的新模式，是司法的重要组成部分。

---

① The Human Rights Center and the International Human Rights law Clinic, University of California, Berkeley, and the Centre for Human Rights, University of Sarajevo, "Justice, Accountability, and Social Reconstruction: An Interview Study of Bosnian Judges and Prosecutors", *Berkeley Journal of International Law*, Vol. 18, 2000, pp. 102, 136 - 147.

② Wendy S. Betts, Scott N. Carlson, and Gregory Gisvold, "The Post-Conflict Transitional Administration of Kosovo and the Lessons Learned in Efforts to Establish a Judiciary and the Rule of Law", *Michigan Journal of International Law*, Vol. 22, 2001, p. 371.

③ Gunnar Theissen, Supportingjustice, "Co-existence and Reconciliation after Armed Conflict: Strategies for Dealing with the Past", *Bergh of Research Centre for Constructive Conflict Management*, 2004; Fergus Lyon, "Trust, Networks and Norms: The Creation of Social Capital in Agricultural Economies of Ghana", *World Development*, Vol. 28, 2000, pp. 663, 664.

（一）联合国刑事法庭

联合国的刑事法庭开启了反对有罪不罚（impunity）的斗争，随着联合国前南刑庭的建立，安理会的决议开始了联合国作为一个国际组织建立司法机关的先例。

以卢旺达特别法庭为例。1991 年，卢旺达爆发了大规模的种族大屠杀。据联合国估计，在这场大屠杀中有 80 万卢旺达人被杀。[①] 1994 年 11 月 8 日，联合国安理会通过决议，成立卢旺达国际刑事法庭（International Criminal Court for Rwanda，ICTR）。同时，安理会第 995（1994）号决议还批准了《卢旺达国际刑事法庭规约》（ICTR Statue）。成立卢旺达国际刑事法庭的目的是起诉在 1994 年 1 月 1 日至 1994 年 12 月 31 日期间凡在卢旺达境内对犯有种族灭绝和其他严重破坏国际人道主义法的人和凡在这一期间在邻国境内犯有种族灭绝和其他这类罪行的卢旺达公民。[②] 卢旺达国际刑事法庭设立的依据有四个法律文件，分别是《联合国宪章》第七章；安理会第 995（1994）号决议；1949 年日内瓦公约及其第二附加议定书。在很多学者看来，卢旺达国际刑事法庭是历史上首次建立专门审理非国际性武装冲突的国际刑事法庭。[③]《卢旺达国际刑事法庭规约》第四条规定：卢旺达国际刑事法庭有权起诉犯下或命令犯下严重违反 1949 年 8 月 12 日各项《日内瓦公约》的共同第三条和 1977 年 6 月 8 日公约的《第二附加议定书》的行为人。

卢旺达刑事法庭有几个里程碑式的贡献：

首先，卢旺达国际刑事法庭突破了以往国际刑事法庭仅管辖国际性武装冲突的局限，成为历史上第一个授权起诉非国际性武装冲突中所犯罪行的国际性法庭。卢旺达国际刑事法庭的建立，突破了传统的国际人道主义法的适用范围，使其不只限于国际武装冲突和战争，而且也适用非国际武装冲突，即国内武装冲突。但联合国安理会同时强调，因为这种非国际武装冲突不是纯粹的国内武装冲

① U. N. Doc. E/CN4/1994/7（1994），para. 24.

② 参见《卢旺达国际刑事法庭规约》第 1 条。

③ 洪永红：《论卢旺达国际刑事法庭对国际刑法发展的贡献》，《河北法学》2007 年第 25 卷第 1 期。

突，而是该国内武装冲突已经威胁到国际和平与安全，所以可以适用国际人道主义法。这并不违背联合国宪章第七章的规定。[①]

其次，国际刑事法院认可了卢旺达国际刑事法庭确定的反国际人道主义犯罪，确认国际人道主义法的基本原则构成了国家习惯法的不可动摇的（intransgressible）原则。

最后，卢旺达国际刑事法庭管辖的犯罪范围，一方面突出了对灭绝种族罪的惩罚；另一方面，明文规定了对非国际性武装冲突中犯罪行为的惩罚。

如前所述，诚然卢旺达国际刑事法庭为国际刑事审判经验的积累做出了重要贡献，也为本国内的和解做出了贡献，但是其仍然受到多重质疑。

大屠杀后联合国关于卢旺达特别报告（the Special UN Reportfor Rwanda）认为种族大屠杀有三个原因：对政治权力变更的排斥、种族仇视的有效煽动以及免罚文化的存在。[②] 然而这样看似全面的分析却忽略了最为根本的原因，即西方殖民者在卢旺达统治时期所埋下的种族歧视的仇恨种子。事实上，在西方殖民者到来之前，卢旺达的各个种族之间的差异已经日趋减小，并无宿怨。直到殖民时代和后殖民时代，这样身份的划分才以种族主义的形式确定下来。[③] 这都是殖民者为了实现其自身有效统治而采取的有意识的强化种族区分的措施所直接导致的。

此外，很多学者对于卢旺达国际刑事法庭这样的反应形式本身提出批判，例如，何塞·阿尔瓦雷斯（Jose Alvarez）教授就对国际社会对卢旺达种族灭绝的反应提出批评，国际社会既需要对严重侵犯人权的特殊情形做出反应，也需对在暴行发生后该地区的态势予以关注。他认为也许有某种特殊的文化或历史原因导致卢旺达人抵制国际社会设计或强加给他们的解决方案。国际社会不能以一种家长式的态度来对待战争罪行及其受害者，即以一种偏见、狭隘、无

---

① U. N. S. C. Res. 955, UNSCOR, 49th Sess., U. N. Doc. S/INF/50 (1996).

② U. N. Doc. E/CN. 4/1995/71, 17 January 1995, paras. 22 – 25.

③ 参见刘海方《十周年后再析卢旺达“种族”大屠杀》，《西亚非洲》2004 年第 3 期。

经验和不适当的方式看待当地所发生的事情。混合法庭试图联合国际和国内法官参与裁决战争罪行，某些程度上这是更好的精英模型。[①] 事实上，这种论述就反映了文化相对主义的理念，承认了混合法庭将更好地了解和反映文化价值，也不易遭受道德帝国主义侵袭的危险。种族灭绝是引起国际社会关注的最严重罪行，然而追究责任者和安抚受害人的形式应该因案而异。但是这并不是绝对否认国际社会的力量在战争或是冲突中起到的作用。基于文化的差异，认为非洲所发生的种族灭绝与欧洲的不同从而得出国际社会不应该干涉的结论也是非常可怕的。[②] 而国际刑事法官不应该只是单一地根据他们自己的文化准则简单地判断证人、事实以及被告的行为；应当承认和考虑文化差异。

应当认识到，卢旺达非常需要国际协助，而且国际法官应当对追诉战争罪犯起到很好的作用。例如，国际法官可以教育当地法官国际法方面的知识和世界最低公正标准；帮助其树立公正形象；教育当地法官在某种程度上远离政府施加的政治影响；等等。这些方面的国际协助是有益的。在创立卢旺达国际刑事法庭时，如果能更多地得到卢旺达人的参与，更多地考虑卢旺达人的需求也许是解决问题的最好妥协办法，而兼顾文化普适主义与文化相对主义所建立的具有国际和国内法院特征的混合法庭可能更加符合卢旺达人的需求。这一点将在后文的混合刑事法庭部分做更为详细的分析。

（二）国际刑事法院

在世界范围内建立一个统一的、常设的国际刑事法院是人类几十年的不懈追求，《罗马规约》的通过使国际刑事法院的建立由理想变为现实，其第一条就明确规定：“兹设立国际刑事法院本法院。本法院为常设机构，有权就本规约所提到的、受到国际关注的最严重犯罪对个人行使其管辖权，并对国家刑事管辖权起补充作用。”

---

① Jose E. Alvarez, “Crimes of States: Lessons from Rwanda”, *Yale Journal of International Law*, Vol. 24, 1999, pp. 365, 366.

② Patricia M. Wald, “The International Criminal Tribunal for the Former Yugoslavia Comes of Age: Some Observations on Day to Day Dilemma of an International Court”, *Washington University Journal of Law and Policy*, Vol. 5, 2001, pp. 87, 117.

国际刑事法院将司法的规范化推向了一个新的高度，一百多个国家的共同签署意味着受到世界上最多国家认可的刑事司法制度开始在常设化和制度化方面做出有益的尝试。[①]

《罗马规约》通过对严重的国际犯罪的惩处而着重突出了对人类共同利益的人道主义保护，在其序言中明确指出了成立国际刑事法院的真正动意，即“重申《联合国宪章》的宗旨及原则，特别是各国不得以武力相威胁或使用武力，或以与联合国不符的任何其他方法，侵略任何国家的领土完整和政治独立”。

联合国前任秘书长科菲·安南说道：“我们希望的是，通过惩处有罪者，国际刑事法院将为幸存的受害人和被针对的小区带来一些安慰。更重要的是，我们希望它将阻遏今后的战犯，以便终有一天无论在何处都没有任何统治者、任何国家、任何执政集团和任何军队能滥肆侵犯人权而不受惩罚……国际刑事法院是我们送给下一代人的最好的礼物，是强化国际社会秩序进程的巨大进步。”巴西奥尼（Mahmoud Cherif Bassiouni）教授说：“国际刑事法院的建立是全人类所共同倡导的国际社会基本价值的体现和具体化，它是全人类的一个巨大的胜利……它能帮助避免一些冲突，能够防止一些不必要的牺牲，能够使一些犯罪人得到公正的审判。而这些努力都将有利于国际社会秩序的稳定，将有利于世界范围内的和平和安全的实现。”[②]

国际刑事法院是继巴尔干和卢旺达地区临时刑事法庭之后建立的。[③] 它设在了一个中立的地区，以第三方的身份对其他地区的严重国际刑事犯罪进行独立裁判，包括四种被各国所接受的最为严重的国际罪行：灭绝种族罪（Crime of Genocide）、危害人类罪（Crimes against Humanity）、战争罪（War Crimes）以及侵略罪（Crime of Ag-

① Rome Statute of the International Criminal Court，U. N. Doc. A/CONE 183/9（1998），reprinted in 37 I. L. M. 999（1998）.

② 张旭：《主编国际刑法现状与展望》，清华大学出版社 2005 年版，第 188—189 页。

③ United Nations Diplomatic Conference of the Plenipotentiaries on the establishment of an International Criminal Court，17 July 1998，Annex 11，U. N. Doc. A/CONF. 183/9，reprinted in 37 I. L. M. 999（1998）.

gression)。[①] 二战结束之后半个世纪以来，从纽伦堡到东京，从前南斯拉夫到卢旺达，国际刑事法庭的发展和变化始终无法摆脱“胜利者正义”（winner's justice）的影子以及“临时性”（*ad hoc*）的窠臼，尽管对严重国际罪行的惩罚在不断继续，但却一直面临着无法保证法律稳定性和延续性的尴尬。世界各国也逐渐意识到，“对于整个国际社会关注的最严重犯罪，绝不能听之任之不予处罚，为有效惩治罪犯，必须通过国家一级采取措施并加强国际合作”。[②] 事实上，国际刑事法院的出现象征着对“纽伦堡模式”的保护和延伸：永久性国际法庭的创建确定了将对国际罪行的审判作为例行的国际法实践事项，对战争、灭种、反人类以及侵略罪行进行起诉和裁判。

但同时，这样的常设机制所带来的问题是用国际司法间接取代了国内的司法，这是一个两难的境地。[③] 从《罗马规约》的最终文本来看，国际刑事法院作为以国际条约为基础的一个独立的国际司法机构，它不是联合国的下属机构。从《罗马规约》序言中的“设立一个独立的常设国际刑事法院与联合国系统建立关系……”以及第2条的“本法院应当以本规约缔约国大会批准后，由院长代表本法院缔结的协议与联合国建立关系”的立法足以表明二者相互独立的关系。尽管如此，在国家主权和安理会的干扰之下，国际刑事法院的自主性和独立性确实存在问题，即国际刑事法院的审判权来自国家主权的让渡，如果没有独立的主权国家的支持，国际刑事法院便形同虚设。尽管在《罗马规约》中首先强调了国际刑事法院的管辖权对国内刑事管辖权仅起补充作用，但仍然有大国在这一点上存有相当的疑虑，并持有保留态度。2000年12月31日，在《罗马规约》开放签字的最后一天，美国克林顿政府签署了该规约。但在2002年5月6日，布什政府致函联合国秘书长，宣称“美国无意成为规约的缔约国。与此同时，美国对2000年12月31日的签署，不

① Article 5, Crimes within the Jurisdiction of the Court, Rome Statute of the International Criminal Court.

② Preamble, Rome Statute of the International Criminal Court.

③ Ruti G. Teitel, *Transitional Justice*, Oxford University Press, 2001, pp. 20－23.

承担任何法律义务”。而中国尽管一直积极参与《罗马规约》的制定，并在罗马大会最后文件上签字，但也一直没有成为《罗马规约》的缔约国。国际刑事法院看似为一劳永逸地减少罪犯逍遥法外的现象带来了新的希望，但是各国批准的情况却令人担忧。到目前为止中国、美国、俄罗斯、印度等重要国家仍然不是国际刑事法院的缔约国，无疑使得国际刑事法院的普遍性和权威性大打折扣。

尽管在《罗马规约》中规定了国际刑事法院的补充性管辖权，但国际刑事法院所建立的以检察官为主导的起诉审判制度以及普遍管辖问题还是受到许多国家的质疑和批评。2009 年 3 月，国际刑事法院第一预审分庭以苏丹总统巴希尔涉嫌在苏丹达尔富尔地区犯下战争罪行和反人类罪行为由对巴希尔发出逮捕令，遭到苏丹的强烈反对和驳斥；2010 年初，国际刑事法院要求其第一预审分庭重新审议对苏丹总统巴希尔的罪行指控，这一裁决再次引发了国际社会的强烈反响。认为《罗马规约》规定的这种管辖权不是以国家自愿接受法院管辖为基础，而是在不经国家同意的情况下对非缔约国的义务做出规定，违背了国家主权原则，不符合《维也纳条约法公约》的规定。同时，法制健全的国家有能力惩处国内武装冲突中的战争罪，在惩治这类犯罪方面比国际刑事法院占有明显的优势；而且目前规约有关国内武装冲突中的战争罪的定义，超出了习惯国际法，甚至超出了《日内瓦公约第二附加议定书》的规定。鉴于此，许多国家认为应有权选择接受法院对这一罪行的管辖。目前《罗马规约》的有关规定虽对选择接受管辖做出了临时安排，但却从原则上否定这一接受管辖的方式，将会使许多国家对法院望而却步。更为重要的是，许多国家担心，《罗马规约》所规定的检察官执行调查权不仅赋予个人、非政府组织、各种机构指控国家公务员和军人的权利，同时也使检察官或法院因权力过大而可能成为干涉国家内政的工具。此外，检察官的自行调查权不仅会使法院面临来自于个人或非政府组织过多的指控，使其无法集中人力或物力来应对国际上最严重的犯罪，同时也会使检察官面对大量指控而需不断做出是否调查与起诉的政治决策，不得不置身于政治的旋涡，从而根本无法做到真正的独立与公正。[①]

（三）联合国混合刑事法庭

混合法庭的构想最早见诸1999年2月联合国秘书长指派的柬埔寨问题专家组的报告之中。专家组在探讨采用何种方式对前红色高棉领导人进行审判的问题时，提出可供选择的方式之一是建立一个联合国管理下的柬埔寨法庭，即一个国内法庭和临时性国际法庭的混合体式的法庭，以期避开建立临时性国际法庭的障碍并克服国内法院易受政治干扰而缺乏独立性的问题。[②]

混合型法庭（Mixed or Hybrid Tribunal）或国际化法庭，是某些国家为解决其境内发生的严重践踏人权和违反国际人道法罪行而建立的。但迄今为止，国际社会对混合型法庭尚未形成一致的定义。各国学者在使用上述称谓时所指向的国际实践通常包括科索沃的64号法令小组（the Regulation 64 Panels in the Courts of Kosovo）、东帝汶严重犯罪特别小组（the Serious Crimes Panels in the District Court of Dili in East Timor）、塞拉利昂特别法院（Special Court for Sierra Leone）、波斯尼亚和黑塞哥维纳战争罪分庭（War Crimes Chamber in the Court of BiH）、柬埔寨特别法庭（Extraordinary Chambers in the Courts of Cambodia）以及黎巴嫩特别法庭（Special Tribunal for Lebanon）。[③] 有学者认为混合法庭意指那些在机构组织、结构、功能及其所适用的法律和刑事程序方面包含国内和国际元素的法庭。[④] 加利福尼亚大学伯克利分校的戴维·科恩（Daivd Cohen）教授认为“混合形式是一个（法庭）所在国和联合国共同承担审判责任的体系”。[⑤]

---

① 朱文奇：《中国是否应加入国际刑事法院（上）》，《湖北社会科学》2007年第11期。

② Report of the Group of Experts for Cambodia Established Pursuant to General Assembly Resolution 52/135, 18February 1999, para. 185 - 192.

③ International Center for Transitional Justice Prosecutions Program, *Handbook on the Special Tribunal for Lebanon*, April 10, 2008, available at http: //www. ictj. org/en/index. html, visited on 15 September 2016.

④ Kai Ambos and Mohamed Othman, eds. , *New Approaches in International Criminal Justice: Kosovo, East Timor, Sierra Leone and Cambodia*, Freiburg: 2003, p. 2.

⑤ Suzanne Katzenstein, "Hybrid Tribunals: Searching for Justice in East Timor", *Harvard Human Rights Journal*, Vol. 16, 2003, p. 250.

国际法律援助联盟成员苏珊娜·林顿（Suzanne Linton）把“国际化的国内法庭”定义为“嫁接到发生严重侵犯人权和违反人道法暴行的国家的司法体系上，或根据国际协议创设一个与国内司法体系无关的机构……国际和当地的法官组成混合委员会审判违反种族灭绝罪、违反人道罪和战争罪的行为”。①

总体看来，混合法庭是在国际社会和罪行发生地国家的共同努力下建立，由国际法律人士和国内法律人士共同组成，对一国特定时期内发生的一系列罪行进行调查、起诉、审判的机构。②

依照混合法庭设立的方式不同可以将现有的六个法庭分为三类：通过联合国派驻罪行发生地的管理机构发布法令设立；通过国家与特设国际刑事法庭签订协议设立；通过联合国与有关国家签订协议设立。

首先，联合国派驻罪行发生地的管理机构发布法令设立，其代表是科索沃和东帝汶。具体的设立过程不再赘述，但是可以肯定的是，在科索沃和东帝汶发生的武装冲突都涉及主权问题，在其政治地位正式确定之前都由联合国负责代管。联合国专门建立的联合国科索沃观察团（UNMIK）和联合国东帝汶过渡行政当局（UNTAET）实际上是两个地区的实际管理者，行使着主权性的权利，其发布法令的行为实质上等同于一种国内立法行为，东帝汶审判严重犯罪的特别法庭和科索沃 64 号法令小组是“联合国的一个机构行使当地政府职能的产物”，③ 是联合国管理机构在当地进行法治建设的组成部分。

其次，国家与特设国际刑事法庭签订协议设立，代表是在科索沃和波黑的混合法庭。波斯尼亚和黑塞哥维纳（以下简称波黑）原为南斯拉夫社会主义联邦共和国的一个加盟共和国，1991 年南斯拉夫社会主义联邦共和国开始解体。1992 年 3 月初，波黑全民公决赞

① Suzanne Linton, “Cambodia, East Timor and Sierra Leone: Experiments in International Justice”, *Criminal Law Forum*, Vol. 123, 2001, p. 185.

② Laura A. Dickinson, “The Promise of Hybrid Courts”, *American Journal of International Law*, Vol. 97, 2003, pp. 295 – 310.

③ 黄风、凌岩、王秀梅：《国际刑法学》，中国人民大学出版社 2007 年版，第 372 页。

成波黑共和国独立，但该共和国中的塞族人进行了抵制。随后，波黑塞族人在塞尔维亚的支持下以武力方式寻求加入塞尔维亚，旷日持久的波黑内战爆发。内战中共有20万人死亡，超过200万人流离失所。1995年12月14日，解决波黑冲突的《代顿和平协议》（Dayton Peace Agreement）正式签署，依据该协议波黑由两个实体组成，即主要由穆斯林和克罗地亚人组成的波黑联盟（又称穆克联邦）以及主要由波黑塞族人组成的塞尔维亚共和国（Republika Srpska），两个实体都有自己的政府、议会和司法系统。同时，根据该协议，成立了高级代表办公室（Office of High Reprehensive，OHR），作为《代顿和平协议》缔约国在波黑的代表，全面负责波黑的国家建设。2003年，前南斯拉夫国际刑事法庭与波黑高级代表办公室签订协议提出在波黑法院内部成立一个由国际法官和波黑国内法官组成的专门的战争罪分庭，与之相配合的有专门的书记官并在波黑检察官办公室内设立专门的战争罪部门（War Crimes Department）。该战争罪分庭于2005年3月起开始工作。可见，在战争罪分庭成立之前，存在纯粹的国际性刑事司法机构——前南斯拉夫国际刑事法庭，该法庭对1991年后发生于原南联盟境内的战争罪享有优先管辖权。波黑的混合法庭实践是对前南斯拉夫国际刑事法庭的补充。①

最后，联合国与有关国家签订协议设立，代表是塞拉利昂特别法院、柬埔寨特别法庭、黎巴嫩特别法庭。以塞拉利昂为例，1991年，塞拉利昂的革命联合阵线（Revolutionary United Front，RUF）因为反对政府一党专政的统治而爆发内战，1999年7月7日，政府与革命联合阵线领导人在洛美（Lomé）签订了和平协议。随后，万余名联合国驻塞拉利昂特派团（United Nations Mission in Sierra Leone，UNAMSIL）士兵被部署到塞拉利昂执行和平协议。2000年8月14日，联合国安理会通过了第1315号决议，请联合国秘书长与塞拉利昂政府达成协议，建立一个特别刑事法庭，以检控在塞拉利昂境内所犯下的危害人类罪、战争罪和其他严重违反国际人道法的

① 张毅：《混合法庭——国际刑事司法制度的新发展》，硕士学位论文，中国政法大学，2009年。

行为，以及塞拉利昂有关法律认定为犯罪的行为。[①]

混合法庭是为应对国际或者单纯的国内法庭的不足而出现的。在很多国家设立，例如科索沃、塞拉利昂、东帝汶和波斯尼亚。法庭聚合来自国家和国际的职员，包括法官和检察官，主要设立在实施暴行的国家。比起国内法院资格不够以及国际法庭远离当地支持这两个缺陷，混合法庭具有优势。因此混合法庭不仅符合国际法标准和程序，还能保证国内公民最大限度的参与，体现国家所有权，因此，混合法庭更加验证了问责制的有效性。混合法庭还可以协助国家的制度和能力建设；在发生暴行的当地设置法庭，当地公民在各个层面和程度上最大限度地参与其中，是一种很好的实践和能力的提高。此外，在国际和国家法官之间的交流互动过程中，他们有了更多地接触当地公民的机会，因此，混合法庭要比单纯尊重国际法的国际法庭和国内法庭更加高效。然而，混合法庭是否在实践中已经确实地实现了这些目标还是个复杂的问题。

与联合国的特别法庭相比，混合法庭的优势得到了各方学者的充分阐述。例如，有学者认为，混合法庭比纯粹的国际刑事法庭有以下优势：它创建和运转的费用低；更能考虑受害者的需求；能更有效地帮助重建地方司法系统。[②] 国内的一些学者也习惯于将卢旺达刑事法庭与塞拉利昂的混合法庭作为案例比较，得出一些较为客观的结论，例如张永江教授就总结出，塞拉利昂混合法庭是根据联合国和塞拉利昂之间的条约而创立，而卢旺达特别法庭则源于安理会的授权；前者不仅能考虑侵害国际人道主义法，而且也考虑违反塞拉利昂国内法律的某些罪行；前者在塞拉利昂对检控犯罪有优先权；后者的法官完全由联合国大会选举产生，检察官则由安理会选择；前者的人员则由塞拉利昂的法官、检察官和其他司法人员所组成，审判庭的三名法官其中一位由塞拉利昂任命，另外两位由联合国秘书长任命；上诉法院的五位法官其中两位由塞拉利昂任命，另

---

① 卢有学：《塞拉利昂特别法庭及其对泰勒的审判》，《山东警察学院学报》2007年第3期。

② Suzanne Katzenstein, "Hybrid Tribunals: Searching for Justice in East Timor", *Harvard Human Rights Journal*, Vol. 16, 2003, pp. 245, 246.

外三位由联合国秘书长任命，塞拉利昂政府任命的法官可以但不必来自塞拉利昂；此外，塞拉利昂国际刑事法庭的另一个好处是该法庭位于塞拉利昂境内，这样更便于法庭更好和更及时地获取证人证言和其他证据，便于受害者和证人出庭作证，当地政府能积极参与法庭的创立和管理，而且也给当地留下法院的办公场所（对世界上最贫穷的国家而言这不是小事），这样有助于塞拉利昂司法系统的重建与完善。①

混合法庭在机构设置、人员组成和管辖权方面具有一定的灵活性，从性质上说是以国内模式为主体并添加了国际因素。混合法庭的初衷不仅仅是在于对具有管辖权的罪行进行公正的审判，更重要的是为罪行发生地国家的法治做出贡献。总之，纯粹的国内程序和国际法庭都不会是最完美的答案；二者都很难实现公平无偏私的正义；混合法庭无疑是更好的选择。

第二节　战后司法机制的新发展

近年来，国际社会为了应对和平威胁、解决对人道主义法以及人权法的破坏以及冲突管理等问题，发展了大量多元化的反应模式。联合国司法工作主要在两个层面——总部层面和实地层面进行。在总部一级，这样的支持主要包括需要评估、任务规划、专门工作人员的挑选和部署，以及向特派团的法治单位提供指导和支持。在实地一级，主要包括：加强国内执法和协助设立司法机构；帮助举行关于司法改革的全国协商；协调国际法治援助；监测和报告法庭诉讼情况；培训国家司法部门官员；向当地的司法改革机构提供支持；向东道国的法治机构提供咨询；审查和挑选本国警察、法官和检察官；起草新宪法；修订法律；对公众进行宣传教育；建立监察机构和人权委员会；加强刑事辩护律师协会；建立法律援助机构；设立法律培训机构；建设民间社会对司法部门进行监测的能力。由

① 参见张永江《文化相对主义视角下的卢旺达国际刑事法庭》，《河北法学》2007年第6期。

此可见，联合国在战后国家地区的司法机制有了更丰富的表现形式。

一　战后司法的核心价值在于正义的实现

对联合国冲突后司法和法治行动的进程和倒退的评估和认定是非常重要的。所以应该去测试司法体系的功能和个人的努力，从而审查其不足之处，进而解决冲突国家的危机。而评估中最大的挑战就是要注意到这个复杂机制中的不同变量。“变量”在研究司法问题中的作用也参考了学者皮埃尔（Pierre Hazan）在《衡量惩罚和宽恕的影响：司法的评价体系》（*Measuring the Impact of Punishment and Forgiveness: A Framework for Evaluating Transitional Justice*）中的观点。

首先，第一个也是最容易被忽略的变量，就是评价司法效果的时间维度。应该认识到司法在不同的阶段都发挥着作用。德国是个尤其显著的例子。研究表明直到20世纪60年代，绝大多数德国人依然认为盟国建立的纽伦堡法庭仅仅实现了胜利者的正义。在他们看来，美、英空军对德累斯顿、汉堡和柏林的全面轰炸已经是德国社会为纳粹罪行付出的代价。直到20世纪70年代，纽伦堡法庭才成为德国人参照系的一个组成部分，并在年轻一代对前辈在战争中态度的质疑中发挥了一定作用——这种质疑在和平主义迅速崛起的过程中得到了体现。国际司法程序有时在冲突结束之前就开始运行。而司法不但反映力量对比，而且在改变这种力量对比中发挥着作用，因此在分析其影响时考虑时间因素就显得更加重要了。随着时间的不同而做出的评估便反映出现实的发展变化。

根据具体情况，司法的运行过程可以分为四个阶段，各个阶段均可以提请联合国机制介入。例如，前南斯拉夫问题国际刑事法庭就是在前南斯拉夫战事正酣时建立的；类似地，联合国安理会将仍在继续发展的达尔富尔危机（在苏丹）提交给了国际刑事法院。一是武装冲突或镇压阶段。在这个阶段，由于那些政治和军事领导人部分或完全掌握着力量，战事和舆论宣传已经将人民大众动员起来，国际法庭难以发挥作用。二是冲突结束后初期。此时，军阀能够运用其力量造成社会动荡，能够动用忠于它们的媒体和资源。三是中期（第5年到第20年）。此时，经历着社会和政治重建的国家发展出新的观念。在新的政治环境中，被指控有罪的人和支持他们的网络得到削弱。四是新一代人成长起来，他们对克服原有分裂的需要更加认同。实践中，必须结合这些不同阶段来评价司法机制的作用。联合国建立起一套时间种类的标准是很有必要的，这样，联合国就可以更好地界定自己在司法中的作用，也能为社会转型和民主化提供潜在的可能性。

其次，也是评价司法的第二个变量，就是对不同的司法机制要有不同的衡量标准。这些变量在实践中较难把握，因为司法的效果跟随着机制实施的内部和外部限制因素而变化。例如，评价国际刑事司法的标准就有对国际性和混合性刑事法庭的刑罚效用、“示范性”审判（show trial）的影响还有威慑。而评价真相委员会的标准就包括“真相”的概念、“真相”的来源以及真相委员会之后对证人的保护等。而在这些众多的变量之外还有同时影响国际刑事司法和真相委员会实施效果的定量因素。由于变量标准难以把握，所以定量标准在实践中更加重要。

司法制度特别注重关注受害人，其目的就是通过揭开真相和实施象征性或刑事性惩罚，使受害人得以恢复创伤并得到赔偿，从而使社会本身也从历史的伤痛中恢复过来，并实现重新统一。[①] 有罪有罚以及满足受害人对事实真相和个人真相的需要，这两种方式都无一例外地保护了受害者。受害人还希望通过自己作证可以帮助自己恢复尊严，并在一定程度上使自己从过去的伤痛中解脱出来。但是，作证也有一定的危险，并可能影响作证行为的疗伤作用，因为受害人必须回忆起极其悲痛的事实。受害人在法庭作证和在真相委员会作证时心理上面临的危险是不同的。以联合国在卢旺达、原南斯拉夫的临时法庭为例，法庭保证受害人证人是匿名的。不幸的是，在卢旺达，某些证人的身份暴露了，结果他们和家人的生活都

① Jamie O'Connell, "Gambling with the psyche: Does Prosecuting Human Rights Violators Console Their Victims?", *Harvard International Law Journal*, Vol. 46, No. 2, 2005, pp. 295 - 345.

受到了威胁，有时还被迫逃跑。这种危险扰乱了证人的内心，并勾起了他们对过去伤痛的回忆，因此影响到疗伤作用的实现。卢旺达是最极端的例子。在卢旺达，种族灭绝事件幸存的受害人和犯罪者之间待遇的差异令人瞠目结舌。这些罪犯曾将艾滋病毒传染给了卢旺达人，但是，由于卢旺达资金短缺，只有犯罪者能享有接受治疗的特权。这种施害人与受害人待遇的巨大反差，严重影响了司法正义效果的实现。真相委员会的运作机理与司法程序不同。犯罪人没有得到惩罚的事实会在受害人中激起许多不同的反应。据位于南非开普敦的暴力和酷刑受害人伤痛治疗中心考察，在他们接触的众多受害人中有50%至60%的人在作证之后出现了非常严重的心理问题，或表示后悔参加真相委员会的听证。①

可见无论是国际司法制度还是真相委员会，都不仅不能确保平复战争或者冲突造成的创伤，还无法避免对受害人造成双重的伤害。因此，联合国的司法机制以及真相委员会都要注意到这一复杂状况。

二　战后司法注重多种工具组合运用

司法的主要机制包括司法程序、真相委员会、赔偿、公开道歉等。这些解决方式是选择性适用的，同时使用或者是间或使用，主要依情况而定。一些国家选择了不予起诉，其他的国家则同时启用真相委员会和审判程序，还有一些则是最初使用宽恕政策，随后使用惩罚政策。但是也有一些地区则一般性地适用宽恕政策而并不进行惩罚。例如在1992年莫桑比克内战结束时，采纳了全面大赦的政策。2005年11月，阿尔及利亚也适用了类似的一般性赦免政策。根据当时阿尔及利亚国内公投的结果，更多的意向是授予在内战之中的参与者以一般性大赦。

真相委员会（有时也称作真相与和解委员会）是以受害人为导向的。它们构成司法外程序，根据具体的环境，辅助或替代刑事司法程序，例如，真相委员会主导的赔偿程序。赔偿的历史和战争一

---

① Eleazar Barkan, *The Guilt of Nations: Restitution and Negotiating Historical Injustices*, W. W. Norton and Company, New York, 2000.

样悠久。该性质的赔偿第一次是由德意志联邦共和国政府自1952年起给予纳粹灭绝政策和集中营的生还者的。它是国家出于道义或政治原因自愿支付给个人或集体的。① 还有公开道歉程序，除了真相委员会以外，某些刑事法院目前也可以做出给予赔偿的命令。国家元首或高级官员表达歉意并不是什么新生事物。但是，冷战结束至今，这种忏悔行为的增加之多前所未有。在20世纪90年代末期，几乎所有西方国家的首脑都曾为历史上的罪行公开道歉，有些罪行甚至发生在几个世纪之前。例如，托尼·布莱尔（Tony Blair）为英国在19世纪造成的爱尔兰人的饥荒道歉，雅克·希拉克（Jacques Chirac）为法国驱逐犹太人的责任道歉，格哈特·施罗德（Gerhardt Schröder）为德国的纳粹历史道歉等。司法程序、真相与和解委员会、公开道歉和赔偿都是一个国家表明身份和新的价值理念的行为，借此认识历史。

在很多情况下，刑事诉讼并不是司法机制的首要选择。在决定是否适用某种机制时，首先要回答的问题是诉讼是否可行。诉讼对于实现某些目标是比其他的司法形式更加奏效，在形式上也能更好地服务于司法。但是非诉讼形式并不是次一级的选择。一些目标恰恰是通过非诉讼程序来完成的。为了决定最适宜的机制，从而更易于推进威慑、恢复正义和复兴，需要更加清晰地了解各种机制的内涵和特点。这种认识历史的过程是与另一个以开放档案、重写历史教科书、建造纪念碑和纪念馆、设立纪念日为标志的覆盖范围更广的过程结合在一起的。例如起诉可以导致严重的判刑，无疑是实现惩罚目标的最好措施；然而，对于威慑目标而言，成功的尺度就是避免未来大规模的人权犯罪。起诉对于威慑目标的实现益处不大；而真相委员会的作用主要在于解决矛盾和恢复正义。

总之，诉讼并非总是最为有效的方式，为实现司法的目标动辄适用诉讼程序，而不管是否具有可行性，是不明智之举。非诉讼方式在道德上并非一定是次一级或者低一级的选择。因此首先要决定司法的目标，之后再决定应该给予起诉方式以何种的优先性。

---

① Eric Posner and Adrian Vermeule, "Reparations for Slavery and Other Historical Injustices", *Columbia Law Review*, Vol. 103, Apr. 2003, pp. 689 - 748.

三 战后司法倡导对总体环境的关切

（一）政治环境的重要性

尽管有效的法治战略必须以法律要求为重点，但也必须适当重视各种政治因素。重建司法制度、规划法治改革以及商定司法程序，是最直接影响公众利益的活动。[①] 尽管司法机制主要集中于法律范畴，但是不可忽略的是，政治要素也起到了至关重要的作用。司法机制，包括司法的重建、法治改革的计划等都是最能体现公众利益的大事，[②] 所以它们也就更加容易受到来自政治的影响。

以国际法庭为例。其有效性取决于国家与国际法庭有效合作，否则其能力就会大大减弱。国际法庭的能力在很大程度上取决于掌管政治和军事力量的主体是谁。尤其是那些长期掌握联合国实权的安理会常任理事国。以卢旺达国际刑事法庭为例，超级大国的决策来授权和选择法官，决定是否提供政治和经济援助，根据自身的国家利益来决定是否合作以及合作的程度，也正是它们决定了维和行动的走向和战后重建的效果。伊拉克战争后的重建反映了实践的巨大困难。[③] 伊拉克战后冲突的解决证明了胜利者的正义；显示出法律和强权之间的关系，即在伊拉克的司法组织，总体来说都缺乏合法性，这与所谓的受政治驱动的“人道主义干涉”有着密切的联系。类似的，前南刑庭是在冲突阶段由国际社会建立的一个维持和平的措施，因此它缺乏明确的授权，也是一种胜利者的正义。该法庭缺乏对司法进程的全面控制，经常转而寻求国际社会的支持。司法的目标本身是为了促进地区的法治，然而在联合国安理会“第七章”规定的调停力量的发动下，联合国刑事法庭的主要目标却仅仅是“带来和平”。[④]

---

① UN Secretary-General, *The Rule of Law and Transitional Justice in Conflict and Post-Conflict Societies*, UN Doc. S/2004/616, of 3 August 2004, para. 19.

② Ibid..

③ David Scheffer, “Saddam Trial is a Critical Test for Iraq’s Future”, *Financial Times*, Aug. 12, 2005, at 17.

④ The U. N. Charter, Chapter VII; S. C. Res. 808, U. N. Doc. S/RES/808, Feb. 22, 1993.

相反，如果超级大国的政治意愿是缺失的，那么国际司法的能力也将变得十分有限，正如卢旺达刑庭里所表现出来的一样。在做出建立卢旺达问题国际刑事法庭的第955号决议时，安理会将“国内和解”确立为法庭的目标。决议授权法庭对造成80万图西族人死亡的种族灭绝事件主要犯罪者和在卢旺达爱国军进行的报复行动中犯下战争罪、反人类罪的主要罪犯进行惩罚。人们认为正义是实现卢旺达人民和解必不可少的前提条件。刚开始时，卢旺达政府为了向那些持怀疑态度的人证明灭种事件的真实性，与法庭进行了合作。在这个目的实现后，当政权中某些关键人物面临因其之前被指称所犯的罪行而被起诉的危险时，卢旺达政府开始阻碍进程的推进。

彻底消除政治对于司法机制的干涉几乎是不可能完成的任务，而绝对不受外界政治力量影响的司法机制也不是实现法治目标的最佳状态。联合国应努力在这两者之间实现微弱的平衡，在纷繁复杂的政治力量相互博弈的国际社会中为司法机制寻求空间。

（二）本地特色和经验的重要性

在一个具体的环境下能够用什么特定的司法机制，以及什么方式最可行，这些都取决于当地的经济和政治条件，社会、文化以及道德传统，甚至其他国家的参与和影响。①

经济、政治、社会和文化因素不仅影响到在某一个特定的社会哪些具体的司法形式是可能的，而且可以影响到这种形式是否能真正实现。显而易见，很多方式在某些特定的国家是不能够有效适用的。② 在卢旺达大屠杀结束后不久，卢旺达民族团结政府就要求成立国际刑事法庭，以通过惩治罪犯来实现民族和解。1996年1月，由10名法官组成的卢旺达国际刑事法庭在坦桑尼亚北方城镇阿鲁沙正式开庭，并得到了很多资助。但法庭运转缓慢，从1996年开庭

① Stephan Landsman, “Alternative Responses to Serious Human Rights Abuses: of Prosecution and Truth Commissions”, *Law and Contemporary Problems*, Vol. 59, 1996, pp. 81, 87.

② Richard Goldstone, “Exposing Human Rights Abuses—A Help or Hindrance to Reconciliation”, *Hastings Constitutional Law Quarterly*, Vol. 22, 1995, pp. 615 - 616.

到 2005 年，国际法庭只完成了 22 起案件的审判工作。[①] 尽管联合国和卢旺达政府一致认为：重建司法体系与保护人权是重新建立国家的最重要条件。而重建卢旺达司法体系的任务之艰巨令人吃惊，难以想象。要想用传统的审判程序彻底解决种族灭绝案件是不可能的，联合国领导下的卢旺达国际刑事法庭对于案件的审理也是杯水车薪。[②]

以卢旺达的“盖卡卡”（*Gacaca*），即同类审判为例。在卢旺达，一个以社团为基础的传统审判体系一直在补益着国内司法。大屠杀后的卢旺达，在起诉中大量地使用了以盖卡卡为代表的乡村法庭制度。它在卢旺达已有几百年历史，在传统上一直被用于解决争议和涉及偷牛罪的案件，它似乎更多的是作为一种解决争端机制而非刑事审判程序。与许多习惯法审判一样，盖卡卡的最初目的就是通过将内部冲突事件提交给由村中德高望重的长者组成的非正式会议裁决并使双方和解，从而使小区的秩序得以恢复。推定是谁的过错并不是盖卡卡审判的中心内容，因为它的目的并非裁定谁有罪，谁清白，而是为了制止冲突并最终促进小区的团结。这种审判仅限于处理小的纠纷，而非常严重的争端则要交由部族首领来裁定。也正是因为这个原因，盖卡卡并无权审理卢旺达大屠杀的相关案件，但此后成立的盖卡卡法庭则被正式授权。[③] 在审讯过程中，嫌疑人在受害者的亲属面前陈述，或者承认，并求得谅解，然后在长者和受害者亲属的参与下决定嫌疑人是否有罪，有什么罪，要得什么样的惩罚。

这种传统的方式，为卢旺达的民族和解提供了一个解决方法，加速了种族灭绝案件的审理过程，也为整理整个种族灭绝发生的细节，提供了大量证据。诚然，在盖卡卡法庭审理案件中存在一些比较严重的程序问题，并可能导致审判的不公，但目前看来它却是卢旺达国家审判机构用以摆脱其审判困境的最有效方式。虽然盖卡卡

---

① 刘海方：《卢旺达的盖卡卡传统法庭》，《社会调研》2006 年第 3 期。

② 贺鉴：《论盖卡卡法庭与卢旺达国际刑事法庭及其在国际人权保护中的作用》，《西亚非洲》2005 年第 1 期。

③ 刘海方：《卢旺达的盖卡卡传统法庭》，《社会调研》2006 年第 3 期。

法庭有的地方明显违反了国际公认的审判程序标准，然而，让成千上万的人留在监狱里遥遥无期地等待审判系统重建后的审理，似乎更令人无法接受。①

卢旺达经验体现了那些墨守成规的起诉程序在实现过渡后法治目标中的弊端，并且指出了应对可怕的犯罪应该有更灵活、创新的应对之策。② 通过盖卡卡，卢旺达已经开创了一条之前从未探索过的新道路。承认个人受害者及其家庭的巨大创伤，允许大屠杀的双方讲述他们各自的故事，帮助驱散集体犯罪感，取而代之的是培养一种法治支持下的文化理念从而促进和解，给予参与者一种迫切需要的尊严感，权力感。也正因为如此，卢旺达政府对这种特殊程序有着特别的喜好，甚至视盖卡卡程序为实现司法的最重要路径。③

总之，这样一种符合当地特色的审判方式证明了联合国不能仅仅期待一种一劳永逸的模式就去解决所有危机。任何一种危机的解决都必须适应当地的特殊文化状况。像塞拉利昂这样成功的混合型法庭并非在所有的情形下都适用；有时，国内法上的措施更加适用，盖卡卡即是如此。

但是，这些措施也要有国际社会的支持或是压力，由此加强国家措施的力量和效果。科索沃混合法庭能力建设的结果远远不像预期的那么好。尽管混合性的原意是让国家和国际层面的法官可以相互取长补短，然而，在早期，国际层面的法官并没有很多国际审判经验，因此他们对于国家法官能力建设的贡献也是极其有限的。而语言上的障碍，以及日益增加的工作量，都在一定程度上阻碍了能力建设。因此，科索沃的案例表明，只有对于混合性的安排进行更高技术性的设计才能真正地实现预期的问责制度以及公正审判。

---

① 李立丰：《种族屠杀犯罪处理实效的批判与反思——基于卢旺达冈卡卡法庭模式的考察》，《法商研究》2010 年第 2 期。

② Jason Strain and Elizabeith Keyes, "Accountability in the Aftermath of Rwanda's Genocide", in Jane E. Stromseth ed., *Accountability for Atrocities: National and International Responses*, Transnational Publishers, 2003, p. 131.

③ Maya Goldstein bolocan, "Rwandan Gacaca: An Experiment in Transitional Justice", *Journal of Dispute Resolution*, Vol. 2, 2004, p. 34.

四 战后司法强调社会力量的共同参与

（一）非政府组织的作用

在当今世界，联合国的努力能够促成和平协议，并且尽快终结战争。[①] 而交战双方达成和平协议意味着控制局势的仍然是缺乏对司法和法治拥有坚定承诺的旧政府。政府不能彻底地调查战争过程中践踏人权的情况，也不能去惩罚这些犯罪者的暴行，更不用说建立一个全新的对未来起到威慑作用的新体系。因此，以这种方式加速的和平局面势必很脆弱。联合国建立真相委员会，建立特别法庭，甚至将严重的犯罪者诉诸国际刑事法院等措施能够在一定程度上避免上述缺陷。然而，联合国的行动具有临时性，需要在短期内完成，更要受制于错综复杂的国际环境和国际社会的政治意愿，且较少关注受害者自身的复原。

非政府组织（Non-Governmental Organizations，NGOs）可以弥补联合国的不足。非政府组织对一个国家的影响是持续存在的，脆弱国家有一个较长的过程去逐渐适应冲突后逐渐发展和平的进程。[②] 此外，非政府组织不依赖政治意愿或者较少受到国际社会的关注，因此，它们便于提供持久的支持。非政府组织内部还特别招募了冲突国家的公民工作，这就在客观上便于他们自身拥有参与建设和平的力量。[③] 最后，非政府组织在受害者和国家的复原方面一直给予较高的关注。尽管它们无法实施刑事审判和起诉，但是能够建立一种特别的框架来促进和解和复兴。以危地马拉为例，在那里，联合国在危机后给予了过渡时期最基本的援助，包括经济援助、真相委员会、影响及敦促领导者去遵守其签订的和平协议等。而其他的一些司法援助则来自于广大的非政府组织。例如，天主教会很成功地

---

① Michael W. Reisman, "Stopping Wars and Making Peacing: Reflections on the Ideology and Practice of Conflict Termanation in Contemporary World Politics", *Tulane Journal of International and Comparative Law*, Vol. 6, 1998, p. 5.

② Ibid. .

③ Neil J. Kritz, "Coming to Terms with Atrocities: A Review of Accountability Mechanisms for Mass Violations of Human Rights", *Law and Contemporary Problems*, Vol. 59, Autumn 1996, pp. 127, 148.

弥补了不足，真正建立了真相和和解的程序，协助危地马拉开始了长期的和平和正义的变革之路。

正如联合国人权理事会文件所指出的那样，联合国人权事务高级专员办事处应该“在战后司法的概念和分析工作方面增强其牵头作用，并协助各国从人权角度制定、建立和执行司法机制”，而联合国的相关机构“以及其他国际和非政府组织则应进行密切的合作”,[①] 从而将人权纳入到司法机制的制定和执行工作中，在法治和司法领域加强联合国系统的持续进程。

事实上，无论是国际组织还是国家自身都会因为各种政治力量的制衡无法完全做到过渡时期的法治。因此以联合国为代表的国际社会和一些非政府组织就应该并肩作战，增强整体力量。在这个过程中，以联合国为主导，各个角色之间的作用是互补的，没有孰轻孰重，也不宜厚此薄彼。非政府组织在赋予当地居民力量、为其复原进行援助、提供稳定而持久的支持方面，作用不可忽视。[②]

因此，联合国和非政府组织应该相互协调，促进司法机制真正在冲突后的国家和社会发挥作用，协助它们赢得持久的和平。然而，目前这样的协调在很大程度上仍是未解决的挑战,[③] 且已经导致法治援助的重复、浪费和不足，甚至产生相互矛盾的援助方案。更严重的是，国际社会未经协调的干预可能会扭曲国内司法日程，浪费国内司法部门行动者的时间，消耗资源。

（二）媒体的作用

媒体在冲突后的作用常常被低估，事实上，媒体有很大的潜力，或是煽动、或是平复社会的紧张氛围。司法机制不可避免地要依赖媒体来传播一国历史上的黑暗真相。当然，在民主社会，媒体的主

---

① 《增进和保护所有人权、公民、政治、经济、社会和文化权利，包括发展权》，A/HRC/9/L. 22，2008 年 9 月 19 日，联合国大会人权理事会第九届会议议程项目 3，第 12 段。

② Naomi Roht-Arriaza, “Truth Commissions and Amnesties in Latin America: The Second Generation”, *American Society of International Law Proceedings*, Vol. 92, 1998, pp. 313, 316.

③ UN Secretary-General, *The Rule of Law and Transitional Justice in Conflict and Post-Conflict Societies*, UN Doc. S/2004/616, of 3 August 2004, para 58.

要作用还在于形成公共舆论导向。[①] 联合国教科文组织（UNESCO）的一份报告指出，媒体提供一种安全的战场，协助将一种破坏性的冲突转变为非破坏性的论辩。[②]

南非的案例凸显了媒体在司法进程中的重要作用，南非于1995年建立真相与和解委员会（the South Africa Truth and Reconciliation Commission，SATRC），解决了近50年的种族隔离（1948—1994）；南非的真相委员会与其他国家相比，可以说是处于风口浪尖。媒体的报道尤其是大量的广播，使得贫困人群、文盲以及生活在偏远农村的民众均能参与到真相调查中来，所以对于南非而言，真相调查确实是全国经历的事件而不是一小股“委员”们的专利。[③] 媒体确保真相委员会的工作进入公共领域，以便展开论辩。

与南非相反，秘鲁真相与和解委员会（the Peruvian Truth and Reconciliation Commission，PTRC）仅使用了有限的媒体资源，制作的报告也颇具争议，很难为冲突各方接受。从2001年到2003年，媒体对于秘鲁真相与和解委员会工作状况的报道仅限于丑闻和物流运送等，仅仅提供肤浅的信息而不去挖掘更深层面的问题。媒体在和解过程中起着重要的作用，然而，过渡进程的开始不是伴随着一个全新的媒体系统诞生的，而是继承着旧有的一切体制，包括旧有的媒体。新闻媒体也是一国经历冲突后的产物，新闻媒体也常常在冲突中遭受起诉、被威胁或是伤害，这会大大影响其中立性和言论的客观性。因此，一个正在进行司法进程的国家要考虑如何解决媒体和文化系统所遭受长期破坏的问题。

无论是遍及世界各个冲突地区的真相委员会对于认识真相，寻求和解的努力，还是几个重要的地区刑事法庭的建立，或者是国际刑事法院这一常设机构的运作，都为今后的联合国活动吸取了重要

---

① Lisa J. Laplante and Kelly Phenicie，“Mediating Post-Conflict Dialogue：The Media's Role In Transitional Justice Processes”，*Marquette Law Review*，Vol. 93，2009，p. 251.

② Andrew Puddephatt，“Turning Broadcasters into a Genuine Public Service”，in Barry James ed.，Media：Conflict prevention and Reconstruction 2004 UNESCO Publish，pp. 21－22.

③ Catherine M. Cole，Performance，“Transitional Justice，and the Law：South Africa's Truth and Reconciliation Commission”，*Theatre Journal*，Vol. 59，2007，pp. 167，172.

的经验教训。尤其是司法机制本身以及联合国自身的一些弊端致使这一机制在实践中面临着巨大的复杂性，概言之，针对这些复杂因素，司法实施中能否成功取决于以下几个因素。

一是要注重对司法机制效果的评估。一方面注意评估中的变量，即司法机制效果的时间维度；另一方面则抓住定量，以保护受害者为其中一个目标，这是所有机制的共同点，这就意味着要确保为国际规范和标准提供一个共同的基础，并调动必要的资源，以便在司法领域进行可持续的投资。

二是司法机制中的诉讼和非诉讼方式从本质上没有孰优孰劣，只是适用于不同的场合，更没有所谓的效力层级之分。而决定采用哪一种方式的重要标准则是不同地区法治所要实现的目标。因此，联合国的支持应该首先建立在一种可能性的基础上，进而考虑目标的实现。

三是要避免以同一个办法套用于所有情况，避免完全照搬外国模式，而是架构在国内评估、国民参与以及国家需要和愿望的基础上。总而言之，具体的支持要根据本地区的具体实践来决定。而联合国则要向国内改革的所有拥护者提供支助，帮助建设国家司法部门各机构的能力，促进关于司法改革和司法的全国协商，并协助填补在很多战后国内的法治真空。

四是联合国应该注意到政治力量对于司法机制实施的影响力。强权的干涉和“胜利者的正义”曾为过渡时期的司法带来灾难；然而完全缺乏政治力量干涉的司法机制有时又会导致局面失控。因此联合国框架下的司法绝对不是纯然而然的法律问题，而是各种力量交错的复杂机制，鉴于此，要注意避免政治的过渡干涉。联合国无疑是促进司法和法治的核心力量，但是并不代表国际社会的其他力量在这一问题中是沉默的。恰恰相反，各种非政府组织也一直试图或者已经在这一领域做出重要贡献。联合国应该认识自身力量的有限性，在未来重视非政府组织的作用，加强与非政府组织的合作。

联合国在促进法治进程中，要积极寻求现存机制之外的其他可能性，为司法机制带来新的机遇，而不仅仅是针对旧有机制的局限性修修补补。联合国未来除了要在实施的技术上注意司法机制的复杂性以外，也要注重将该机制纳入到联合国整体的法治援助框架中。

五　战后司法关注国家对不法责任的承担

国家责任作为国际法的重要组成部分，一直是国际法学界争论不休的领域。2001 年 11 月联合国国际法委员会第 53 届会议通过了《国家对国际不法行为的责任条款草案》，取得了具有某种突破性质的进展。

国际不法行为的国家责任中的损害，主要是指因国际法主体的行为导致的物质性损害和非物质性损害。物质性损害是指国际法主体给一国或一国国民的经济利益或财产利益造成的损害，它是国际实践中最常见的形式，有学者认为，[①] 这种损害一般是具体的有形的。发动战争给被侵略方造成的电厂、轨道、水利等基础设施的重大破坏；侵害外国侨民在其国内的公司财产及其生命所造成的损害等。非物质性损害是指国际法主体对于一国的荣誉或尊严造成的损害，它既包括国际不法行为对私人造成的非物质性损害，如由于某一国家对居住在本国的外国人实施监控，侵犯了个人及其家庭的隐私权；或损及个人的生命，同时也引起了其亲人的伤痛等。

近五年，战后司法最重要的一个变化是，联合国更加强调国家对于国际不法行为责任的承担。联大六委在决议 A/71/505 中明确指出，根据"国家对国际不法行为的责任条款案文的 2001 年 12 月 12 日第 56/83 号决议以及 2004 年 12 月 2 日第 59/35 号、2007 年 12 月 6 日第 62/61 号、2010 年 12 月 6 日第 65/19 号和 2013 年 12 月 16 日第 68/104 号决议，国家对国际不法行为的责任是对国家间关系至为重要，国际性法院、法庭和其他机构提及这些条款的裁判汇编"。[②] 并且六委根据这些条款的重要性和实用性，再次提请各国政府对其予以注意，但不妨碍将来是否通过条款或采取其他适当行动的问题；请秘书长邀请各国政府就今后对条款采取的任何行动提

① 孙士娟：《国际不法行为的国家责任》，《滨州学院学报》2015 年第 3 期。

② A/71/505，《国家对国际不法行为的责任》，2017 年 7 月 31 日（http：//www.un.org/zh/documents/view_ doc.asp？symbol = A/71/505）。

出进一步书面意见；决定将题为“国家对国际不法行为的责任”的项目列入大会第七十四届会议临时议程，并由第六委员会的一个工作组进一步探讨在这些条款的基础上拟订国家对国际不法行为的责任公约或采取其他适当行动的问题，以便做出决定。

由于近几十年国际法实践的不断发展变化，对于国家承担责任的构成要件的认知有了新的方向。例如，“卢西塔尼亚号案”就是典型的判例，该案的仲裁长巴克认为索赔者对于自己亲人的死亡实际可能承受的、因突然断绝家庭关系而造成的各种精神痛苦和打击的合理的赔偿都是应当予以认真考虑的。同时，非物质性损害也包括国际不法行为给一个国家所造成的损害。

综上，近年来争议较多的国家责任案件的归责焦点在于是否需要实际造成损害才是国家责任归因的必然要件。由于国际法上冲突（或者）战争的形势越来越多样化，对他国或者国民造成的损害也越来越多元化，单纯就责任作为必然要件显然不符合第六委员会文件的精神。当然，这样一项争议多年的国际法重大理论的确认还需国际组织尤其是司法机关在大量的案例和实践中不断改进。

第六章

联合国框架下的战后制裁

国际组织的产生和发展使国际法的执行出现了不仅是集体的（collective）、而且是集中的（centralized）新机制。它在一定程度上改变了国家把法律掌握在自己手中的分散局面。国际组织所取得的决定性成就还在于从制度上确保了国际法规范的实施，国际组织可以在达成广泛共识的基础上采取措施与个别国家的违法行为做斗争，这与传统国际法的实施措施相比无疑更加合理。因为没有国际组织作为裁判，受害国很可能采取报复措施，从而导致“自己给自己当裁判”[①] 的局面。

国际组织的产生，为国际法的执行提出了新的方案，普遍性的国际组织，无论是联合国还是 WTO，都对其规则、决议以及裁决报告的执行设计了严密而复杂的程序，使得传统意义上国际法的执行措施被大大强化了。然而随着时间的推移，世界和平危机的接连发生，已经使得传统联合国的执行行动体系应接不暇。不得不承认，多边机制的理想确实发端于西方国家，而建立之初的“大国控制”的思想也使得联合国在发展的道路上所行曲折，尤其在 20 世纪 60 至 70 年代，联合国往往成为大国政治势力交替控制的场所：越南战争、超级大国之间的较量与威慑（détente）、裁军问题、中东和平进程、反殖民化之中的各种危机等，都是发生于联合国体系控制之外的危机实例。

在目前联合国的制裁体系之中，制裁的整个进程是由联合国体

---

① ［德］沃尔夫冈·格拉夫·魏智通：《国际法》，吴越等译，法律出版社 2002 年版，第 359—360 页。

系众多执行者共同完成。安理会决议通过制裁措施，成员国承担国内履行决议的义务，而制裁委员会则负责监督制裁决议的执行。这些众多的行为主体互相独立而又不可分离，使得制裁措施的执行面临国际和国内两个执行层面，而在这其中，各成员国保护其国内利益从而损害集体行动的承诺又是联合国在制裁决议制定之初所不能控制的。国际法主体执行国际组织的决议，特别是联合国安理会的制裁决议，与国际法主体在传统上承担的条约义务有所区别，需要确立全新的国际法理论模型。

第一节　战后制裁的基本问题

自第一次行使制裁以来，联合国制裁机制已经运行了50余年。然而，实践证明，联合国诸多制裁措施并没有得到有效执行。联合国制裁机制成功的核心在于国家的普遍遵从，而各个不同的会员国又会有各自不同的现实考虑，从而在实践中减损联合国安理会制裁措施的效果。世界各国在法律、经济和文化传统方面均有较大差异，统一世界各国的国内法并不现实，即使是在执行立法较为完善的国家，也仍然存在无法执行或不执行联合国制裁的情形。因此，从改善联合国制裁措施的国内执行弊端而言，能够在各国现有的立法模式之下吸纳其他模式的优点，无疑是最好的选择。

一　战后制裁机制的发展

（一）国际联盟时期的制裁

国际联盟（“国联”）是第一个建立了制裁机制的国际组织，也是人类建立组织化的国际法集体强制执行机制的有益尝试。《国际联盟盟约》第16条第1款规定：“联盟会员国如有不顾本盟约第十二条、十三条或第十五条所定之规约而从事战争者，则据此事实应即视为对所有联盟其他会员国有战争行为。其他各会员国担任立即与之断绝各种商业上或财政上之关系，禁止其人民与破坏盟约国人民之各种往来并阻止其他任何一国，不论为联盟会员国或非联盟会员国之人民与该国之人民财政上、商业上或个人之往来。”第2款规定：“遇此情形，行政院应负向关系各政府建议之责，俾联盟各会员国各出陆、海、空之实力组成军队，以维护联盟盟约之实行。”

因此，从国联的盟约确立的机制来看，包含以下主要内容：

第一，从其制裁机制适用范围而言，仅适用于违法从事的战争行为，而其他违反国际义务的行为则不适用制裁。

第二，就可以适用的制裁方式而言，包含非武力措施以及武力措施两种：在非武力措施之下，国家之间可以采取断绝商业、财政往来，禁止与制裁目标国人员往来与交流，以及阻止非国联成员国与制裁目标国之间的官方与民间交流等；武力措施则包括在各会员国提供军队的情况下对制裁目标国实施武力强制。

第三，从制裁机制的启动程序上看，国联制裁中的非武力措施通常由“其他会员国担任”，尽管国联行政院仍可以提出建议，但实际上“可实施制裁的情形是否确实发生由个别会员国而不是由联盟本身决定”。① 而一旦涉及适用武力制裁措施，国联行政院则只有建议权，而没有强制权力，武力措施的实行全部由会员国军队负责完成。这一点也是国联弱多边机制的重要体现，而在随后的联合国中得到了大大加强。②

第四，从国联成员国所承担的义务上看，“《国际联盟盟约》使国际制裁的分散状态有所改善。在武力制裁的某些环节规定了集中制度，如集中识别制度和集中决定制度……国联的经济制裁只出现了一种集中授权的趋势，对于经济制裁的三个主要环节，仍然表现为分权状态”。③

虽然《国际联盟盟约》是国际上首次明订对某些被禁止的行为

---

① Malcolm N. Shaw, *International Law*, 5th ed., Cambridge University Press, 2005, p. 1100.

② ［奥］阿·菲德罗斯等：《国际法》下，李浩培译，商务印书馆1981年版，第599页。

③ 简基松：《联合国制裁之定性问题研究》，《法律科学》2005年第6期，第95页。

施以强制制裁措施的国际性条约，[①] 但在国际联盟的实践上，却鲜少有成功实施制裁的案例，例如对于1931年日本侵略我国东北的行为，国联执委会的反应仅止于"建议日本撤军"，[②] 而未有进一步的举动。在1935年意大利入侵埃塞俄比亚事件中，尽管国联对意大利实施了包括武器禁运、金融管制与禁止进出口的广泛制裁措施，[③] 但意大利不但未撤军，反而直接吞并埃塞俄比亚，国联却在1936年7月4日终止了这些制裁措施。[④] 第二次世界大战前夕，国际联盟基本上停止活动。"进入四十年代之后，国际联盟即名存实亡，陷于完全瘫痪的状态。"[⑤]

（二）冷战时期的联合国制裁

观察联合国在冷战期间的制裁措施，可以发现武器禁运是最频繁采取的制裁措施，而关于制裁措施的执行期限，南非与罗德西亚均有明确的终止时间点（南非结束种族隔离政策实施首次多党选举，罗德西亚则是结束叛乱并与英国达成停火协议），同时设立委员会报告与监督制裁措施的执行情况；刚果与葡萄牙的武器禁运措施则只出现在单一决议案的内容当中，亦无后续相关决议案内容（如监督委员会或宣布终止禁运等），因此，可以认为在冷战期间，有完整制裁运作体系的，只有南罗德西亚与南非两个案例。

（三）冷战后联合国制裁

相较冷战期间极少使用的制裁案例，冷战结束后的两个世纪，安理会就动用了20次制裁机制，尤其是被喻为"制裁的十年"

---

① Kim Richard Nossal, "Economic Sanctions in the League of Nations and the United Nations", in David Leyton-Brown ed., *The Utility of International Economic Sanctions*, ST Martin's Press, 1986, p. 14.

② Manley O. Hudsion, "The Report of the Assembly of the League of Nations on the Sino-Japan Dispute", *The American Journal of International Law*, Vol. 27, No. 2, April 1933, pp. 300 - 305.

③ Vaughan Lowe, *International Law*, Oxford University Press, 2007, p. 270.

④ Margaret P. Doxey, *International Sanctions in Contemporary Perspective*, London: The MacMillan Press, 1987, pp. 24 - 27.

⑤ 梁西：《国际组织法（总论）》（修订第五版），武汉大学出版社2001年版，第54页。

(sanctions decade) 的 90 年代,[①] 安理会一共施加了 12 次制裁，其类型与目标也与之前不尽相同。

冷战之后，联合国首次制裁实践则是针对伊拉克侵略科威特的举动所施行的制裁措施。1990 年 8 月 6 日，安理会通过第 661 号决议，对伊拉克实施贸易、武器与石油禁运与冻结资金等措施,[②] 意在通过这些措施，“确保实施国际社会的意愿，因为该国拒绝顺应国际社会的意愿，并以前所未有的方式藐视各项原则、观念价值和国际准则”。[③] 随后在安理会第 665 号决议中则首次出现“制裁”的术语，用以指代第 661 号决议中所采取的措施。[④] 1990 年 9 月 25 日，安理会通过第 670 号决议，对伊拉克追加实施空中禁运的制裁措施。[⑤] 对此，在联合国机构内部以及各成员国间，都表示了相当程度的支持。联合国秘书长认为，宪章第七章所规定的强制方法本质上是不同于战争的方法，“联合国要求被强制一方所做的不是投降，而是改正所犯的行为”。哥伦比亚代表则表示，虽然制裁会带来代价和痛苦，“但我们宁愿承担禁运的代价，而不要战争的代价”。法国代表也认为，禁运是和平的武器，禁运措施将使那些有可能逃避责任的人清楚认识到他们所应负的责任。[⑥]

考察安理会在冷战结束初期的制裁实践，可以看出，首先，安理会发动制裁的原因有八项是因为目标国的国内冲突事件，三项是涉及国际恐怖主义活动，只有一项是关于国际冲突（伊拉克入侵科威特)。这也反映出 90 年代国际争端的发展趋向，国内冲突事件已经一跃成为国际和平与安全的主要议题，同时也成为联合国主要因应的焦点所在。而在此阶段，国际恐怖主义的活动也成为威胁国际和平安全的另一个重要议题。其次，在制裁项目的选择上，武器禁运依然是最主要的方式，这个时期的十二项制裁案例中只有 1992

---

① David Cortright and George A. Lopez, *The Sanctions Decade: Assessing UN Strategies in the 1990s*, p. 1.

② UN Doc. S/RES/661 (1990), August 6, 1990.

③ UN Doc. S/PV. 2933 (1990), August 6, 1990.

④ UN Doc. S/RES/665 (1990), August 25, 1990.

⑤ UN Doc. S/RES/670 (1990), September 25, 1990.

⑥ UN Doc. S/PV. 2943 (1990), September 25, 1990.

年柬埔寨与1996年苏丹的制裁措施案没有采取武器禁运，可见，禁运仍然是联合国制裁制度中最为主要的实施项目之一。最后，在90年代初期的两次制裁实践中（分别针对伊拉克与原南斯拉夫的制裁），安理会对上述制裁目标国都施加广泛经济制裁措施，然而这些广泛的制裁措施，对这两国的一般平民造成了严重的人道灾难，因而受到来自各方面的压力和批评。

随着国际社会和各种地区和世界安全局势的变化，联合国制裁措施也展现了更多样化的发展，其中涉及两国间冲突、国内冲突、核武器与弹道导弹，以及恐怖袭击等。而在此阶段所实施的制裁行动，同样也是采取了更趋向“聪明制裁”的模式，以减少制裁的副作用。

二　战后制裁的主要内容

事实上，国联最后一任秘书长李斯特（Seán Lester）在其1941的年度工作报告中就指出，“在国家之间必须有法，必须有正义。但在法律和正义的背后，还必须有经济和军事的实力做后盾”。[①] 这在很大程度上指出了国联制裁措施的不足之处就是其执行能力的欠缺。如前所述，依据《国际联盟盟约》第16条的规定，虽然规定国联会员国有责任对从事战争的国家断绝所有商业或财政上的关系，但这样的责任却是不具有强制性的。[②] 因此，旧金山会议各国在讨论制定《联合国宪章》之时即特别强调安理会的决议对所有会员国的约束性，以使得安理会能够发挥宪章所赋予的责任。

在联合国宪章的条文中，制裁有两个层面的意涵：一方面，涉及成员国在联合国当中的会员地位与投票权力，即内部制裁措施；另一层面则是有关联合国援引宪章第七章所采取的强制性措施。基于此，我们可以进一步将《联合国宪章》的制裁措施，分为两大

---

① John Paxman and George Boggs, eds., *United Nations: A Reassessment-Sanctions, Peacekeeping and Humanitarian Assistance*, Charlottesville: University of Virginia Press, 1973, p. 21.

② Leland M. Goodrich, Edvard Hambro and Anne Patricia Simons, *Charter of the United Nations: Commentary and Document*, 1969, p. 311.

部分：

（一）内部制裁措施

第一，除名制裁。根据联合国宪章第6条的规定，“联合国之会员国中，有屡次违犯本宪章所载之原则者，大会经安全理事会之建议，得将其由本组织除名”。不过，在联合国的运作历史上尚未有国家依此条款被除名，只有印度尼西亚曾于1965年自行宣布退出联合国而并非依此条款。

第二，会员权利制裁。根据联合国宪章第5条的规定，“联合国会员国，业经安全理事会对其采取防止或执行行动者，大会经安全理事会之建议，得停止其会员权利及特权之行使”。1974年，联合国大会即因南非的种族隔离政策而决议停止其参与联合国会议的权利。

第三，投票权制裁。根据联合国宪章第19条的规定，“凡拖欠本组织财政款项之会员国，其拖欠数目如等于或超过前两年所应缴纳之数目时，即丧失其在大会投票权”。在联合国的实践中，曾因为伊拉克在第一次海湾战争后连续数年未交纳会费，而依此条款停止其在大会的投票权。不过，此条款随后的但书中则规定，“大会如认拖欠情况确由于该会员国无法控制之情形者，得准许该会员国投票”，因此在2002年，联合国大会基于该条款所确定的“无法控制的情形”，同意无法支付最低缴纳款项的几内亚等国家继续在大会参与投票。①

第四，国际法院执行制裁。根据宪章第94条的规定，“联合国每一会员国为任何案件之当事国者，承诺遵行国际法院之判决”，“遇有一造不履行依法院判决应负之义务时，他造得向安全理事会申诉。安全理事会如认为必要时，得作成建议或决定应采办法，以执行判决”。国际法院在1986年裁决美国对尼加拉瓜的非法军事行动“违反了国际法中有关主权国家不得对另一主权国家使用武力”的规定，并要求美国向尼加拉瓜支付赔偿金，② 但是，由于美国在

① UN Doc. S/RES/57/4（2002），October 10，2002.

② Military and Paramilitary Activities in and against Nicaragua，I. C. J. Reports 1986，p. 14.

安理会中否决权的动用，使得安理会要求美国执行国际法院判决的决议草案无法获得通过。①

第五，条约登记措施。根据宪章第 102 条的规定，联合国成员国有向秘书处登记所缔结的一切条约与国际协定的义务，未经登记的条约“不得向联合国任何机关援引”。事实上，该项处理规定是否能够称作即使是内部制裁也存在着争议。② 此外，这项制裁条约未登记的条款在联合国的实践中也极少被引用。③

（二）外部制裁措施

除上述关于联合国成员国内部的制裁措施之外，本书意义上的制裁措施，即指安理会依据联合国宪章第七章所采取的强制性措施，亦是最常被联合国所采用的制裁措施，其规则核心则在宪章第七章“对于和平之威胁和平之破坏及侵略行为之应付办法”。和平之威胁、和平之破坏及侵略行为之间的界限并不明晰。“和平之威胁”没有定义，似乎可认为是，有可能在短期或中期引起国际武装冲突的国际危机。④ 第 39 条是基础性条款：“安理会应断定任何和平之威胁、和平之破坏或侵略行为之是否存在，并应作成建议或抉择依第四十一条及第四十二条规定之办法，以维持或恢复国际和平与安全。”第 40 条规定了安理会在依据第 39 条做成建议或决定办法前，采取必要或合宜之临时办法（provisional measures）的

① UN Doc. S/PV. 2704 (1986), July 31, 1986; UN Doc. S/PV. 2718 (1986), October 28, 1986.

② Hans Kelsen, *The Law of The United Nations*, New York: Frederick A. Praeger, Inc., 1950, pp. 721 - 724.

③ Leland M. Goodrich, Edvard Hambro and Anne Patricia Simons, *Charter of the United Nations: Commentary and Documents*, p. 334; Rosalyn Higgins, *The Development of International Law Through the Political Organs of the United Nations*, London: Oxford University Press, 1963, p. 334.

④ Erika De Wet, *The Chapter VII Powers of the United Nations Security Council*, Oxford University Press, 2004, p. 139. N. D. White, *Keeping the Peace: the United Nations and the Maintenance of International Peace and Security*, Manchester University Press, 2nd ed., 1997, p. 48. “侵略行为”的定义见于 1974 年联合国大会《关于侵略定义的决议》，但根据定义的第 2 条和第 4 条，安理会拥有侵略行为的最终决定权。区别似乎在于后者明显地将责任归于当事国一方。Kenneth Manusama, *The United Nations Security Council in the Post-Cold War Era: Applying the Principle of Legality*, Martinus Nijhoff Publishers, 2006, pp. 50 - 51.

权力。第 41 条规定了武力以外的方法（measures not involving the use of force）：“经济关系、铁路、海运、航空、邮、电、无线电及其他交通工具、之局部或全部停止，以及外交关系的断绝。”在这些措施中，经济制裁是最常用的方式。第 42 条规定了武力方法（measures involving the use of force）：“空海陆军示威、封锁及其他军事行动。”

从上述条文之间的逻辑关系上看，做出第 39 条的断定（determination）是安理会采取强制行动的前提，第 40 条、第 41 条和第 42 条是第 39 条的结果。但是，安理会拥有采取宪章第六章和第七章所规定的办法的高度自由。“一方面，它没有义务在断定第 39 条的情势存在后采取执行办法，因为第 40 条、第 41 条和第 42 条纯粹是许可性质的。另一方面，当安理会决定诉诸执行办法时，它在采取第七章的强制办法之前，也不必用尽第六章的和平解决争端机制。”[①] 简言之，安理会可以根据情势需要决定采取的措施，而不必拘泥于先后顺序。

宪章第 43 条至第 49 条为安理会的制裁权提供了支撑：第 43 条会员国“供给为维持国际和平及安全所必需之军队、协助、及便利”，第 45 条“会员国应将其本国空军部队为国际共同执行行动随时供给调遣”，第 46 至 47 条设立“军事参谋团”，第 48 条安理会的必要行动“应由联合国全体会员国或由若干会员国担任之”，第 49 条“联合国会员国应通力合作，彼此协助，以执行安全理事会所决定之办法”。此外，宪章第 106 条规定，在第 43 条的特别协定尚未生效前，五个常任理事国之间或与其他会员国一起应通过洽商，以代表联合国采取必要的联合行动。[②]

此外，联合国宪章还对上述安理会决议确定了特别保障机制。根据宪章第 25 条的规定，联合国会员国同意依宪章之规定接受并履

---

① Erika De Wet, *The Chapter VII Powers of the United Nations Security Council*, Oxford and Portland Oregon, 2004, p. 184.

② 在第 43 条的特别协定缔结之前，第 106 条作为“过渡安全办法”仍具有效力。Albrecht Randelzhofer, “Article 2（4）”, in Bruno Simma et al. eds., *The Charter of the United Nations: A Commentary*, Oxford University Press, 1995, p. 120.

行安全理事会之决议，联合国成员国对安理会的决议规定必须遵守，且在宪章第 103 条项下享有超越其他一切条约的优先效力。因此可见，联合国创始者试图建立一个强力的大国责任体制，而围绕这一体制，所有国家均能够遵守并参与执行其集体行动。

第二节　战后制裁面临的挑战

战后国际法上的制裁面临很大挑战。目前，安理会的主要行动渊源是联合国宪章和国际强行法规则，也就是通常所称的强行法(jus cogens)。宪章之下的安理会的权力需要限制，这一观点在不同场合得到国际司法机构的反复确认。国际法院认为，联合国安理会的权力并不是无限制的，而一旦安理会的行动被认为是维护国际和平与安全之时，其前提必须是安理会并没有超越权力（ultra vires）行动。国际强行法的重要意义在于其事关全体国际社会的福祉甚至是性命攸关，不容许被违反或者破坏。正因为其具有如此的重要性，安理会也被强制要求遵守这些规则，因此如果安理会的某一项决议违反了这些规则，则自始即为无效。然而时至目前，究竟哪些规则属于国际强行法还没有确切的界定。

因此，不难看出无论是宪章的规定还是强行法的限制，事实上并没有对安理会的权力起到什么实质上的限制作用。安理会在制裁措施这一问题上还是具有绝对的权力。然而，作为安理会针对的冲突预防、管理和解决等各个方面问题而采取的最重要工具，制裁措施不应是一种完全不受任何限制的绝对权力。否则，介于政治和法律属性之间的安理会会逐步滑向完全依赖政治利益行事的深渊，这不仅会给战后国家法治建设带来颠覆性的破坏，更会为国际和平与安全带来灾难性的影响。

一　战后制裁与传统国际法之间关系的弥合

宪章第 24 条和第 25 条隐晦地指出安理会的制裁权力并非是没有限制的；第 24 条中没有标明要受到何种限制；而第 25 条指出联

合国成员国同意根据宪章遵守并实施安理会的决议。然而，宪章中仍然没有明确的是“与宪章义务相符”的主体究竟是成员国的行动还是安理会的决议。因此，第25条可以被解释为成员国只有义务实施那些与宪章一致的安理会决议。但是，这两个条款至少同时表达了一个理念，即安理会不可能在毫无限制的情况下实施其制裁措施。

尽管联合国的基本目标和原则都可以算是对安理会权力限制的相关规定，但是这些限制规定得都不甚清晰。这些规定中包含的精神是广泛而抽象的，可以进行开放性的解释。事实上，正如人们描述的那样，这些条款过于宽泛和概括，以至于不能够真正地对安理会的权力做出限制。

以宪章为基础的另一个限制还来自于第39条本身；安理会断定一项情势是否构成对国际和平的威胁、破坏以及是否构成侵略行为的裁量权，受限于该项情势“与国际关系中使用武力存在可证实的关联”，或明确的“对国际关系的冲击”。然而，关于宪章第39条所规定的安理会自由裁量权是否存在限制的问题，在安理会的实践中也存在着互相矛盾的理解，前南国际刑庭在塔迪奇（The Prosecutor v. Dusko Tadić）一案中认为，安理会在断定何种程度的情势将构成对和平的威胁这一问题上，并不存在完全不受限制的裁量权。然而在卢旺达国际刑庭坎亚巴施一案（Prosecutor v. Joseph Kanyabashi）中，卢旺达刑庭却裁定安理会依据宪章第39条所实施的裁量权不可审查。而在洛克比空难案中，许多法官均表达了同样的观点，即认为安理会在实施宪章第七章所赋予的权力时，享有专属的自由裁量权。

由此可见，不管是宪章序言所规范的联合国的基本目标、宗旨等概括性的规定还是第39条具体的规定都不是对于安理会制裁权力的明确、无可争议的限制。一方面，联合国的制裁措施虽然来自联合国宪章的授权，但如前所述，在国际法上来说制裁的概念仍然存在着争议（controversy）与困惑（confusion），因此也有学者认为，其中隐含着制裁措施与人道主义原则之间的冲突。从联合国实施制裁的经验来看，传统制裁措施都会对目标国一般平民的生活与发展带来冲击，甚至于定向制裁的严格个人限制措施都会对个体权利，甚至是基本权利产生实质性的影响，在这一点上无疑与国际人权条约和联合国自身的实践相悖。在联合国早期的实践中，这部分的争议很少被提及，主要原因是来自联合国宪章第 103 条规定的最高性与优越性；此外，这些条约也有大部分都附加了例外的条款，因此由安理会所通过与执行的制裁措施并未被视为违反《联合国宪章》第 2 条第 4 款。但随着联合国制裁措施的不断拓展，也越来越多地受到来自成员国的质疑，例如欧洲法院卡迪（Kadi）案的判例即表明，在联合国制裁措施触及人类基本权利的保障时，尽管成员国法院并无权力对安理会决议进行司法审查，但欧盟所采取的执行措施则是无效的。

海湾战争结束以后，安理会通过第 687 号决议，规定继续对伊拉克进行制裁直到特委会提交报告证实伊拉克已彻底销毁了大规模杀伤性武器后解除。但在这之后的七年时间之中，在特委会和国际原子能机构的组织和监督下，联合国向伊拉克共计派出 200 多个武器核查小组，进行了多达两万次的核查工作，“到 1994 年 10 月，伊拉克已经没有大规模杀伤性武器。这一点在埃克马斯的报告中就很清楚了。”但安理会仍然无限期继续实施对伊拉克的制裁措施，迟迟无法终止制裁措施也进一步促使了美国对伊拉克实施军事打击，并坚持以为是在维护和执行安理会决议和相应的制裁措施。由此可见，在联合国安理会无法正常终止制裁的情况下，可能会产生较为严重的单边主义后果。

二　战后制裁的合法性需要重新解读

（一）透明度的问题

透明度原则要求所有实施政治权力的决策程序都尽可能的清晰透明。由此，安理会决议的决策过程应当对那些会受到制裁措施影响的当事方，以及更广泛的公众均开放透明。

在联合国的制裁措施下，透明度要求安理会的决策程序是公开的。理论上，安理会达成最终制裁决议的考虑应当成为公开记录，并且该项决定本身也应当具有清晰明确的合法授权。而安理会在这方面一直无法令人满意。尽管一些提升透明度的举措确实值得肯定，但导致制裁措施最终通过的关键性咨商问题却往往发生在闭门会议期间。此外，这些决议本身也无法就某一具体问题给予透明的合法化说明，对其目的也没有给出明确清晰的蓝图。

1. 安理会决策过程的透明度问题

决策过程方面，在安理会的早期实践中，代表的长时间辩论并不多见，安理会议程的早期官方记录表明，许多艰难的讨论发生在通过决议草案之时，各个外交代表针对决议草案中的具体条款展开大量的争论。这样的争论时而非常激烈，甚至在形成最后文本之前要讨论不计其数的草稿文本。而在正式会议之后的非正式会谈也往往同时展开，这些非正式谈判的过程却是公众无从知晓的，也正是在这些谈判之中，安理会成员对不同代表提出的草案进行了审读。逐渐地，安理会的成员开始注重自身在公众眼中的形象。随着安理会引入“非正式会谈”的实践，非正式讨论的方式也随之逐渐制度化，1978 年安理会甚至建立了专门的会议室以进行上述会谈。由此，非正式会谈成为了安理会的固有程序，大量的安理会事务越来越多地进入非正式会议而不再是在正式会议室展开讨论。

然而，时至今日，非正式会谈时的内容依旧维持保密的状态，无法在官方文件中找到记录，而参与会谈的工作人员也受到严格的限制。自安理会引入非正式会谈制度以来，许多本应在正式会议中进行辩论的决议草案越来越多地转入非正式会谈的闭门会议中进行。这一点从官方会议记录文件的对比中可以明显看出，早期安理会会议记录中常见对决议草案公开的分析和辩论，而这在随后的官方记录中几乎绝迹。目前安理会的决议草案已经极少进入正式会议程序，除非安理会成员已经决定付诸最终投票。因此，从这个意义上说，正式会议的投票结果事实上已经在非正式会谈中预先决定了。尽管在正式会议上出于对即将付诸投票的决议草案的尊重，可能会有简短的会员国重述立场，但从这些可公开的会议记录中已经无从得知安理会是如何进行最终决策的。安理会有时甚至会不经讨论直接通过决议，自然也就没有公开的会议记录，这使得分析决策背后的法理问题更加变得无迹可寻。尽管，这并不意味着安理会绝对不公开地讨论重要议题，很多关乎联合国安理会职责的议题，例如儿童与武装冲突、妇女、和平与安全、非洲粮食危机对和平与安全的威胁、司法和法治等，都是在公开的会议中进行讨论的；但是大量议题不经过公开讨论难免会引发安理会决议的透明度危机。

在联合国宪章第35条和《安理会暂行议事规则》第3条的规定下，联合国成员国可以在发生威胁国际和平与安全的紧急事态之下召集安理会会议讨论。安理会会议专题议程项目以及与维护国际和平与安全相关的紧迫事件都提供了一个很好的讨论机会，以确定安理会成员的具体意见。通过仔细考察上述会议的官方记录，不难看出安理会成员乃至联合国成员是如何整体审视安理会履行其维护国际和平与安全职责的。但是，由于安理会决策过程透明度的缺失，针对安理会就专题议程所做的坦率以及精辟的公共辩论，以及就威胁国际和平与安全的紧急事态做出反应的讨论，人们很难看到有意义的官方记录。除非安理会将决议草案的讨论过程重新纳入公共记录，否则其关于透明度的问题就将一直是众矢之的。

安理会迟迟不对此做出改革的原因无疑是出于政治的考虑。对于安理会而言，有时在处理敏感议题上确有闭门会议的必要，而闭门会议在某种意义上讲更促进其成员国之间进行坦诚而直白的交流，事实上确实有利于安理会成员国之间达成妥协或者协商一致。此外，大使或者专家级别的闭门会议也可能会有助于提高安理会会议的效率，尤其是在日渐烦冗的会议议程之下，不同的会议模式分别处理不同事务，也可能有助于安理会从沉重的会议负担中提高效率。

成员国的妥协和协商一致固然重要，但无论如何不应以牺牲联合国安理会的透明度为代价。尽管现在安理会已经负担重重，需要创新的议程管理方式，但这也并不能构成减损透明度原则的合法理由。上述理由也并不能成为安理会将闭门会议作为常态的理由，安理会应当将公众视线之外的闭门会议实践模式作为例外而非固定制度。

诚然，尊重透明度原则并不意味着所有会员国均参与到安理会决策之中，这也是与安理会的设立初衷相违背的。但是由于安理会基于宪章第7章的决策权力所决定的事件通常意义深远而且重大，且根据宪章第25条的规定，所有会员国“同意依宪章之规定接受并履行安全理事会之决议”，因此笔者认为，应当尽力扩大安理会公开会议开展的范围，或者使其会议可以获得公开记录，以使更多的联合国会员国能够获知与其利益相关的安理会决议的决策过程。

2. 制裁决议的透明度问题

（1）对“和平之威胁”的判定。安理会可以根据合法授权（legitimate authority）实施制裁权力，这是安理会职能的一个最大的特色。在其制裁决策中，安理会通常应当基于宪章第39条的规定断定任何和平之威胁、和平之破坏或侵略行为是否存在或持续。同时，安理会也应当在采取制裁措施以恢复国际和平与安全之时明确指明是基于宪章第41条的授权行动。此外，安理会应当对制裁目标进行轮廓清晰的可能性以及可行性阐述，说明其制裁措施能够解决对国际和平的威胁、破坏行为直至最终恢复和平与安全，以表明其对信守联合国宪章合法授权的承诺。尽管安理会在实施制裁措施之前总体上确定和平威胁的存在，但是偶尔安理会也在未做出是否构成和平之威胁的判断之前就采取制裁措施。安理会往往不会清晰明确地阐明在特定环境下威胁的性质，总是在其决议的特定段落中，在简单的决定存在威胁之前描绘一幅事件背景的图画。

这也就意味着将问题交给阅读者，由读者从决议序言段落中的各种描述中推导出所存在的对国际和平与安全的威胁情势。这一路径从透明度上讲，更是显得问题重重，因为理论上说，应当能够从安理会的制裁决议之中看出何种影响因素促使安理会最终做出了和平受到威胁的判断。一旦确定威胁存在，那么就应该明确为什么这种情势必须得到改变，以消除国际和平与安全威胁的疑惑。但是上述在某一段落中描述当地情势的方式是无法直接看出影响和平与安全的因素的。

在决定是否存在和平与安全威胁的问题上，安理会被赋予巨大的自由裁量权，这增加了其权力被滥用的机会和可能性。更是难以打消人们对于安理会的猜疑：安理会的决策到底是一种特定环境下为某种政治议程服务的工具以迎合超级大国的意愿，还是真正真诚为维护国际和平与安全而努力的途径？

最为典型的案例就是安理会曾经针对利比亚局势的制裁决议中对和平威胁的判断。在利比亚的案例中，安理会确认恐怖主义对于国际和平与安全是一种威胁；并且认为，由于涉嫌利比亚政府官员，利比亚在调查泛美航空 103 航班和法航 722 航班恐怖炸弹袭击案件中并没有给予足够的合作，这一问题由此也就构成了对和平与安全的威胁。事实上，在 1992 年以前，安理会做出类似恐怖主义威胁和平的决定是前所未有的，然而，事实上就是这样一个前所未有的决策，在制定的过程中，却没有讨论过利比亚的建议，决策本身也是非常之快。表面上安理会试图表现出足够的透明度，其行为似乎是根据第七章的权力来做出决定的；但是，更引起争议的是，安理会的定性是由于利比亚政府未能充分与调查恐怖主义行为合作，从而构成对和平的威胁。

美国、英国、法国以及其他一些国家支持对利比亚制裁的实施，声称恐怖主义构成了对国际和平与安全的威胁，并指出安理会有责任对抗此种威胁。他们更指出，为了避免这些国家未来继续支持国际恐怖主义，安理会必须坚定地反对那些任由其国家工作人员参与国际恐怖主义的会员国。安理会认为："安理会已经提供给利比亚机会与调查团合作，以将袭击泛美航空和法航的恐怖分子绳之以法，但利比亚却拒绝了这样的合作机会。在这样的情形下，利比亚未能完全地遵守安理会的要求，因此应依据宪章第七章的相关规定予以制裁。"这也是当日安理会最终做出的解释。被引用在第 748 号决议中。3 月 31 日安理会第 3063 次会议决定邀请伊拉克、约旦、阿拉伯利比亚民众国、毛里塔尼亚、乌干达代表参加讨论，无表决权。最终通过了第 748（1992）号决议。从该决议的措辞中，不难看出该决议的仓促和粗糙；例如，"深入关切，利比亚政府仍然没有依照决议要求提出充分和有效的答复……深信制止国际恐怖主义行为……决定在这方面，利比亚政府未能以具体行动证明其弃绝恐怖主义，特别是继续未能对第 731 号决议中的要求做出充分和有效的答复，构成了对国际和平与安全的威胁"。

但是利比亚和其他一些被声称违反了第7章规定的国家则有着截然相反的观点。他们也承认恐怖主义对于国际和平与安全造成了威胁，但是同时认为，在利比亚案件中，并不存在宪章第七章所规定的紧迫的威胁。此外，即使是当时的联合国秘书长加利也在报告中指出利比亚参与调查有所进步，因此，这些国家认为，利比亚已经为遵守安理会调查合作、断绝恐怖主义的要求采取了实质性的行动。此外，利比亚与英国、法国等国之间争议的问题实质上是关于如何进行炸弹袭击的调查，以及如何将恐怖主义分子绳之以法的问题，因此是个纯粹的法律问题，既然如此，安理会的正确角色是应该依照第七章，尤其是第33条和第36条之下的规定鼓励双方采取和平方式解决。利比亚已经表明其愿意争取和平解决途径，将依据1971年《制止危害民用航空安全的非法行为的公约蒙特利尔公约》第14条的规定提交案件至国际法院。

由此可见，本案中其实存在着和平解决争端的潜在可能，因此安理会仓促决定采取第7章行动的做法并不成熟。利比亚的案例证明安理会判断一项情势是否构成和平威胁很容易遭到质疑，这个问题一方面是由于“和平之威胁”这一表述本身的空洞和概括性造成的，而另一方面也与联合国安理会的决定是否审慎相关。

为证明其决策是依据法律之授权而做出，安理会应当清晰地阐述构成和平威胁的情势。例如，在利比亚案例中，安理会就应该更确切地指出当时的情势如何威胁和平，为什么必须针对利比亚采取紧急强制措施，否则将会产生安理会决议合法性的一系列问题。安理会在利比亚问题上透明度的缺失，也使得其本就脆弱的行动动机受到更多会员国的质疑。安理会的此种行为方式也与第七章意图加强国际法治的初衷相背离。安理会在这一问题上的行动更证实了一种观点，即在利比亚已经表示愿意将案件提交国际法院和平解决的情势下，安理会仍然选择实施制裁而不是鼓励争端方向国际法院提交案件，无疑是错失了一次加强法治建设的良机。尽管阻止未来恐怖主义袭击的行动确实正确且紧迫，但是这样的行动如果引发了安理会出于维护国际和平与安全的目的而不当使用宪章第7章规定的权力，那么就必须详加审视，以平衡安理会不当使用权力可能造成的潜在损害。

（2）对制裁目标的认识。首先，安理会在很多场合都将建立和平与安全作为一般性的目标，包括针对南斯拉夫的第713号决议以及针对索马里局势的第733号决议，还包括针对原南联盟的第788号决议。

其次，经常被提到的安理会的制裁目标还有禁止使用武力。

作为针对伊拉克的第661号决议制裁机制的一部分，安理会设立了一个关于全面解除武装的总体目标。显然其初始目的是为了保证伊拉克军队从科威特撤离，并将政权移交给科威特政府。这项目标随后在1991年通过联军在海湾战争中所采取的军事行动而达到。然而在海湾战争之后安理会却决定维持制裁措施，其明确的初期目的随之也为下列目标所替代：设立赔偿基金，以支付外国政府、国民以及企业所遭受的损失；确保伊拉克同意对其武器装备设施进行现场检查；确保伊拉克销毁其所持有的大规模杀伤性武器以及超过150公里中远程导弹，并且将其提交给未来以及正在进行的武器核查，确定其并未使用、开发、建造或者获取上述武器；确保伊拉克无条件重申其依据1968年7月1日核不扩散条约所承担的义务。

在上述这些目标当中，第1、2、4项目标都属于可能达成并且目标也可以被客观验证；而第3项则完全是概括性的目标，很难满足。因为对伊拉克而言，通过客观的标准评价其是否遵守了安理会对其提交“未来以及正在进行的核查”要求，无疑具有相当的难度。此外，对核查何种程度的遵守方能算作是符合要求？

事实上，由于伊拉克战争之后并未发现有任何大规模杀伤性武器，似乎可以说安理会的方法已经达到了预防伊拉克重建大规模杀伤性武器库存的目标。然而安理会（尤其是各常任理事国）对上述目标文字上如此概括和含糊的表述，以及在是否能够终止制裁问题上采取如此广泛的自由裁量权，无法不让人怀疑安理会在做出制裁决定之时是武断且不透明的。安理会常任理事国这种无限期否决终止制裁措施提案的权力也被称为“反向否决权”。

最后，“确保不支持恐怖主义”近年来也常常作为安理会制裁措施的目标而被屡屡提及，这一点在利比亚的案例之中也得到了明显适用。除此以外，还有安理会关于苏丹达尔富尔问题、塔利班以及基地组织的相关制裁机制。在这些案例中，安理会采用了十分具体的步骤，这些步骤可能会终止或者延长制裁措施；然而需要注意的是，安理会所提出的终止支持国际恐怖主义这一要求事实上很难给出客观验证，而安理会也由此得以根据其裁量权，自由决定在上述情况下是否需要继续维持制裁措施。

如前所述在利比亚的案例中，制裁措施的主要目标就是要求利比亚可以与法国、英国以及美国的调查相配合。然而随后其目标却转向要求利比亚当局必须将袭击泛美103航班以及法航722航班的恐怖分子移交审判。然而，尽管利比亚将嫌疑犯移交中立地位的苏格兰法庭之后制裁措施即中止，但是最终制裁机制的停止却一直推迟至四年之后，直至英国、美国、法国与利比亚当局达成赔偿协议之后方才予以终止。但考察安理会有关利比亚局势的决议，却根本没有任何提及赔偿协议的条款。美国与法国这两个常任理事国也正是利用了安理会决策机制所确定目标的模糊性，通过使用联合国制裁措施这一筹码迫使利比亚就范，从而满足其国内的政治利益。可见，安理会在终止针对利比亚的国际制裁措施问题上，并不构成完善的终止制裁的实践先例。理论上对制裁措施的终止应当是达到安理会所确立的具体、客观以及可核实目标的必然结果，但在利比亚问题上，安理会显然并未能令人满意。

（二）一致性问题

一致性原则要求政治权力以一致的方式实施。一致性原则给出了行为的可预期性标准，因而构成法治的一部分。

在联合国的环境下，一致性原则要求，一旦安理会决定实施制裁措施，就要尽可能地确保其所实施的每一个措施互相之间都是一致的，尤其是要避免独断的制裁措施。然而从联合国的历史实践记录来看，一致性却是在不断发展中逐渐形成的。安理会的早期实践中制裁机制均是基于个案特别决定的，因此各不相同，直到晚近逐渐发展中的制裁机制方才具有一定的连贯特性，尤其是特定类型的制裁措施例如武器禁运、出入境限制以及冻结财产得到了连续一致的适用。然而，该项实践仍然具有很多需要改善的空间。

安理会建立了一定范围的补充性行动者（制裁委员会）来参与管理，监督和实施其制裁措施，作为安理会主要行动的补充，这一表现更加证实了安理会是在违反而不是实施一致性的原则。

首先，制裁委员会的建立没有一致性；在实践之中，安理会对制裁委员会的适用并不是完全一致、连续的。安理会有时会在实施某一个具体的措施之前即建立一个制裁委员会，又会在另外一次制裁中设立新的委员会；而在其他时候，又会让已有的委员会去协助实施一项新的制裁措施，而不会去成立新的委员会。事实上，如果制裁委员会是一个行之有效的方法，那么就应该成为实施每一个新的制裁措施中的惯例；反之如果制裁委员会的大量存在不能保证有效的管理、监督和制裁措施的实施，那么制裁委员会这一方法就应该被避免使用。

其次，安理会对制裁委员会的授权在实践中也不尽一致。尽管制裁委员会各自总体上都有共同的核心任务，包括向安理会报告观察结果和建议等；但是事实上各个委员会的任务之间有很大的差异。有时这些任务之间的差异是必要的，以确保每一个委员会能够确切地针对合适的制裁行动；但是至少这些不同的委员会实施的基本管理、监督和汇报等方面都应该是一致的。

最后，安理会在成立制裁委员会之外，还设立了一系列下属机构作为附加手段以保证制裁措施得到有效的监管和执行。至于安理会为何会在特定情势之下决定设立上述“委员会”而非“调查小组”或是“专家团”或者“监督机制”，这一点并不是很清楚。但从实质上而言，这些机构大多具有相当类似的权利和责任，仅仅是挂上不同的名字而已。这些附属机构的专家通常执行相似的核心任务，包括调查对违反制裁措施的指控，评估制裁措施是否有效，以及针对制裁措施何时以及如何加强、放宽或者解除提出专家建议。除了实质相同的机构使用不同的名字之外，安理会也指派了不同数量的专家，授予其不同的权限以及任期。

每一制裁措施的确定通常是基于完全不同的国际局势，并且也需要完成不同的目标，因此不可避免的所有制裁措施机制之间都有很多的差异性。从理论上说，根据联合国宪章的精神，安理会应当避免武断并且尽可能地寻求其实践的一致连续性。当其意图实施一项新措施之时，应当予以一致性的考虑，并且应当能够提升其实践能力，此外还应当具有明确的合法理由。一致性原则可以广泛地实施于安理会与制裁相关的行动之中，例如安理会应该在其决策过程的每一个方面都贯彻一致性原则。

（三）平等性问题

正如一些学者所言，宪章中关于集体安全体制的规定只有在所有国家都尊重国际法，且国家之间的平等原则真正实施之时才能有效。在集体安全体制的框架内，联合国在维持国际和平与安全方面的成功与否，取决于安理会是否不以任何其他条件为基础而毫无保留地坚持法治。

法律语境下的平等性要求法律面前人人平等，没有任何一方可以凌驾于法律之上；平等性原则要求由所有会员国授权的安理会应当对所有成员一视平等，由此安理会做出影响会员国权利义务的决定也必须具有一致连续性。政治语境下的法治也要求安理会自身应当更广泛地代表其广大的会员国，所有会员国应当具有平等的机会参与安理会会员的选举。在联合国的制裁措施下，平等性要求，如果联合国对一个情势加诸制裁措施，那么在类似的情势下同样的制裁措施也应该加诸其他国家之上。

实践中，尽管联合国所有会员在名义上一律平等并且均有可能成为安理会的理事国，但安理会中的常任理事国不仅席位固定，而且具有强大的“双重否决权”。安理会常任理事国否决权的存在使得其在采取第七章行动时，可能会严重影响联合国所有会员国平等参与的权利。对安理会所讨论事务双重否决权的设定实质上允许安理会常任理事国凌驾于宪章法律之上。尤其是涉及制裁措施问题之时，假设面临同样威胁国际和平与安全的国际局势，均足以构成安理会通过适用制裁措施，普通的会员国可能无法阻止其成为最终制裁措施的对象，但相对地另一会员国则可以轻松避免安理会制裁决议的通过，仅仅因为其是安理会常任理事国，这一情况无疑对普通会员来说是不平等的。

（四）正当程序问题

正当程序原则要求各个当事方应该有公平听证权利和自由表达

自己观点的权利。在联合国制裁中，正当程序原则要求即将受到制裁措施影响的会员国有权利陈述事实，表明其观点。而这些国家必须按照一般法律原则受到无罪推定的保护。当会员国作为制裁对象时，它们一般均有权陈述观点，可以说享有部分正当程序的权利；但是对于非国家实体以及受影响的个人而言，则基本无法获得上述机会。

在联合国制裁措施的众多对象中，只有成员国有机会将自己对制裁措施的观点在正式的安理会会议中表达出来。伊拉克、利比亚、卢旺达和苏丹、朝鲜以及伊朗等国的代表们都已经代表政府的立场在已经实施或者将要实施的制裁中发表了观点。从正当程序的角度来看，这是积极的。尽管在某些情况下允许一些广受反对的政权在联合国这样的公众场合自我辩护确实会令人不快（例如卢旺达政府代表曾就其种族屠杀行为在联合国做出辩解），但是无论如何，在公共场合赋予这些国家陈述观点以及其他成员予以公开反驳的权利，要优于不分青红皂白直接将这些国家扫地出门的方式。

但是，对那些非国家主体进行制裁措施的程序问题（例如南罗得西亚的非法少数派政权，以及安哥拉反对派全面独立民族联盟等），事实上是非常复杂的。按照联合国宪章的规定，只有国家可以作为会员加入联合国，因而如果允许非国家实体在联合国会议上就涉案问题进行申诉，必然会引起会员资格承认上的问题。而非国家实体也可能会涉及基地组织，允许基地组织在联合国实现正当程序的提议毫无疑问会引发更大的争议和质疑。显然，安理会不可能会给类似基地组织这样的恐怖组织提供一个阐明其恐怖主义行为的论坛和平台，而且可能会产生不合理的暗示，即联合国对恐怖主义组织地位的承认。

此外，正当程序的原则也需要对实行了严重罪行的嫌疑人实行无罪推定，但是从目前联合国宪章和安理会实践来看，这一点更是难以实现。联合国制裁体系在正当程序问题上存在缺失，尤其是以个人为制裁对象之时。

冷战后成立的制裁案例中，多数包含了经济制裁的措施，对一般的平民造成了预期之外的伤害，这在对伊拉克制裁中尤其明显。

因此，这样的制裁也被学者描述为“以平民痛苦为代价的政治获益”。也正如前秘书长加利所言，制裁引起道德方面的问题，把痛苦强加于对象国境内容易受到伤害的群体，是不是一种合法手段？其本意是向政治领导人施加压力，而这些领导人的行为不大可能因其人民受到苦难而被影响……制裁会使人道主义机构的工作变得更加困难，与联合国的发展目标相抵触，并使对象国的生产能力遭受长期的损害……制裁还会起到反作用，激起国内爱国情绪的高涨，与联合国所代表的国际社会对抗，制裁的目的是纠正领导人的行为，却反而促使人民团结起来维护这些领导人。而安南也指出，人道与人权考虑，是不太容易与制裁取得平衡与调和的，而且制裁所采取的强制措施往往会伤害到前两者。

为改进制裁措施的效率，减少制裁所带来的副作用，安理会采纳了新的“聪明制裁”（smart sanctions）。所谓聪明制裁，是指制裁的对象直接针对重要的国家决策者、政治领导人或者特定政权的主要支持者。聪明制裁日益增加了对个人的制裁，尤其是对国家元首们和那些承担一定责任的其他官员强加关于出入境旅行和经济的制裁。这样的目的是在于减少因为制裁所带来的对一般平民的人道主义灾难，也能使制裁更有针对性，是十分有力的威慑手段。这一发展是积极的，因为其目标集中在向国内的决策者以及与其相关的个体施加强制措施，从而在一定程度上将制裁措施可能会对无辜平民造成的影响降到最低。目前联合国对个人所采取的出入境的旅行限制措施已经得到广泛承认，因为这样针对目标个体的国际旅行限制，仅仅对目标个体行使部分权利构成了障碍和限制，而不再是直接影响其基本人权。然而，针对个体的金融性制裁措施则引发了许多关于正当程序的争议。冻结个人财产的制裁措施本无可厚非，尤其是受制裁的个体可能已经窃取了大量的国家财富；但是全面的冻结财产也带来了另一个基本人权上的问题，即完全冻结财产可能使得目标个体丧失经济上支撑生活的能力。迄今为止，被列入冻结财产黑名单的个人基本没有任何机会就涉案事实进行申辩，安理会对塔利班和基地组织冻结财产就是最典型的案例。

在1267号决议中，国家被要求冻结那些参与到本·拉登和基地组织的个人和机构并被列入黑名单的个人和实体的账户。1267 号决议规定，在将这些实体和个人的名字列入黑名单之前的 48 小时内，委员会成员有权确认或者否定这样的动议，近来 48 小时的时间段已经扩展到了五个工作日。由于委员会的决策是要一致通过的，所以意味着只有无人反对之时，才会有新的动议被加入到黑名单中。一致同意还意味着一旦个人或者实体被纳入黑名单，除了 15 个委员会成员一致同意，否则不能轻易从黑名单中除去一些名字。实践中已经有一些个人向塔利班和基地组织制裁委员会，以及委员会成员国政府提出了上诉，从而成功将其名字从黑名单中移除。典型的案例即是前述欧盟法院的卡迪案。

1267 委员会自己也宣称要对那些被纳入到名单上的个人和实体的基本权利进行尊重。也已经有许多国家“强调了在实施制裁措施的过程中坚持法治和正当程序的重要性”。作为对外界质疑黑名单程序的响应，1267 号制裁委员会在其准则中制定了针对个人的详尽删除程序。根据该项程序，被列入名单的个人可以向其政府提请审查案件，该国政府根据该项请求将向最初请求将此人加入名单的另一国家政府（称为“提名国政府”）提出磋商。在与提名国政府进行磋商之后，如果此人所在国家愿意提出“删除请求”，则应当与最初提名国政府联合向制裁委员会提交删除申请，而后则由 1267 号制裁委员会做出是否从名单删除此人的最终决定。委员会的这项决定将基于协商一致做出，也就是说，如 15 人委员会中有一人对删除提出反对，则删除程序就无法进行。尽管在这种情况下，委员会的准则规定可以将事件提交安理会讨论，但由于制裁委员会在实体问题上即并未达成协商一致，在是否提交安理会讨论的问题上也极有可能无法达成一致。因此，看似合理的除名程序在实施过程中却困难重重。

2006 年 12 月，安理会通过了 1730 号决议，在该决议中规定了在为实施旅行限制和财产冻结所创制的名单中，个人或其他实体请求加入或删除的标准程序。程序性事项，作为附录附加于该决议上，形成了一份详细的除名程序。联合国秘书处可以接受来自个人和实体的除名请求。在收到请求之后，联合国将着重联系请求人的国籍国以及居所国，由该国进一步联系最初的提名国政府进行磋商。如果在经过上述磋商之后，有任何一个或多个政府建议除名，可以将这样的建议转达给相关的制裁委员会主席，他会把这样的建议纳入委员会的议程。如果三个月后没有政府建议除名，该项请求将会转发给全部制裁委员会成员，任何一个成员均可以在与初始提名国政府磋商之后，提出除名建议。但如果在一个月之后没有委员会成员提出上述建议，则该项除名请求即被视为否决。

安理会发展除名程序是积极的，但是1730号决议所规定的过程却是扭曲的，只是更加详细地阐述了如何拒绝除名的请求而并非如何认真地对待除名请愿。尤其是：被列入名单的个人根本无法依靠自己的能力被除名，而是要依靠支持其的政府，这多半也是要依靠着政府的善良意愿。理论上说，请求国可以在未获得提名国政府的同意之下仍然提出申请，但在实践中却很难实现。

（五）合比例性问题

合比例性原则要求一项裁决对其他各当事方权利和义务所造成的影响，必须与另一方当事人所造成的损害成比例，并且要与裁决的总体目标相一致。

在制裁问题下，合比例性原则要求实施强制性制裁的后果，应当与受制裁个人对和平所造成的威胁后果成比例。尤其是制裁对于无辜平民以及第三国家产生的负面影响必须最小化。

联合国前秘书长加利在《和平纲领补编》中的观点正好凸显了制裁中坚持合比例性原则的重要性。他指出“人们普遍认识到，制裁是一种迟钝的手段。制裁引起一个道德方面的问题：把痛苦加于对象国家境内容易受害的群体，不是一种合法的手段，来向政治领导人施加压力，而这些领导人的行为不大可能被普通民众遭受的苦难所影响。制裁总会造成无意产生的或者违背愿望的效果。制裁会使人道主义机构的工作困难，因为制裁使这种机构无法得到某些种类的供应品，并使它们必须经过艰难的手续获得必要的豁免。制裁会与联合国的发展目标相抵触，并使对象国家的生产能力遭受长期的损害。制裁会使对象国家的邻国或者主要经济伙伴遭受严重的影响。制裁还会起反作用，激起爱国情绪与联合国所代表的国际社会对抗，制裁的目的是纠正领导人的行为，反而促使人民团结起来拥护这些领导人。”联合国制裁措施之所以一直受到强烈的批评，原因就在于对无辜平民造成的巨大伤害，最明显的案例就是联合国的制裁对伊拉克人道主义情势造成的严重影响。

联合国针对个人的制裁措施的使用也出现了不合比例性的问题。冻结账户措施的使用会对个人的基本人权产生极大的影响，包括其财产权。如安理会第1737号对伊朗的制裁措施，第12段规定了财产的制裁问题。正是意识到这个问题，安理会采取了一系列的措施避免一些财产遭到制裁，上述决议就规定了制裁的除外。

而关于旅行限制，安理会指出，采取制裁措施并不意味着一国有义务拒绝本国国民入境并禁止其旅行，在个案审查的基础之上，制裁委员会认定此类旅行具有满足人道主义需要的正当理由（包括履行宗教义务在内），或委员会断定给予豁免将在其他方面推进制裁目的达成，则这些出入境和旅行行为可以受到豁免。

例如，2005年10月31日安全理事会第5297次会议针对黎巴嫩前总理哈里里遇害事件通过的第1636（2005）号决议证明了这一点。决议指出，委员会认为虽……必须在黎巴嫩境内境外继续追查，以便彻底查清这一恐怖行为的所有方面，尤其是查出所有应对策划、资助、组织和实施这一行为负责的人，并追究其责任。委员会认为“鉴于叙利亚和黎巴嫩两国情报部门联手渗透黎巴嫩各机构和黎巴嫩社会……有理由相信不经叙利亚高级安全官员批准，暗杀前总理拉菲克·哈里里的决定是不可能作出的”，又指出“虽然叙利亚政府在最初犹豫不决后与委员会进行了有限度的合作，但几名叙利亚官员却提供虚假或不实的证词，企图误导调查工作，深信让不论何处的任何人出于任何理由……在原则上是不能接受的……认定这一恐怖行为及其产生的影响对国际和平与安全构成威胁”，最终决定“根据《联合国宪章》第七章采取行动”。该决议强调以不损害当地的秩序为前提，采用和平手段的制裁措施。3（a）段规定，所有被委员会或黎巴嫩政府指认为涉嫌参与策划、资助、组织或实施这一恐怖行为的人……所有国家应采取必要措施，防止这些人入境或过境，但本段绝不意味着一国有义务拒绝本国国民入境，或如在本国境内发现这些人时，所有国家应根据适用的法律，确保委员会如提出要求即可与这些人约谈……

可见，旅行限制的制裁措施有很大的弹性，其目的也是在于控制嫌疑人的行动，而不是为侵犯其基本权利。在其行动是可控的前提下，旅行的限制可以变通实施或者豁免实施。

符合比例性原则还适用于制裁措施对第三国所产生的影响，不仅仅包括预期外的制裁后果问题，还包括确保制裁得到执行的责任如何符合比例地在国际社会分配的问题。针对一个目标国家实施的制裁措施，通常都会对其邻国尤其是主要的贸易伙伴产生不符合比例的影响力，强制这些国家实施制裁措施所造成的负面影响一定比对那些与目标国家距离遥远抑或是很少有经贸往来的国家产生的影响要大。联合国大会 A/53/312 决议是关于对因制裁措施而遭受损害的第三国的赔偿，安理会也一度试图依照该决议的规定呼吁国家、国际组织和一些国际金融机构扩大对第三国的援助。

这种呼吁仍然无法从根本上起作用，可以说在很大程度上是一种象征性的呼吁行动。如决议第 46 段所提到的“然而，过去经验显示，为支持因对伊拉克和南斯拉夫实施制裁而受影响的第三国，秘书长的呼吁以及联合国各个发展方案调动资源的努力都未能引起与认同这些第三国面临问题的严重程度完全相称的反应”。尽管安理会声称通过这样的呼吁，已经援助了很多国家，但事实上这样的呼吁几乎没能唤起国际社会去关注这些因为制裁措施而遭受严重经济负担的国家。因此，该决议第 50 段是关于专家组建议起草制裁对第三国潜在影响的暂定清单，还规定影响主要包括经济、贸易财政方面；社会和人道主义方面；与强制实施问题联系在一起的次级影响。但是这种评估如果不能引起国际社会的注意和认同，将是无意义的，也因此一些学者将该条描述为“过气条款”（dead letter）。

针对第 50 段难以发挥作用的掣肘，决议第 54 段建议：“在特别严重的情况下，秘书长应任命一名特别代表，与有关政府协作，对因执行联合国实施的制裁，而受到特别影响的国家实际承受的影响进行全面评估，确定应对这些国家采取的适当和充分的援助措施……由三个分组组成。第一个分组负责与评价和减轻制裁所产生的经济、贸易和财政影响有关的问题……第二个分组负责处理制裁所产生的社会和人道主义方面的影响……第三个分组包括秘书处有关部、厅的官员……”

安理会应当采取更加有效的行动以更好地承担其责任。首先，联合国宪章规定了咨询与磋商的权利，也就意味着安理会也承担着相应的提供有效帮助的义务；其次，应当认识到，根据符合比例性原则，在对那些本身遵守法律的对象反而造成了不合理损害的情况下，制裁措施对法治的贡献是极其有限的；最后，从纯粹现实和实用主义的角度来看，当实施制裁措施的成本过高时很难说该措施是有效的。

三　战后因制裁致困国家需重点关切

依据联合国宪章第50条的规定，在联合国制裁措施的国内执行中，还会存在一些特别的国家，可能因为执行联合国安理会的制裁决议而引发经济困难（special economic problems arising from the carrying out of those measures）。[①] 联合国宪章给予了这些国家两种选择，其一是根据宪章第48条第1项的规定，可以通过安理会的决定直接豁免在国内执行（不过实践中这一条款从未获得援引使用）；其二则是依据宪章第50条，有权与安理会进行会商（right to consult）解决，但宪章并没有保证对上述国家进行财政或技术援助。[②] 这些国家或在地域或在传统上极大依赖于与制裁目标国的经济往来和交通贸易，因此一旦联合国制裁措施针对其所依赖的国家，其就将面临非常严重的经济滑坡。

在联合国的制裁实践之中，赞比亚、马拉维、博茨瓦纳以及

---

① Jost Delbrück ed. , *The Future of International Law Enforcement*: *New Scenarios-New Law? Proceedings of an International Symposium of the Kiel Institute of International Law*, Berlin: Duncker & Humblot, 1993, p. 21.

② 不过，也有学者认为，依据宪章第49条“联合国会员国应通力合作，彼此协助，以执行安全理事会所决定之办法”的规定，应当对因执行而引起困难的国家进行援助。Hans Kelsen, *The Law of the United Nations*: *A Critical Analysis of Its Fundamental Problems* (*with supplement*), New Jersey: The Lawbook Exchange, 2000, pp. 97 - 98. 但是这一观点却忽略了宪章的文本差异，在于上述因执行制裁而引起经济困难的国家，还有可能是联合国非会员国，而第49条仅仅规定了会员国间的协助义务。

莱索托等国家均援引过联合国宪章第50条的规定，指明在针对南罗德西亚以及南非的制裁中，在国内执行联合国制裁措施将不得不面临严重的经济困难。以赞比亚为例，联合国针对南罗德西亚政权的制裁执行后，其来自于南罗德西亚的进口额自1965年至1969年四年间急剧下降了96%，但出口额也下降了相同的比例，从1965年1100万克瓦查（按照当时汇率约合1210万美元）下降到1969年的仅有40万克瓦查（约合56万美元）。[①] 为此，安理会曾吁请"联合国各会员国、联合国组织、各专门机构以及联合国体系内其他国际组织，作为优先事项，给予赞比亚以协助，俾助其解决因执行安全理事会此等决议可能遭遇之特殊经济问题"。[②] 但制裁决议的这一呼吁，实质上最终没有任何国家或者联合国专门机构以及国际组织给予赞比亚以有效的援助。[③] 1966年，葡萄牙政府代表莫桑比克（葡属殖民地）向安理会提出基于宪章第50条的会商，认为葡萄牙因执行联合国制裁措施导致莫桑比克经济严重受损，因此请求与安理会协商进行"补偿事宜"。[④] 同样的情况也发生在马拉维，因为地缘的关系，在执行联合国制裁之后，国内所严重依赖的南罗德西亚进口经济面临崩溃，同时还面临着极度的糖类和肉制品短缺，进而不得不援引宪章第50条与安理会进行会商。[⑤] 但无论是面对葡萄牙政府的请求，还是马拉维政府的请求，安理会均未采取任何措施进行会商或者对上述国家或政府给予协助。[⑥]

如果说上述国家的经济困难源自二战之后宣告独立所面临的经济自主问题，以及60年代全球经济的问题，那么随着国际社会的发

① S/9853/Add. 1, 1 October 1970, AnnexI. *available at* http://daccess-dds-ny.un.org/doc/UNDOC/GEN/N70/216/53/PDF/N7021653.pdf? OpenElement, visited on 2 January 2016.

② Resolution 253 (1968), S/RES/253 (1968), 29 May 1968.

③ S/9853/Add. 1, 1 October 1970, Annex I, p. 6.

④ S/26705, 8 November 1993, p. 6.

⑤ S/7781, 21 February 1967, Annex II, p, 36.

⑥ Jeremy Carver and Jenine Hulsmann, "The Role of Article 50 of the UN Charter in the Search for International Peace and Security", *The International and Comparative Law Quarterly*, Vol. 49, No. 3, July 2000, p. 539.

展和经济全球化的优势，为执行安理会制裁而带来经济困难的国家应当逐渐减少。然而考察联合国制裁的实践，援引联合国宪章第50条的国家不降反升，至海湾战争伊拉克制裁期间，共有23个国家因执行安理会第661号制裁决议而援引宪章第50条请求协助，有些请求甚至在第661号决议通过几周之后即向安理会提出。[①] 众多国家均受到联合国对伊拉克石油出口制裁措施和油价攀升的影响而蒙受经济损失，一些国家甚至认为，正是在执行制裁中面对如此巨大的经济压力才造成了进一步的海湾危机，而并不是简单由于伊拉克对科威特的军事占领。[②] 而对于那些极大依赖伊拉克进口石油的国家如巴基斯坦、印度、菲律宾、毛里求斯、罗马尼亚以及塞舌尔等来说，执行联合国制裁则使其经济更为困难。还有一些国家还依赖于伊拉克的工作机会，当联合国制裁开始执行之时，成千上万的新移民在伊拉克失去工作。而在联合国针对前南斯拉夫共和国的制裁案中，也有将近十个国家依据宪章第50条规定而向安理会提出了会商

① Bangladesh (UN Document S/21856, 10 October, 1990), Bulgaria (UN Doc. S/21573, 21 August, 1990; S/21576, 21 August, 1990; S/2174, 12 September, 1990), Czechoslovakia (UN Doc. S/21759, 13 September, 1990; S/21837, 3 October, 1990; S/22019, 19 December, 1990), Djibouti (UN Doc. S/22209, 8 February, 1991), India (UN Doc. S/21711, 5 September, 1990; S/22013, 19 December, 1990), Jordan (UN Doc. S/21620, 24 August, 1990), Lebanon (UN Doc. S/21686, 31 August, 1990; S/21737, 10 September, 1990), Mauritania (UN Document S/21818, 25 September, 1990), Pakistan (UN Doc. S/21776, 17 September, 1990; S/21875, 15 October, 1990), Philippines (UN Doc. S/21712, 5 September, 1990; S/22011, 18 December, 1990), Poland (UN Doc. S/21808, 21 September, 1990; S/21918, 31 October, 1990), Romania (UN Doc. S/21643, 27 August, 1990; S/21990, 8 December, 1990), Seychelles (UN Doc. S/21891, 19 October, 1990; S/22023, 20 December, 1990), Sri Lanka (UN Doc. S/21710, 5 September, 1990), Sudan (UN Doc. S/21930, 6 November, 1990), Syria (UN Doc. S/22193, 4 February, 1991), Tunisia (UN Doc. S/21649, 27 August, 1990; S/22015, 19 December, 1990), Uruguay (UN Doc. S/21775, 17 September, 1990; S/22026, 20 December, 1990), Vietnam (UN Doc. S/21810, 21 September, 1990; S/21821, 26 September, 1990), Yemen (UN Doc. S/21748, 13 September, 1990; S/21748, 13 September, 1990), Yugoslavia (UN Doc. S/21642, 27 August, 1990; S/22014, 19 December, 1990).

② D. Bethlehem ed., *The Kuwait Crisis: Sanctions and Their Economic Consequences, Part I*, Cambridge: International Documents Series, Vol. 2, 1991, pp. xliv – xlv.

请求。[①]

尽管联合国在伊拉克制裁危机中，通过伊拉克制裁委员会设立了专门工作组以应对上述特殊困难国家的请求，[②] 但颇具讽刺意味的是，上述工作组认为，其既无权对联合国宪章第50条的“经济困难”做出解释，同时也无权对因执行联合国制裁而造成的国内经济损失进行统计计算，因此其所能做出的努力几乎没有任何的实质性，[③] 也受到了来自各国的广泛批评。[④] 而同样在对原南斯拉夫的制裁危机中，工作组也仅仅对各国处于危机状态进行了正式承认，其所做出的努力更倾向于产生政治效果，而非实质性的协助。反而是一些国际组织如欧安组织（CSCE）、亚太经合组织（OECD）等在此问题上给予了相当的关注并且提供了持续的经济援助。[⑤]

由此可见，因执行联合国制裁而导致国内经济危机的问题对联合国整个制裁机制而言，都是不可忽视的严重问题，但却长期以来成为联合国宪章“被遗忘的角落”（forgotten part）。[⑥] 联合国宪章第50条的本意应当是在联合国的框架下协调其制裁措施在各国国内的执行效果，并且为联合国、援助国以及受损国提供畅达的交流平台，以解决国家在执行制裁中遇到的经济问题，进而推动联合国制裁系统在整个国际社会的广泛遵守和执行。但在实践中联合国和安理会却拒绝为此承担更多的责任，无疑是在这个体系中最大的缺陷，从而不仅对执行制裁的国家带来不可逆转的严重损害，同时也使得联合国的制裁措施无论是在政治上的威信还是在法律上的效果

---

① Bulgaria, UN Doc. S/24963 and S/25743; Hungary, S/24147 and S/25683; Romania, S/24142 and S/24142/Add. 1; Slovakia, S/25894; Macedonia, S. AC. 27/1993/COMM. 3396; Ukraine, S/25630; Albania, S/AC. 27/1993/COMM. 5024; and Uganda, S/AC. 27/1993/COMM. 2530.

② UN Doc. S/AC. 25/SR. 14, 5 October, 1990; S/AC. 25/SR. 15, 12 October, 1990.

③ G. L. Burci, "The Indirect Effect of United Nations Sanctions on Third States: The Role of Article 50 of the UN Charter", *African Yearbook of International Law*, 1995, p. 162.

④ S/22382, 25 March, 1991.

⑤ S/1996/776, 24 September, 1996.

⑥ Jeremy Carver and Jenine Hulsmann, "The Role of Article 50 of the UN Charter in the Search for International Peace and Security", *The International and Comparative Law Quarterly*, Vol. 49, No. 3, July 2000, p. 577.

均大打折扣。

四　战后制裁的新趋势须有效把握

（一）制裁机制的创新

在90年代初期所成立的制裁措施实践中，大部分均包含广泛的经济制裁措施，因而对目标国的一般平民造成了预期之外的伤害，尤其是在制裁伊拉克与原南斯拉夫的案例中最为明显，而联合国也受到来自各界的批评，关于如何行使和适用制裁机制的问题也在联合国安理会进一步反思。有学者将其称之为“以平民痛苦为代价的政治获益”（Political Gain with Civil Pain）。[①] 前联合国秘书长加利（Boutros Boutros-Ghali）也承认，“制裁引起一个道德方面的问题：将痛苦加于目标国家境内容易受害的群体，是不是一种向政治领导人施加压力的合法手段，尤其是在这些领导人的行为不大可能受其百姓的苦难所影响的情况下？……制裁会使人道主义机构的工作更为困难，……会与联合国的发展目标相抵触，并使目标国的生产能力遭受长期的损害。……制裁还会起反作用，激起狭隘民族主义情绪与联合国所代表的国际社会对抗。制裁的本意是纠正领导人的行为，但却促使人民团结起来拥护这些领导人”。[②] 前秘书长安南也认为，人道与人权考虑是不太容易与制裁机制取得调和的，而且制裁所采取的强制措施往往都会伤害到前两者。[③]

因此，为增进制裁的效率以及减少制裁措施所带来的副作用，联合国的制裁机制有所转变，聪明制裁（Smart Sanction）或定向制裁（Targeted Sanction）则成为联合国在规划制裁措施时的原则。尽管对此并没有明确法律定义，但一般认为，聪明制裁是能够“直接

① Thomas G. Weiss and David Cortright, George A. Lopez, and Larry Minear, eds., *Political Gain and Civilian Pain: Humanitarian Impacts of Economic Sanctions*, Lanham: Rowman & Littlefield Publishers, Inc., 1997.

② Supplement to an Agenda for Peace, *Position Paper of the Secretary-General on the Occasion of the 50th Anniversary of the United Nations*, UN Doc. A/50/60 (1995), January 25, 1995.

③ Kofi Annan, *Annual Report of the Secretary-General on the Work of the Organization*, UN Doc. A/53/1, August 27, 1998, para. 64.

针对重要的国家决策者（政治领导人或特定政权的主要支持者）以及攸关其统治基础的重要资源”的制裁方式。[①] 一方面，直接针对政治人物或政治资源的方式能够减少因全面制裁所带来一般平民的人道主义灾难，同时也能让制裁的作用更具有针对性，直接针对有权力的国家领导人，以便提高其效力；[②] 另一方面，定向制裁的形式不仅与其他选择相比费用较低，而且还可以根据具体情况进行调整，更重要的是，对违反国际标准和法律者实施孤立，可以产生十分重要的“标志性作用”，“是一个十分有力的威慑和预防手段”。[③]

根据联合国高级别小组的报告，对联合国制裁机制应如何更富有成效，以便对抗和平的威胁以及减少所带来的副作用，提出了以下几项建议：首先，应将制裁范围与目标置于某些特定的主体，如官方统治阶层、公司企业等经济体以及重要的政军领导人之中；其次，制裁的项目可以包括金融制裁、武器禁运、航空、履行制裁、外交制裁以及特定资源如石油或钻石等的贸易制裁；再次，定向制裁需要由联合国的成员国与联合国相关机构紧密合作，包括协调各国的法律与司法制度使其与安理会决议能够达成一致、建立有效的监督机制、提供使会员国愿意确实进行制裁措施的动因、避免被制裁目标的报复以及及时将制裁的成果通报安理会等，借以进一步提升制裁的效果；最后，聪明制裁强调重视制裁措施对于人道主义危机影响的评估，包括被制裁目标的国内经济状况、公共健康、食品安全与营养、医疗、饮用水健康环境、教育、社会福利运作等诸多层面的副作用。[④]

（二）制裁的实施注重本地性

统计数字显示，全球每年的钻石贸易产值高达 70 亿美元，其中

---

① Peter Wallensteen, Carina Staibano and Mikael Eriksson, eds., *Making Targeted Sanctions Effective: Guidelines for the Implementation of UN Policy Options*, Netherland: Uppsala Universitet, 2003, p. iii.

② UN Doc. S/PV. 4128 (2000), April 17, 2000.

③ High-Level Panel on Threats, *Challenges and Changes*, *A More Secure World: Our Shared Responsibility*, 2004, p. 55.

④ Peter Wallensteen, Carina Staibano and Mikael Eriksson, eds., *Making Targeted Sanctions Effective: Guidelines for the Implementation of UN Policy Options*, Netherland: Uppsala Universitet, 2003, p. iii.

约有一半的钻石来自非洲。非洲的南部盛产名贵钻石，例如安哥拉、民主刚果、利比里亚以及塞拉利昂等国都是全球知名的钻石产地，然而钻石这种稀世珍宝带给南非各国的却不是财富，而是无休止的战争和贫穷。精确数字显示，来自南部非洲国家的20%至40%的钻石都可以被称为“沾满鲜血”，因为为了开采、生产以及运输这些钻石，导致各个种族之间的内战愈演愈烈，生活在社会最底层的普通民众名副其实地沦为钻石的最大受害者。①

为此，2000 年 12 月 1 日，联合国大会一致通过了一项关于钻石在助长冲突方面的作用的决议，切断了粗金刚石的非法交易与武装冲突之间的联系，以此帮助防止和解决冲突（A/RES/55/56）。大会在审议这一议程项目时确认冲突钻石是致使非洲部分地区的残酷战争延续下去的一个重要因素，强调合法钻石有助于非洲大陆其他地区的繁荣与发展。2000 年 5 月，受到非法钻石贸易侵害的各国在联合国的协调之下启动了一系列谈判进程（即金伯利进程，Kimberley Process），并在 2002 年 11 月因特莱肯部长级会议上确立了钻石来源认证的“金伯利进程认证机制”（Kimberley Process Certification Scheme，KPCS），明确钻石生产国在出口钻石半成品时必须出具官方合法的产地证明，确保只有合法钻石、即产自政府控制地区的钻石才能进入市场。目前欧盟以及超过 51 个国家已经加入了上述认证机制。

联合国也因此在冲突钻石的问题上，对安哥拉的安盟和塞拉利昂的反叛军依照宪章第 7 章采取了制裁措施，包括禁运它们的主要经费来源于非法钻石，对利比里亚也实行了一系列钻石禁运措施，并于 2001 年 3 月 7 日通过第 1343 号决议设立了一个新的制裁委员会，指出如果利比里亚政府在两个月内未满足安理会规定的要求，将要求所有国家采取必要措施，防止直接或间接从利比里亚进口一切粗金刚石，而不论这种钻石是否原产于利比里亚。②

如同前任联合国秘书长潘基文所指出，安全理事会的制裁近年

---

① 苗军：《滴血的非洲钻石》，《生活时报》2002 年 8 月 27 日。

② 联合国：《冲突钻石：制裁与战争》，参见 2017 年 2 月 28 日（http：//www.un.org/chinese/peace/africa/Diamond.html）。

来从全面独立措施发展为针对决策的上层人士、旨在预防冲突和避免损害普通人的“巧妙的”或“有针对性的”综合措施。相对于以往制裁手段僵化、缺乏重点而言，如今制裁已成为更精确的工具。[①]一个明显的发展趋势是，自联合国对原南斯拉夫采取全面的制裁措施之后再也没有启动实行全面性的制裁措施，而都是采取针对性的定向制裁，个人与经济实体也开始成为实施制裁措施的对象。

第三节 战后制裁的国内执行

目前联合国的制裁体系之中，制裁的整个进程是由联合国体系众多执行者共同完成。安理会决议通过制裁措施，成员国承担国内履行决议的义务，而制裁委员会则负责监督制裁决议的执行。这些众多的行为主体互相独立而又不可分离，使得制裁措施的执行面临国际和国内两个执行层面，而在这其中，各成员国保护其国内利益从而损害集体行动的承诺又是联合国在制裁决议制定之初所不能控制的。因此，制裁机制所面临的成员国拒绝执行制裁措施带来的困难也为国际法学者所指责，有国际关系学者主张，国际制裁机制的国内失败通常是由于各安理会常任理事国倾向于“需要推行某种政策或者需要某些牺牲的承诺需要”，这种“承诺需要”所造成的牺牲（want of commitment）可能包括经济利益、政治利益、无法执行强制以及国家安全的考虑。就目前的国际实践来看，制裁的国内执行还面临一些问题。

一 制裁强制力稍显不足

（一）经济制裁的实施

制裁机制的设立初衷所包括的一个重要手段，即是通过经济封锁使得目标国家的经济陷于困难而不得不履行其国际义务。但是，在目前经济一体化已经渗入全世界的今天，制裁往往又是一把双刃

① UN Doc. S/2007/734（2007），December 12，2007.

剑，在给目标国带来经济崩溃的同时，也往往会引发其他相关国家的经济动荡，促使其他国家拒绝执行相应的经济制裁。尽管深知作为制裁本意，经济不稳定与贸易困难是制裁机制成功的重要保证，但是与制裁目标国相关的国家依然“拒绝因执行制裁措施而对国内现存市场、贸易机制以及其他双边关系带来影响”。制裁机制的双面效应使得今天的制裁措施得到执行的概率大大降低。如果一国的经济极大地依赖于与目标国的经济联系，那么制裁措施可能会削弱该国经济甚至对该经济体带来毁灭性打击，由此该国家自然也就拥有足够的驱动力拒绝执行对其有害无利的制裁措施。

例如，联合国所针对伊拉克和塞尔维亚的制裁措施的执行，即对约旦、土耳其、罗马尼亚以及保加利亚均产生了负面效应。在该项制裁措施的经济封锁之下，约旦的经济损失估计可能达到 41 亿美元，已经达到该国 GDP 的 50%；土耳其则仅仅因对伊拉克的出口即损失 4 亿—5 亿美元，保加利亚宣称的损失也超过 6000 万美元每月，到 1992 年 9 月罗马尼亚的损失已经接近 30 亿美元。而在联合国针对南罗德西亚的制裁之中，同样也可以发现“赞比亚是如此依赖于罗德西亚的经济和运输系统以至于并不能排除在制裁涵盖之外”；而津巴布韦则在这场制裁措施之战的第一年就损失了 1. 39 亿—1. 65 亿美元。而许多美国企业也在制裁之下不得不关闭其在海地的分支机构和产业，进而在美国国内造成压力，使联合国不得不考虑放松制裁措施的进行。此外，在另一方面，制裁措施所造成的经济困境也给目标国带来了走私的负效应，例如在多米尼加共和国与海地的边境，走私石油的获利高达每升 1. 84 美元，而多数则进入了多米尼加官员的口袋。由此可见，在经济制裁相关利益国面对可能出现的经济困境和非法贸易情势，无疑会选择不遵守制裁决议并且拒绝执行相应的制裁措施。除非经济制裁机制能够将执行措施与对单个国家的经济冲击中分离出来，否则制裁的国内执行仍然是联合国制裁机制的漏洞。

（二）政治制裁的落实

传统上，与制裁目标国具有紧密政治和种族上联系的国家在某种程度上均有拒绝履行联合国制裁义务的倾向，可能存在以下三种情况：政治上或者传统上的友好关系；种族、文化或者宗教上的关联；以及种族联姻或者血缘共同体的存在。仍然以联合国对伊拉克的制裁措施为例，在约旦不履行相关义务的原因之中，前两种紧密联系占据了重要地位。传统上两国的政治联系起源于其共同的哈希姆祖先（Hashemite Ancestry），随着邻近的交流而结成紧密的政治联系，并在此基础之上在两国间形成牢固的种族和文化的认同感。同样，在南罗德西亚与南非之间的紧密联系也使得联合国的制裁措施很难得到执行，而南非政府甚至宣布可以将“南非领土作为南罗德西亚获得进出口贸易的路径”，如此牢固的政治联系也使得国际制裁机制几乎无法获得执行。更为严重的可能性则在于与联合国制裁目标国紧密联系的一方为安理会常任理事国时，不仅执行制裁存在困难，也为安理会的决议机制带来了更大的挑战。在针对塞尔维亚的制裁之中，俄罗斯不仅在制裁开始的几周内由于政府的反对态度使得措施无法得到执行，并且在宣称保持中立立场之后仍然“暗中对塞尔维亚武装提供石油、武器装备和配件”。此外，塞尔维亚人口组成上的复杂性也为联合国制裁措施在周边国家的执行带来困难，仅仅在伏伊伏丁那省（Vojvodina）就有超过40万名匈牙利族裔居住，因此匈牙利在执行制裁措施上必然采取消极的态度，以避免紧张的塞尔维亚局势可能造成其反对派政府对境内的匈牙利族裔进行大屠杀。因此，在这样的情境之下，联合国制裁措施根本无法依赖相关国家并得到良好的执行。

（三）制裁措施的强制力

根据联合国宪章第25条的规定，联合国安理会通过的制裁措施决议，就意味着应当在各个联合国会员国其国内得到强制执行。然而，制裁措施所确定的边境封锁，使得事实上各国所承担的义务并不相同，其中制裁目标国的邻国所承担的义务则更为复杂和重要。尽管理论上所有国家均应拥有执行制裁措施所需要的资源和能力，但在实际上许多国家并没有足够的人力和技术保障联合国制裁措施在国内获得有效强制执行。同样在针对塞尔维亚的制裁措施之中，多瑙河沿岸罗马尼亚与保加利亚对制裁措施的违反，事实上反映出联合国制裁措施在现实情境中所面临的国家实力问题。作为塞尔维亚的邻国，上述国家无法在边境保障制裁措施所确定的对塞尔维亚实施禁运，也就使得禁运措施在执行中面临巨大的漏洞。首先，即使沿岸国政府具有强烈的政治意愿执行措施打击相关的走私运输，其也缺乏足够的资源和政府船舶以检查通行多瑙河的所有船只。因此，违法联合国制裁措施的走私运输得以延续。其次，罗马尼亚和保加利亚政府还声称，基于1948年《多瑙河航行制度公约》对多瑙河国际水域的认定使得其作为国内政府不具备拦截船舶径行检查的国际执法权。

考察各国的国内法实践也证明，在现有联合国制裁更加定向化、更加实质化的趋势之下，单纯移植或照搬任何一种立法模式，都无法对联合国制裁的发展做出全面预测和执行，而必须以各国的实际现实为基础，建立适合各国的国际法执行体系。考察和借鉴世界各国执行联合国制裁措施的国内法体系，从我国对联合国制裁措施的国内执行法律体系的建设角度而言，应当将现有的行政渠道执行方式纳入更加法治的轨道。这不仅符合我国现代化进程“依法治国”的要求，而且也是我国进入法治国家，走向国际社会中负责任大国的必经之路。

二　安理会决议与国内机制的冲突

（一）与国内法的冲突

传统上安理会决议成员国必须在国内予以遵守，而在国内法院也通常认为其对于联合国层面的决议并无司法审查的权力，同时国家基于联合国宪章的义务应居优先地位。但随着联合国制裁实践开始引入制裁个人名单机制，就不断有受到制裁影响的个人或实体在有关国家的国内法院（包括地区性法院）提起诉讼，指控安理会相关决议或者其国内执行法律侵犯了个人的财产权和公正审判权。因此，国内法院早期对安理会决议的遵从也受到越来越多的挑战，[①] 陆续有多个国家和地区法院开始对国内执行法律乃至安理会制裁决议进行司法审查。例如2008年9月，欧洲法院推翻了欧洲初审法院

① Antonios Tzanakopoulos, “From Interpretation to Defiance, Abdelrazik v. Canada and United Nations Sanctions in Domestic Courts”, *Journal of International Criminal Justice*, Vol. 8, 2010, p. 263.

对卡迪案的一审判决，裁定欧盟理事会制定的执行联合国相关制裁决议的第881/2002号条例因违反基本人权而应予以废止（annul）；此后欧洲初审法院也基于该判例，废除了欧盟妨碍当事人财产权和辩护权的相关执行措施。[①] 上述实践也引发了一系列对国际法空白的反思，包括安理会制裁决议是否受制于国内法院，以及国内法与安理会制裁决议冲突如何判断和协调的问题。

传统上国际法和国内法是否存在位阶一直存在着争论，而具体到各国的法律实践也各不相同。这似乎又回到了国际法与国内法的关系问题上来，但是与一元论、二元论等理论所不同的是，国内法院的司法实践事实上完全受到现实的法院地法，以及各项具体司法规则的约束，同时在法院审理案件的过程中还有可能会受到各方面因素的影响，因此在实践中对安理会决议和其国内法的冲突问题审理也存在着与理论并不相同的案例。一方面，不同的法律适用指引规则，例如后法优于前法或者特别法优于普通法，可能带来联合国制裁措施在不同国家国内法院的不同效力和地位；另一方面，在宪法国家中执行安理会决议还很容易在法院引发关于安理会决议是否违宪的严重问题。在2009年阿卜杜拉齐克（Abdelrazik）诉加拿大外交部一案中，加拿大联邦法院即裁定原告胜诉，加拿大政府根据安理会1267号决议做出的禁止原告进入国境的规定违反了宪法性文件《加拿大权利和自由宪章》（*Canadian Charter of Rights and Freedom*）。[②]

---

① Joined Cases C – 402/05 P and C – 415/05 P, *Yassin Abdullah Kadi and Al Barakaat International Foundation v. Council of the European Union and Commission of the European Communities*; Case T – 318/01, Judgment of the Court of First Instance of 11 June 2009 – Othman v. Council and Commission, Official Journal of the European Union, C 180/37. 此外，2010年，英国最高法院也在类似的案例中指出英国行政机关执行制裁的国内措施《基地组织法令》因剥夺了当事人获得有效救济的权利而部分无效。*Her Majesty's Treasury (Respondent) v. Mohammed Jabar Ahmed and others (FC) (Appellants), Her Majesty's Treasury (Respondent) v. Mohammed al-Ghabra (FC) (Appellant), R (on the application of Hani El Sayed Sabaei Youssef) (Respondent) v. Her Majesty's Treasury (Appellant)* (No. 2), [2010] UKSC 5, 4 February 2010.

② *Abdelrazik v. Canada* (Minister of Foreign Affairs), 2009 FC 580 (CanLII), [2010] 1 FCR 267.

实际上，这一问题在联合国制裁措施诞生之日起就成为各成员国关注的焦点。早在联合国针对南罗德西亚危机的制裁案中，包括部分安理会常任理事国在内的许多国家就提出，基于国内宪法对信息自由和迁徙自由的规定，其无法就联合国制裁在阻碍通信自由和人身自由的方面在国内予以执行，包括对邮政、电报、无线电广播以及其他通信手段的禁止和限制，或者是对人身保险的限制，不仅是在国内法上造成对基本自由的妨碍，而且也缺乏足够的国际法依据。同时，一些联合国制裁决议还要求成员国将嫌疑犯移交国际法庭审判，也与“本国国民不引渡”的一般国际实践相违背。

以美国的司法实践为例，在有关安理会第277号决议的美国诉施泰因博格一案中，① 联邦第九巡回区法院认为，“美国确实应当持续遵守善意，并且审慎其在联合国宪章之下的言行，包括支持安理会的决议。但是，一项条约并不能违背本国宪法的规定，因此政府也不能在尊重公民的宪法权利和遵守条约规定之间做出选择”。② 由此法院认为，在国内法秩序上宪法具有超越安理会决议的效力。虽然安理会制裁决议可能获得与一般联邦法律相同的效力，但美国也同样可以轻易地基于后法优于前法通过另一项联邦法律，从而改动甚至撤销该安理会制裁执行法律的部分甚至全部效力。如前文所述，1972年，尽管联合国制裁已经明确禁止各成员国与南罗德西亚进行进出口贸易，美国仍然通过了伯德修正案项下的立法，允许从南罗德西亚进口铬矿等矿石。对此在联邦上诉法院，尽管法官也承认该项立法“悍然罔顾（blatant disregard）美国的国际义务”，但是，“宪法对国会的授权确实包含了废止条约义务”，因此“在美国的宪法体制之下，国会可以在其认为合适之时废止条约，而任何机构不得干涉”；同时，对于安理会制裁决议而言，实施国际制裁也不具有超越一般条约义务的效力。③

---

① Marian Lloyd Nash, *Digest of United States Practice in International Law*, *Superintendent of Documents*, Washington: U. S. Government Printing Office, 1980, p. 436.

② *United States v. Steinberg*, 478 F. Supp. 29, 33 (N. D. Ill. 1979).

③ *Charles Coles Diggs et al.*, *Appellants*, *v. George P. Shultz*, *Secretary of Treasury*, *et al.*, United States Court of Appeals, District of Columbia Circuit, 152 U. S. App. D. C. 313.

（二）与国内司法审查机制的冲突

无论是从理论上还是从实践上，各国的国内法院均无法对联合国宪章本身进行司法审查，而只能就联合国制裁决议及其国内执行立法措施与其宪法进行对照。而又由于法院的特殊地位，其只能根据具体的案件被动审查具体的措施和条款，也无法就整个制裁决议或者国内立法做出审查。例如德国联邦法院就曾指出，法院只能就已经在实际上采取的制裁措施进行审查，而不能审查条文所规定的但未实际执行的措施。①

尽管在一方面有越来越多的国内宪法法院实践表明，安理会制裁决议及其国内执行立法会与国内宪法所保障的基本权利相冲突；但另一方面，大多数国家法院仍然会考虑到国内法的执行立法通常来自于联合国安理会决议的直接授权（单边制裁实践除外），合法性受到联合国宪章和国际法的保护，因此在实践中也并非所有的国内法院均有权对国内执行立法进行审查，即使有权进行司法审查，也会在多数情况下维持国内执行立法的效力。②

虽然通常情形下成员国国内法院对安理会制裁决议很难进行实质审查，但是当面对具体案件，尤其是需要审查国内执行立法是否僭越安理会决议授权之时，就涉及国内法院对国内立法的解释问题，进而则面临其是否有权对安理会决议进行解释的问题；如果国内法院有权对安理会决议进行解释，是否意味着联合国制裁措施面临着进一步分散化、碎片化的危险？

不过，考察各国国内司法实践，法院通常倾向于将联合国制裁决议与相关国内执行立法视作整体，运用国内法解释规则进行解释，或者将安理会决议视为解释国内执行立法的参考文件。但科威

① Vera Gowlland-Debbas, Djacoba Liva Tehindrazanarivelo, eds., *National Implementation of United Nations Sanctions: A Comparative Study*, the Hague: Martinus Nijhoff Publishers 2004, p. 59.

② 例如法国法院曾将上述行为定义为“政府行为”（an act of government）而拒绝进行审查。Milan Petrović, “The ‘Acts of Government’ and the Legal Notion of Politics”, *Facta Universitatis Series: Law and Politics*, Vol. 9, No. 2, 2011, pp. 85 - 97.

特航空公司诉伊拉克航空公司案的判决表明，[①] 即使在国内执行立法缺位的情况之下，英国法院仍然可以对安理会决议做出解释，并且将之界定为成员国公共秩序保留（ordre public）的重要依据。在本案中，英国政府根据安理会第662号决议的要求，认定伊拉克对科威特的兼并在法律上完全无效，同时也不承认这一兼并，上议院法官则据此认为该项决议及相关政府行为构成英国的公共政策。然而，在核裁军运动组织诉英国首相一案之中，英国高等法院王座法庭却给出了相反的判例。该案中原告请求法庭就安理会第1441号决议是否授权成员国对伊拉克采取军事行动做出咨询声明，但被法庭拒绝，认为英国法庭无权对安理会决议做出解释；此外，由于安理会决议本身具有普遍约束力，并不是英国国内法的一部分，故英国法庭无法解释国际层面的安理会决议，并且因此而约束其他国家。[②]

值得注意的是爱尔兰高等法院和随后欧洲法院的司法实践，均通过间接的方式界定了安理会制裁决议的解释问题。在博斯普鲁斯诉各部部长一案中，原南斯拉夫JAT航空公司将两架飞机出租给土耳其的博斯普鲁斯公司（Bosphorus Airways），按照租赁合同的规定，这两架飞机的所有权仍然属于原南斯拉夫JAT航空。但在1993年其中一架飞机前往爱尔兰进行维修作业时，却被爱尔兰当局根据联合国对原南斯拉夫制裁的第820号决议，以及欧共体第990/93号条例，径行扣押长达三年。[③] 按照欧共体执行联合国制裁措施的该项条例规定，判断是否属于制裁目标国的交通工具应当依据“有效控制”（effective control）原则，即需要审查是否“多数或者控制权处于来自原南斯拉夫联邦共和国的个人，或者在原南斯拉夫联邦共

① Judgments-*Kuwait Airways Corporation v. Iraqi Airways Company and Others*, [2002] UKHL 19, 16 May 2002.

② *Campaign for Nuclear Disarmament v. Prime Minister of the United Kingdom & Ors.*, Court of Appeal-Queen's Bench Division, December 17, 2002, [2002] EWHC 2759 (QB).

③ Bosphorus Hava Yollari Turizm ve Ticaret AS v. Minister for Transport, Energy and Communications and others, *Irish High Court*, No. 352 JR, 2 The Irish Law Reports Monthly, June 1994, p. 551.

和国内运营或操作……”,[①] 爱尔兰高等法院认为，联合国决议并不当然构成爱尔兰国内法的一部分，但鉴于该项制裁决议是欧共体条例合法性的渊源，因此法院应当借助各项实践案例和学界理论作为解释上述规则的基础。但爱尔兰高等法院最后认定，并没有找到能有效解释安理会制裁项下“船舶”或“飞行器”归属权定义的理论或实践，因此对联合国制裁委员会所做结论不予采纳。但事实上，联合国制裁委员会已经在许多案例中重申了“有效控制”原则，并得到联合国相关制裁决议的承认，例如安理会第787号决议即指出，“……任何船舶的过半数股权或控制股权如果属于在南斯拉夫联邦共和国（塞尔维亚和黑山）境内或从该国对外营业的任何个人或机构，无论该船舶悬挂何国国旗，为执行安全理事会有关决议的目的，均应视为南斯拉夫联邦共和国（塞尔维亚和黑山）的船舶”。[②]

随后博斯普鲁斯公司向欧洲法院提起先决裁判之诉，在先决裁判程序中，成员国法院在对特定案件做出判决前，根据欧盟基础条约第234条的规定就特定问题向欧洲法院请求做出解释性判决或有效性判决，并根据欧洲法院的先决判决对特定案件做出判决。[③] 请求欧洲法院对欧共体条例和安理会相关决议做出解释。于是欧洲法院运用自身解释规则，对欧共体第990/93号条例第8条所称“多数或者控制权”（majority or controlling interest）进行解释，认为其文本并没有对“所有权”（ownership）和“日常运营”（day-to-day operation）做出区分，并且从文意来看似乎也不需要做出区分，因此裁定该项条例在本案中应当予以适用。对此，欧洲法院总法律顾问也指出，“……欧共体条例毫无疑问应当与安理会决议解释一致，以使得联合国制裁措施能够完全有效”。[④]

---

① Council Regulation (EEC) No 990/93 of 26 April 1993 Concerning Trade between the European Economic Community and the Federal Republic of Yugoslavia (Serbia and Montenegro), Official Journal of the European Union, L 102.

② 参见安理会第787（1992）号决议，S/RES/787（1992），1992年11月16日。

③ 参见陈敏合《浅谈欧洲法院的先决裁判》，2017年1月1日，中国法院网（http://www.chinacourt.org/html/article/200811/17/330741.shtml）。

④ Opinion of the Advocate General, Case C-177/95, ECR I-1122, para. 21.

三　反恐制裁具有特殊性

根据安理会第1373号《国际合作防止恐怖主义行为》决议的规定，所有国家不仅仅应当采取行政性手段防止对恐怖主义进行任何形式的资助，并且“毫不拖延地冻结犯下或企图犯下恐怖主义行为或参与或协助犯下恐怖主义行为的个人、这种人拥有或直接间接控制的实体以及代表这种人和实体或按其指示行事的个人和实体的资金和其他金融资产或经济资源，包括由这种人及有关个人和实体拥有或直接间接控制的财产所衍生或产生的资金”，更在同时强调了刑事责任，要求所有国家应当“将下述行为定为犯罪：本国国民或在本国领土内，以任何手段直接间接和故意提供或筹集资金，意图将这些资金用于恐怖主义行为或知晓资金将用于此种行为”。但同样，决议并未对“恐怖主义行为”（terrorist act）做出界定，而继续授权各国在国内执行之时予以确定。

但是安理会所并未审慎考虑的是，自从9·11事件发生之后，国际和区域层面的反恐怖机制逐渐增多：不仅仅包括安理会第1373号决议，还有包含更为具体打击措施而广受争议的第1267号决议、1333号决议以及1390号决议体系，以及与具体恐怖活动有关的联合国系统框架、[①] 2006年联合国全球反恐战略，[②] 欧盟共同立场和反恐条例、1999非洲统一组织预防和打击恐怖主义公约体系，[③] 以及2001东盟反恐联合行动宣言。[④] 对于各个国家来说，需要处理的反恐怖主义机制不是不足而是已经太多，甚至各国也会通过自己的立法措施以专门应对国内不同形式的恐怖主义。各个层面的机制各有不同而又相互联系，而在国内法中的地位和联系也更加错综复杂

---

① 参见《联合国反恐框架》，2016年12月1日（http：//www. un. org/chinese/terrorism）。

② United Nations, *Report of the Secretary-General*, *Uniting Against Terrorism*: *Recommendations for a Global Counter-Terrorism Strategy*, A/60/825, 27 April, 2006.

③ OAU Convention on the Prevention and Combating of Terrorism, Algiers, Algeria, 14 July, 1999.

④ 2001 ASEAN Declaration on Joint Action to Counter Terrorism, Bandar Seri Begawan, 5 November, 2001.

杂，使得在处理不同的反恐问题时，已经很难厘清国内法与联合国制裁措施的关系。因此，尽管依据安理会第 1373 号决议，许多国家都在实体上或程序上对本国反恐怖刑事立法予以完善，或重新制定了新的反对恐怖活动法律，如美国、英国、加拿大、澳大利亚、印度等；但也有许多国家认为，并无必要制定和通过新法执行联合国反恐制裁，而仅依靠其他层面的法律以及其国内刑法的反恐怖主义条款，就已经能够完整执行联合国的制裁措施。这样的分散机制无疑不仅无助于联合国的反恐战略，更大大分散了安理会第 1373 号决议在各国国内的效力，从而减损联合国制裁决议的执行。

另一方面，在国际实践中还可能会出现超越该项决议范围的国内或域内执行。对于欧盟成员国而言，执行该项制裁决议就是一系列欧盟层面措施进行协调的结果，并且在某些层面上超越了联合国制裁措施的规定。欧盟基于其理事会《适用特别措施打击恐怖主义》的共同立场文件，① 以及第 2580 号条例《针对特定个人和实体采取限制性措施以打击恐怖主义》的规定，② 根据安理会第 1373 号决议的要求对上述文件进行了修正和完善，并且还对安理会决议所未明确的“恐怖主义行为”做出了界定。③ 此外，欧盟还列出了独立于联合国安理会和制裁委员会名单之外的涉及恐怖主义个人或团体名单，制定了专门的措施执行财产冻结等制裁，同时发送给银行和其他金融机构的该项名单也会定期做出更新。但欧盟上述执行措施是否超越了欧盟作为国际组织的权限，也引起了学界的广泛争议，也受到了来自欧洲初审法院案件的

① EEC, *Council Common Position of* 27 *December* 2001 *on the Application of Specific Measures to Combat Terrorism*, 2001/931/*CFSP*, Official Journal of the European Communities, L 344/93.

② EEC, *Council Regulation* (*EC*) *No* 2580/2001 *of* 27 *December* 2001 *on Specific Restrictive Measures Directed Against Certain Persons and Entities with a View to Combating Terrorism*, Official Journal of the European Communities, L 344/70.

③ Article 1 (3), Council Common Position of 27 December 2001 on the Application of Specific Measures to Combat Terrorism, 2001/931/CFSP, Official Journal of the European Communities, L 344/93.

挑战。[①] 因此，在压力之下许多成员国政府如瑞典和芬兰政府不得不采取更多的保障立法措施，以保证其国民在欧盟执行联合国制裁程序中的法律权利。

另外值得一提的是，美国在反恐怖主义制裁方面的国内法实践则是一个更加特殊的情势。有学者认为，对于美国而言似乎并不存在执行安理会决议的问题，因为这些国内法措施早在安理会决议通过之前就已经在美国国内生效。尽管在美国制裁塔利班、基地组织以及本·拉登和相关恐怖分子的行政法令中也提及安理会的制裁决议，但这些国内法措施更多渊源自美国《国际紧急经济权力法》（IEEPA）所规定的宣告国家紧急状态之后的总统权力。

四　中立国制裁的发展性须更多关注

事实上，关于中立国家与普遍性国际组织的关系问题由来已久，典型的永久中立国家如瑞士则早在国联时期，理事会就曾通过《伦敦宣言》承认瑞士在国联中的永久中立国地位，并且承诺瑞士豁免参加国联的军事行动，而仅需要对违反国联盟约的国家施予商业和金融制裁。但是在 1938 年国联对意大利制裁案中，瑞士依然考虑到自身中立的地位可能受到制裁措施的影响，因此对于该项国联决议就片面制裁意大利的问题做出了不承诺的宣告。随着 1939 年第二次世界大战爆发，瑞士为了保持其超然的中立立场，也立即宣布退出国联。但二战结束之后，以集体安全机制为核心建立起来的联合国，相对国联而言更加注重集体安全的强力和有效，因此，在制宪会议上并没有同意瑞士以与国联相同的条件加入联合国。同时，根据 1935 年瑞士宪法的规定，签订 15 年以上的国际条约或者加入重要的国际组织，必须经过全民公投，瑞士因而根据 1946 年公投结果，认为加入联合国集体安全制度将违反其传统上永久中立的原则，也拒绝成为联合国永久会员国，但一直可以以观察员身份参与

① Case T－306/01, *Ahmed Ali Yusuf and Al Barakaat International Foundation v. Council of the European Union and Commission of the European Communities*, Order of the President of the Court of First Instance, 7 May, 2002; and, Order of the President of the Court of First Instance, Case T－47/03 R, *José Maria Sison v. Council and Commission*, 15 May 2003.

联合国的各项活动。[①] 直到2002年3月3日，瑞士举行了第二次自联合国成立以来就“是否加入联合国”问题举行公民投票，结果显示有54.61%的公民，以及超过12个邦的选票赞成加入联合国，瑞士由此终于在2002年9月正式成为联合国的第190个永久会员国。不过，瑞士仍然在其加入联合国申请书中包含了中立声明，指出瑞士的中立地位已为国际法所承认，并且联合国承认成员国的中立亦并不会影响该国履行宪章之下的义务，因此作为联合国成员国的瑞士，仍将保持中立地位。[②]

从联合国与中立国家关系的演进来看，中立国也在实践中不断调整其中立地位的政策取向。1955年根据与苏联《莫斯科备忘录》，奥地利通过关于永久中立的《联邦宪法法令》，但随后在同年12月其加入联合国之时，却未做出任何考虑其中立地位的声明。[③] 而瑞士自1948年成为联合国观察员国以来，也在尝试参与联合国的制裁和军事行动，并且也曾派遣维和部队至海外，包括1953年朝鲜战争期间派员协助监督敌对双方停火；1956年还应联合国请求，以瑞士航空空运联合国紧急部队（United Nations Emergency Force）至埃及，并提供了160万瑞士法郎的资金援助；1960年同样也为联合国刚果维持和平行动提供了大量的资金援助和支持。值得注意的是，1967年安理会通过制裁南罗德西亚的决议，并且依据联合国宪章第2条第6项的规定，要求所有国家一致采取对南罗德西亚的制裁措施。尽管瑞士仍然宣称其作为联合国宪章第三方（非会员国）不受任何义务的约束，其行为也应独立于联合国之外，但却随后在国内根据安理会的制裁决议通过了一系列立法措施，对与南罗德西亚的贸易进行限制。[④] 同

---

① The Federal Council, *A Swiss Government White Paper on Relations between Switzerland and the United Nations*, Swiss Government, June 18, 1997, p. 4.

② Swiss Federal Council to H. E. Kofi Annan, Secretary of the United Nations, *Switzerland's Application to Join the United Nations including a Declaration of Neutrality*, Berne, 20 June 2002.

③ 李广民、欧斌：《国际法》，清华大学出版社2006年版，第35页。

④ 包括拒绝与种族隔离政权建立关系，对南罗德西亚军事物资的出口限制，限制经济往来等，随后在1970年关闭了瑞士驻Salisbury（Harare）领馆。Bilateral Relations between Switzerland and Zimbabwe, Federal Department of Foreign Affairs of Switzerland, *available at* http://www.eda.admin.ch/eda/en/home/reps/afri/vzwe/bilzim.html, visited on 2 January 2016.

样，作为永久中立国的联合国成员国奥地利声明，“根据具体情况并考虑奥地利作为联合国会员国和永久中立国而承担的义务”，同意履行安理会在本案中的制裁决议。

随着国际社会实践的不断发展，冷战结束之后，瑞士也重新定义了其永久中立的概念，认为永久中立的立场并不与参加联合国依据宪章第七章所采取的制裁行动相矛盾。同时，国际法的发展也对传统中立带来了新的挑战，尽管联合国决议并不对瑞士具有强制约束力，但瑞士认为，在那些以国际和平与安全和保护基本人权为核心的联合国行动之中，任何一个国家，即使是永久中立国，也都存在着相应的立场。因此，秉承这样的理念，在1990年海湾战争时瑞士就主动参与了联合国对伊拉克的制裁。在1999年，瑞士还向科索沃地区派驻了160名军事警察，协助联合国维和部队的后勤保障工作。瑞士联邦最高法院也在判例中宣称，向制裁目标国出售武器尽管没有违反瑞士法律，但是构成了对联合国制裁的破坏，因此违反了国际社会的公序良俗（contra bonos mores），应当宣告出售行为自始无效。①

在瑞士参与联合国制裁早期，通常是根据既有立法（包括联邦军事物资法，控制双重用途物品的法律以及联邦法一般授权），以个案审查的方式适用武器禁运的制裁措施。但随着联合国制裁的不断扩大，制裁措施逐渐扩展到武器禁运以外的经济和金融制裁，因此瑞士联邦委员会确立了授权行政法令制度，将实现制裁的权力由议会立法转移至行政法令。由此，尽管在此后相当长的时间内瑞士仍然是联合国观察员国，但其所确立的制裁法令，包括针对伊拉克、海地以及原南斯拉夫的制裁措施，虽然并非是为执行安理会决议而是瑞士独立的国内法，却通常均与联合国安理会制裁决议保持一致，且多数都是在安理会决议通过之后制定，以实施国际制裁。

但是，采取行政法令个案颁布的方式，其影响个体权利的范围通常会受到瑞士宪法的严格限制。为了调和行政法令与联合国日渐向个体制裁扩展的趋势之间的矛盾，2002年3月22日，瑞士议会

① Micha Bühler, “Choice of Swiss Law - No Escape Route To Avoid Application of International Sanctions”, *Walder Wyss & Partners Attorneys at Law*, No. 29, October 2001.

通过了执行国际制裁的授权立法,[1] 授权联邦委员会为执行制裁可以采取直接或间接的措施限制货物和服务贸易、资金和人员流动、科技和文化交流，以及其他对权利的限制措施，从而大大扩展了瑞士联邦委员会在执行制裁方面的权力，并以此立法作为一般授权性法律，作为今后执行联合国和其他组织制裁的法律基础。

① SR 946. 231, Bundesgesetz über die Durchsetzung Von Internationalen Sanktionen (Embargogesetz, EmbG), 22 März 2002 (Stand am 27. July 2004).

第七章

“大国责任”理论和“负责任大国”的构建

冷战以后，国际社会长久以来处于美国一国独大的单极化世界秩序下，随着新兴发展中国家的不断发展壮大，国际社会对于多极化世界的呼声日益高涨，尤其是2001年9·11事件之后，国际社会一度进入“无政府”状态之下。长期以来，中国在外交领域倡导“大国责任”,[①] 即中国需要积极参与国际体系并维护现有国际秩序的基本稳定，维护并增进发展中国家及全人类的共同利益。发展中国家是世界的大多数，也是世界和平与发展问题及日益增多的全球性问题最为集中、最为突出的地区。[②] 在全球化不断推进的今天，中国与其他发展中国家不仅只是利益共同体，也是安全共同体和责任共同体。因此，在维护自身利益的同时不断推动发展中国家及全人类共同福祉的增进，在积极参与全球事务的进程中更好地增进自身的话语权和影响力，是中国思考大国责任的重要维度。

第一节 “大国责任”提出的背景

冷战以来，随着中国的综合实力日益加强，国际社会对于中国逐步出现了赞赏与质疑并存、欢迎与责难共生的复杂心态，从20世

---

① 罗建波：《负责任的发展中大国：中国的身份定位与大国责任》，《西亚非洲》2014年第5期。

② 罗建波：《中国应承担什么样的大国责任》，《学习时报》2015年11月12日。

纪90年代中期逐渐出现的“中国威胁论”，到近年来一直甚嚣尘上的“中国责任论”，各种声音不绝于耳。这在客观上对中国的外交应对提出更高的挑战，也促进了相关理论的不断深化。

一　中国业已成为世界性“大国”

关于政治学上“大国”的概念，马丁·怀特在《权力政治》中根据权力的大小，把国家分为支配性大国、挑战性大国以及次要大国。在此以后，按照“权力”的大小作为划分国家等级成为众多学者通用的惯例，“按照权力的大小，人们通常把国家分为不同的等级：超级国家、大国、中等国家、小国和迷你国家，决定国家等级的是权力因素的综合，而不是单一或少数的指标”。[①] 就目前国际社会的普遍认知来看，中国业已成为一个世界性的大国，不会产生更多争议。

我国学者将“大国”与“权利、义务”放在同一个视域下进行考察，认为“大国地位的获得与国际社会对其大国身份与合法行为的认可有着密切关系”。[②] 因为大国不仅需要在物质力量方面具有一流的地位，而且还必须被其他国家承认拥有某些特殊权利与义务，并被本国的领导人和人民认为自己具有这样的权利与义务。因此，大国概念体现了国际社会的思想，它与合法性观念密切相关。而大国要得到其他国家对其大国身份的认可，除了尊重其他国家的合法权益并尊重国际法的责任外，还应该承担某些特殊的国际责任，并就它对其他国家和人民的行为或不行为的结果承担应有责任。

从自然条件来看，中国是一个疆域大国，国土总面积为世界第四，占世界总面积7.2%；同时，中国长期以来占据世界人口第一的位置，据2017年末统计，中国总人口为13.9008亿人，居世界第一位，占世界总人口的19%；中国也是一个资源需求大国，尽管资源品种不平衡，一些急需的能源矿产资源要大量进口甚至进口依存度超过50%；中国土地辽阔，有着世界第七位的森林面积和世界

① 李少军：《国际政治学概论》，上海人民出版社2005年版，第145页。

② 章前明：《大国责任随国际合法性的变化而变化》，《中国社会科学报》2013年7月10日第B03版。

第三位的煤炭资源。

从经济发展角度来说，中国也是当之无愧的大国。1978 年改革开放以后，中国保持了一个接近 10% 的平均增长速度，经过近 40 年的增长，中国与全球 GDP 的增长已经形成一个比较明显的对比，即中国的经济增长率大概是全球平均值的 2 倍。目前，中国也早已登上了世界经济总量第二的宝座。

从地缘政治的角度讲，中国在国际事务中的话语权与日俱增；在现有国际规则之下按照自我意志采取行动的能力日益增强，中国所倡导的和平共处五项原则得到国际社会的广泛认可；作为联合国安理会常任理事国，战后通过各种途径对世界历史的发展产生重大而深远的影响，中国的全球影响力不容置疑。

二 “中国威胁论”的产生

一些经济学家指出，从经济学角度来看，“大国责任”的提出，本身就肇始于中国的经济崛起，相应地，在主流话语体系被西方操控的基本背景下，中国要尽到大国责任屡屡被提及。① 即中国应该扮演什么样的国际角色，应该履行什么样的国际责任，应该具有什么样的国际形象。

20 世纪 90 年代初期，随着中国的发展，国际上已有不少人意识到了中国的崛起，哈佛大学亨廷顿教授在其著作《文明的冲突与世界秩序的重建》中指出：在未来的岁月里，世界上将不会出现一个单一的普世文化，而是将有许多不同的文化和文明相互并存。在这样一个多元化的世界上，任何国家之间的关系都没有中国和美国之间的关系那样至关重要。如果中国经济在未来的 10 年或 20 年中仍以现在的速度发展，那么中国将有能力重建其 1842 年以前在东亚的霸权地位。另一方面，美国一贯反对由另一个强国来主宰欧洲或东亚，为了防止这样的情况发生，美国在 20 世纪参加了两次世界大战和一次冷战。因此，未来的世界和平在相当大的程度上依赖于中国和美国的领导人协调两国各自利益的能力，及避免紧张状态和

① 樊丽明：《“大国责任”视角下的“大国财政”分析》，《财政监督》2017 年第 10 期。

对抗升级为更为激烈的冲突甚至暴力冲突的能力，而这些紧张状态和对抗将不可避免地存在。[①]

尽管亨廷顿也提到论述的目的客观上是为了“唤起人们对文明冲突的危险性的注意，将有助于促进整个世界上文明的对话”。[②] 但是，这样的论述却也在国际社会掀起讨论，接下来的十年“中国威胁论”等相关论调甚嚣尘上。

三 从“中国威胁论”到“中国责任论”

2005 年，时任美国副国务卿的佐利克在美中关系全国委员会上所做的“中国向何处去”的著名演讲中，呼吁中国做一个“负责任的利益攸关方”。[③] 以佐利克提出中国应成为国际社会“负责任的利益相关者”为标志，相对温和、理性、务实的“中国责任论”开始取代激进、非理性、情绪化的“中国威胁论”，成为美国对华的主流态度。在美国的影响下，国际社会也开始使用“中国责任论”的提法。“中国责任论”代替“中国威胁论”成为中国所面临的主要舆论环境。[④] 2006 年 10 月，欧盟委员会发表了新的对华政策文件《欧盟与中国：更密切的伙伴、增长的责任》，第一次明确地提出中国责任。2008 年金融危机后发达国家要求中国承担世界经济失衡责任，“中国威胁论”自此逐步演进为“中国责任论”，成为美国等西方国家对华政策的新视角。

2008 年全球金融危机爆发后，世界经济发展深受影响，发达经济体增长乏力，欧洲主权债务危机蔓延，新兴经济体难以独善其身，而中国经济却能“一枝独秀”。在这场危机中，中国积极为缓解危机、促进世界经济平稳增长献计献策，为稳定全球经济、恢复世界经济秩序贡献了本国力量。正是在这种背景下，“中国责任论”

---

① ［美］塞缪尔·亨廷顿：《文明的冲突与世界秩序的重建》，周琪等译，新华出版社 2010 年版，第 1—12 页。

② 同上。

③ 金灿荣：《从“中国威胁论”到“中国责任论”——中国国际舆论环境的变化与应对》，《绿叶》2009 年第 9 期。

④ 任洁：《中国和平发展面临的主导性国际舆论环境》，《中国矿业大学学报》（社科版）2015 年第 1 期。

成为国际社会广为流行的主导舆论。在伦敦金融峰会上，中国甚至被西方媒体描述为“拯救世界的骑士”，美国智库提出“世界经济问题的解决基本上取决于中美两个大国——两国集团（G2）。事实上，中美两国集团“G2”的构想最早由美国彼得森国际经济研究所所长弗雷德·伯格斯登在2008年夏季的《外交》杂志上提出。

近年来，“中国责任论”不断演变，出现多种形式，不仅涉及经济金融领域的贸易顺差问题、人民币汇率问题，还涉及军事领域的军费开支问题、气候环境领域的温室气体排放问题、资源能源领域的消费量问题等，领域广泛、形式多样。在形式多样的“中国责任论”的舆论攻势面前，中国需要保持清醒认识。对中国而言，积极参与、融入现行国际体系，承担一定的国际责任，做一个“负责任”的大国是中国对国际社会的承诺，这是中国的外交使命，也是积极融入国际社会的使命使然。然而，关于对国际社会承担何种责任，中国一定要正确定位、清醒认识，否则一旦承担超过国家实力和能力范围的责任，不但无益于提升中国“负责任”的大国形象，反而将阻碍中国的和平发展进程。

第二节 “大国责任”的理论演进

针对“大国责任”在国际社会越来越受到“推崇”，中国积极回应，自20世纪90年代末期起，中国的官方话语体系就开始正式主动承认、承诺“负责任大国”及“大国责任”的承担，这一点在党的十八大之后继续深化，不断创新，得到了国际社会，尤其是广大发展中国家的广泛认可。

一 “大国责任”进入官方话语体系

从国际法的角度而言，为了避免新的世界组织重蹈国际联盟的错误以及维持实质上的主权平等的考虑，联合国安理会对大国地位给予清晰的法律表述，即通过一系列相关制度安排赋予美国、苏联、中国、英国和法国五个常任理事国对联合国的重大决议享有否决权，这个否决权使五个常任理事国在联合国维持世界和平与安全目标的决策过程和维护宪章中有很大的发言权，同时，《联合国宪章》规定五大国在维持世界和平与安全方面负有特殊责任，但大国并不愿意对其特殊地位的正当理由在《联合国宪章》中有明确表述，所以特殊责任这个术语并没有直接出现在《联合国宪章》中。①

冷战结束后，国际关系经历着深刻调整，国际秩序正处在转型重建之中，大国间的关系和角色也在重新定位。确立一个符合自身实力变化、顺应当前和今后国际秩序发展方向的国家身份，是中国外交面临的重要和紧迫任务。正是基于这一需要，20 世纪 90 年代中期，我国领导人在多个外交场合向世界宣告了中国愿意做“负责任大国”。

值得一提的是，笔者在本书语境下所提到的“大国责任”与国际法上的“国家责任”有着本质的不同。在国际法领域，“国家责任”是个专门术语，违反国际法的行为就是国际不法行为，行为国要对这些行为承担法律责任，就称为“国家责任”或“国家的国际责任”。而本书中反复提及的“大国责任”及“负责任大国”，都是政治学上的表述。“大国责任”的基本逻辑是，大国比一般国家拥有更多的资源和更强大的力量，因此，大国比一般国家对人类社会公共事务，如全球环境问题、安全问题、人权保护等应尽更多的责任和义务。同时，一个大国在形成过程中，其成长历程的复杂性和对外交往的广泛性远比一般国家要多，因此，有学者认为，政治学上的所谓的大国责任就是大国基于“大国”身份定位根据自身国力情况、国际体系中的地位以及文化传统来界定自身责任。②

也有学者认为，中国自古就是一个乐于承担责任的大国，中国努力发展经济和消除贫困本身的成就就是一种对国际社会负责任的表现，况且中国也一直在对外进行援助。只不过因为中国和西方国家对于责任的认同不同，才导致对“中国国际责任”的争议，“这

---

① C. Brown, “Do Great Powers Have Great Responsibilities? Greart powers and Moral Agency”, *Global Society*, Vol. 18, No. 1, 2014, pp. 8 - 9.

② 岳炜：《不同文明背景下的中美大国责任观比较研究》，博士学位论文，苏州大学，2015 年。

种争议很大程度上是由不同价值观造成的。而这种价值观根植于不同的历史回忆、民族性格和现实地位”。[①]

中国“负责任大国”的提出，是中国官方话语体系主动回应国际舆论的过程，因此其发端与前述“中国威胁论”“中国责任论”几乎同时开展，最初是由党和国家主要领导人在一些外交场合提出的。1997年，江泽民同志在访美期间强调“中国和美国，在事关人类生存和发展的许多重大问题上，如防止大规模杀伤性武器扩散、保护人类生存环境、打击国际犯罪等，有着广泛的共同利益，肩负着共同责任”。[②] 这是在对外交往等官方领域，中国领导人首次正式提出“大国责任”，对西方的“威胁论”和“责任论”做出正式回应。1998年，江泽民在驻外使节会议上指出“随着我国国际地位的提高，我们所承担的国际责任也越来越大，国际社会特别是广大发展中国家也希望我们这样做。我国作为最大的发展中国家，应该发挥自己应有的作用”。[③]

2005年，胡锦涛在联合国成立60周年首脑会议上强调“中国将始终不渝地把自身的发展与人类共同进步联系在一起，一如既往地遵守联合国宪章的宗旨和原则，积极参与国际事务，履行国际义务，同各国一道推动建立公正合理的国际政治经济新秩序”。[④]

党的代表大会也及时将“负责任大国”写入报告中，党的十六大报告指出“我们愿与国际社会共同努力，积极促进世界多极化，推动多种力量和谐并存，保持国际社会的稳定，积极促进经济全球化朝着有利于实现共同繁荣的方向发展”。[⑤] 党的十七大报告中进一步强调，不管国际风云如何变幻，中国政府和人民都将高举和平、发展、合作旗帜，奉行独立自主的和平外交政策，维护国家主权、安全、发展利益，恪守维护世界和平、促进共同发展的外交政策宗旨，继续积极参与多边事务，承担相应国际义务，发挥建设性

① 金灿荣：《大国的责任》，中国人民大学出版社2011年版，第15页。

② 《江泽民文选》第2卷，人民出版社2006年版，第66页。

③ 同上书，第204页。

④ 胡锦涛：《在联合国成立周年首脑会议上的讲话》，《人民日报》2005年9月16日第1版。

⑤ 《江泽民文选》第3卷，人民出版社2006年版，第266页。

作用。

与此同时，从建构主义的角度出发，有学者认为中国开始积极地从理念和实践两个层面建构这种新的国家身份。[①] 一方面，中国提出了一系列符合国际法和公认国际关系准则的新理念。另一方面，中国在实践上积极加强与国际社会的良性互动，妥善处理与主要大国和国家集团的关系，不断加大对发展中国家的援助，推进实施亚洲地区主义战略，积极参与多边国际机制建设，着力推动全球性问题的解决。

二　党的十八大以来“大国责任”理论有了延展和创新

党的十八大报告指出，中国将坚持把中国人民利益同各国人民利益结合起来，以更加积极的姿态参与国际事务，发挥负责任大国作用，共同应对全球挑战。党的十九大报告进一步指出，“中国将继续发挥负责任大国作用，积极参与全球治理体系改革和建设”，更提出“人类命运共同体”建设，使“大国责任”理论更加完整。

一是负责任大国需要为维护世界和平与发展发挥重要作用。追求和平与发展是各国人民的共同愿望，也是中国的既定国策。目前，中国总共参加了100多个政府间国际组织，签署了300多个国际公约。可以说，在每一个重大国际进程中，中国都发挥了积极参与、倡导和促进作用。二是负责任大国要积极构建“人类命运共同体”。党的十八大报告、十九大报告均提出了关于构建“人类命运共同体”的主张，再次强调在追求本国利益的同时，兼顾他国合理关切，在谋求本国发展的同时促进各国共同发展。三是负责任大国要推动建立公正合理、平等互利的国际政治经济新秩序。在全球治理领域，中国长期以来积极倡导建立公正合理、平等互利的国际政治经济新秩序。2008年国际金融危机以来，中国积极参与国际危机管理，推动20国集团成为应对危机和全球经济治理的核心机制，扩大了中国在国际金融体系中的制度性权利，维护了中国和广大发展中国家的正当权益，树立了负责任大国的形象。面对复杂多变的国

① 赵良英：《中国负责任大国身份的构建》，博士学位论文，武汉大学，2010年。

际新局势，以习近平同志为核心的党中央运筹帷幄，提出一系列对外战略新思想新理论新论断。即做好“两个平衡”，争取维护国家利益和承担国际责任的平衡，维持软实力和硬实力的平衡。

十八大后的对外交往已经让中国对“负责任大国”承诺有了全面实践，其理论内涵得到进一步创新。具体而言，经济上，以“正确义利观”推动与发展中国家的互利共赢，当前尤其需要注重推动发展中国家的产业升级；在安全上，与时俱进地理解“不干涉内政”的原则，建设性参与世界的和平与安全事务，更好地彰显中国人的世界情怀和人道主义精神；在治理模式上，与发展中国家分享经济社会发展、制度建设和政府治理能力等方面的经验，以此提升发展中国家的自主发展能力并增进中国在世界发展领域的话语权；在国际秩序上，中国的责任不仅只是维护现有国际秩序的稳定，也要积极推动国际秩序的改革、促进国际正义的实现，从而为发展中国家的发展营造一个更为公平、公正的国际环境。

第三节　中国“负责任大国”的建设

中国提出构建“负责任大国”的新身份，既是自己更好地融入国际社会、树立良好形象、维护国家利益的需要，也是回应西方中国责任论，消除国际社会对中国崛起疑虑的需要。中国应该清晰认知自身所处的时代背景和国际国内环境，对“社会主义初级阶段”有着全面的理解，适度、合理地把握打造新时期承担“大国责任”的方向。

一　提倡正确“义利观”，为广大发展中国家提供巨大支撑

在一些学者看来，大国责任的体现在于“义利并举”“多予少取”。[①] 以我国最有特色的对外援助政策为例，自新中国成立后不久至今，中国的外援制度已经持续60多年，早在20世纪50年代，中

① 卢沙野：《中国和平发展的“溢出效应”——以非洲为例》，《中国党政干部论坛》2013年第7期，第90—93页。

国就已成为发展中国家对外援助大国，1973年之前国际援助总额一度达到国民收入的2%左右，高于西方国家0.7%的标准。进入21世纪以来，中国对外援助额增长呈现前所未有的高增长和高弹性，与美日等发达国家的差距不断缩小，中国已成为世界第四大对外援助国。

党的十八大以来，中国倡导人类命运共同体意识，提倡践行正确义利观，主动在国际社会中承担更大责任和更多义务。国务院新闻办公室2016年发表《发展权：中国的理念、实践与贡献》白皮书指出，60多年来，中国共向166个国家和国际组织提供了近4000亿元人民币援助。为发展中国家培训各类人员1200多万人次，派遣60多万援助人员，其中700多人为援外献出了生命。

作为具有世界影响力的大国，中国持续增加对外援助，对构建人类命运共同体具有重要意义。中国的对外援助与一些西方国家存在本质区别，相比一些西方发达国家的援助则往往和所谓的“人权”“民主”等政治议题挂钩，中国一直坚持和平共处五项原则，不干涉别国内政，更加关注受援对象的经济发展和民生改善。无论是从20世纪50年代到70年代的经济援助阶段，还是改革开放后到90年代中期的政策调整阶段，还是20世纪末至今的高速发展阶段，均呈现出鲜明的时代特征。但是始终遵循“主权平等、不附加任何条件”的根本理念，使其成为中国对外援助理论体系的基础，坚持原则与改革创新相结合也成为中国特色对外援助的特征。

但是，很长一段时间里，中国的对外援助政策受到很多质疑，甚至攻击中国借援外之名推行“新殖民主义”。以中国援助非洲为例，有些西方学者提出，中国自冷战结束后“重返非洲”的主要目的是为了满足自己对能源、原材料和潜在市场的巨大需求。有人还不断鼓吹中国威胁论，要求非洲国家警惕中国，因为中国援助非洲“不是为了慈善事业”，而是“又一个帝国主义国家追求自己的国家利益”，或者是力图取代原来的西方宗主国，成为非洲的“新殖民者”。[①] 因此，进一步增强援外透明度，是下一步持续增强援外成效的必由之路。

---

① 徐小红：《中国对外经济援助：历程、特色与反思》，《国际援助》2015年第1期。

新时期对外援助发展战略调整与升级势在必行，要以更广阔的全球视野，运用大国思维运筹谋划中国对外援助，践行互利多赢、共同发展的国际合作新模式。2017 年 2 月 6 日，中央深改组第三十二次会议审议通过了《关于改革援外工作的实施意见》。会议强调，要优化援外战略布局，改进援外资金和项目管理，改革援外管理体制机制，提升对外援助综合效应。这是多年来中国官方首次公开重提“援外战略布局”，是中国对外援助的重新战略规划，未来中国援外目标将更加清晰。在新的形势下，中国还要通过对外援助参与和促进全球治理改革，但中国仍然会坚持“不附带任何政治条件，不干涉受援国内政，充分尊重受援国自主选择发展道路和模式的权利”。

二 坚持互利共赢，做世界经济发展的主要推动者

新兴力量日益成为国际舞台的主角，在全球经济治理中发挥着愈益重要的作用，而更多的国际责任也相应增加。以金砖国家为代表的新兴国家群体性崛起，财富与力量的转移，正重塑着未来国际格局。

在实现快速发展的同时，中国一贯强调与发展中国家的互利共赢。应该说，新时期“一带一路”倡议是中国参与国际事务的一种重要方式，也是中国积极参与世界经济发展的集大成者。有学者认为，中国能够在短时间内帮助几亿人口摆脱贫困的发展模式可以为发展中国家提供一种发展可能性的方案，同时，“一带一路”倡议也能回应世界关于“中国崛起之后何去何从”的疑问：中国将为全球经济发展与治理承担更多责任。[①]“一带一路”倡议提出的背景正是在全球经济发展低迷，全球治理模式亟须更新变革的当下，中国总结自身发展经验，提出“一带一路”国际经济合作倡议，将更多国家和更多资源吸引到公共产品建设中来，以便在“一带一路”沿线地区逐渐形成区域性或区域间公共产品供应的新格局，为各国经济以及社会发展奠定新基础、创造新条件，并在合作方之间建立较

① 《“一带一路”承载中国智慧与大国责任》，《21 世纪经济报道》2017 年 5 月 12 日第 1 版。

长期的经济协作活动。

“一带一路”国际经济合作倡议展现了中国负责任大国的形象：中国为全球破解发展难题提供了几乎可以说唯一有价值的方案，中国的成就、经验与支持也让这个方案更有魅力；中国改变了此前全球治理以发达国家为主的格局，通过“共商、共建、共享”精神，对全球治理做出发展与贡献，也是一次确立国际经济新秩序的有益尝试。

三 重塑规则，积极推动全球治理体系深刻变革

党的十八届三中全会指出，中国要不断实现国家治理体系和治理能力的现代化。事实上，近年来，作为“新兴大国”，中国不仅在国内事务上积极作为，也积极投身国际规则的重塑，为全球治理体系的深刻变革提供中国样本，深刻施加中国影响。这就需要对中国全新的身份有着更为深刻的认知，即负责任的新兴大国。在坚持发展中国家定位、争取自身利益的同时，我国应在“积极有所作为”的战略指导下，敢于承担与实力相适应的、新兴大国的国际责任。

进入21世纪以来，中国积极参与全球治理，彰显了和平发展和对外开放的积极姿态。特别是金融危机后，中国积极参与联手应对危机、推动全球治理架构和世界金融货币体系改革，获得多数国家的肯定。此外，中国积极推动金砖国家合作机制的构建、加强新兴经济体之间的沟通和立场协调，有力地促进了新兴经济体在区域和国际事务中话语权与影响力的提升，促使新兴经济体成为解决全球性议题不可或缺的重要力量。[①]

以近两年中国积极倡议主导的亚投行为例，这是中国参与国际规则制定的一大创举。但是，作为亚投行最主要的出资者，中国并未强势主导这一机制，体现了国际规则不再为大国所垄断的新态势。《亚洲基础设施投资银行协定》既强调责、权、利的统一，也强调共识对于行动的重要性，可以说顺应了国际经济政治生活民主

① 张琦：《中国应在全球治理和区域合作中担负新兴大国责任》，《中国经济时报》2014年9月5日第5版。

化的历史潮流。责、权、利的相互统一，不仅在亚投行机制中得到了充分体现，也在近期国内一些理论研究中逐渐勃兴。国内有学者就通过对大国责任、大国权力二元关系的角度，对新兴大国参与全球治理提出自己的见解。认为“新兴大国可以依据自身实力的变化更多地研究全球治理的制度体系及其变化规律，提出更多合理有效的制度规则倡议，力促核心国家共同推动全球治理的制度创新与权力结构体系的调整优化”。①

这种思维的本质就是习近平总书记概括的“团结合作、开放包容、共谋发展”，它关系到中国这个崛起的大国将来如何与各国共处，关系到世界治理，还关系到崛起的中国的国运，是一种国际社会的“命运共同体”战略。在此战略下，中国应不断减缓外部摩擦和开放竞争压力，营造稳定安全、发展机遇共享的国际合作环境，力争培育和引领国际合作竞争新优势，提升在全球价值链中的地位和参与全球化的收益，有效防范风险，为国内经济发展赢得更长的战略机遇期，为世界经济的长期繁荣和稳定做出更大贡献。② 由此，有效地将提升自身治理体系和治理能力的宏伟目标与作为“新兴大国”，积极投身参与全球治理的大格局统筹协调。

① 林跃勤：《全球治理创新与大国责任》，《南京社会科学》2016 年第 10 期。

② 张琦：《中国应在全球治理和区域合作中担负新兴大国责任》，《中国经济时报》2014 年 9 月 5 日第 5 版。

第八章

后冲突时代中国积极承担大国责任的国际法实践

近年来，中国积极回应国际社会关于“大国责任”的要求，主要体现在对于战后国家重建各项工作，尤其是联合国主导下的各项机制，积极发声、主动参与甚至主导，从国际规则的遵守者向新国际规则的塑造者转变。中国参与联合国的行动，不但增强了联合国建设法治的力量，更增强了中国在国际组织中的代表性和参与性。中国在新时期与国际组织互动积极，显示出中国对参与国际社会活动的极大热情以及对于全球化环境下建立法治的尊重。中国对大国责任的重视和承担客观上促进了国际话语体系的悄然转变，中国在外交领域的主动作为深刻影响了后冲突时代的国际法发展方向。

第一节　中国外交对国际法治的支持

前国际法院的大法官拉赫斯（Manfred Lachs）曾说：“我们早已生活在一个国际组织纵横其间的时代了。”[①] 这充分肯定了这个时代国际组织不可替代的作用。这一点在战后法治建设中体现得尤其明显。尤其是作为最重要国际组织的联合国，可以说，促进战后法治，建设永久和平就是在其框架下进行的重要工作之一。

---

① 饶戈平：《全球化进程中的国际组织》，北京大学出版社2005年版，第4页。

一　中国相关外交政策的支持

从2006年联大首次将“国家和国际两级法治”问题列入第六委员会议题起，中国的外交代表每年都在联大会议上针对国际法治发表立场文件，体现了中国参与战后法治建设的决心，同时也为中国促进国际法治实践奠定了重要的理论基础。2006年的立场文件中，中国外交代表段洁龙肯定了联合国积极预防和解决地区冲突，设立特设刑事法庭，把违反国际人道法和人权法的个人绳之以法的行动，强调联合国安理会是通过法治手段，维护国际和平与安全的重要机构。2007年，中国代表重申中国在应对全球性威胁与挑战方面的立场，即继续支持联合国在法治等领域的核心工作。时任中国外交部长李肇星于2003年9月24日在联合国安理会外长会议上发言时指出，中国支持联合国在帮助冲突地区或国家确立司法公正与法治方面发挥积极作用。[①] 他认为：“与维护和平一样，冲突后建设和平对有关国家和地区长治久安有着重要的意义。尽快确立司法公正与法治，是冲突后地区或者国家实现稳定与发展的必要条件。在联合国维和行动和战后重建之中，协助当事方建立和维护司法公正与法治的工作应该得到高度重视。中方支持联合国根据当事国的需要和实际情况发挥积极作用。实现冲突国家的和平与稳定是一项系统的工程，涉及诸多方面。除司法公正和法治之外，应尽快建立具有广泛代表性的政府，促进民族和解，实现民族和谐共处；尽快创造良好的治安环境，让重建工作安全有序地进行。他说，冲突的结束并不意味着和平的降临。导致冲突的原因不尽相同，但是大多与贫困落后密切相关。没有发展，公正与法治只能是空中楼阁。中方强烈呼吁国际社会将发展摆在重建和平的关键位置。安邦定国需要法治，处理国际关系同样需要法治。坚持公理，维护正义，履行国际义务，是联合国对世界人民的庄严承诺，是《联合国宪章》的核心内容；而缔造一个和平与稳定、公正与法治的世界，只能靠加强

① 参见2017年5月21日，中国新闻网（http://www.chinanews.com/n/2003-09-25/26/350505.html）。

国际合作、倡导多边主义、实现国际关系民主化和法治化。”[①] 他同时指出，“《联合国宪章》以及其他国际关系准则必须得到切实的尊重和维护。各国都要成为国际大家庭中负责任的一员，在国际机制和国际法框架内应对各种挑战”[②]。这些看法与近几年来外交部的立场性文件是一脉相承的，反映出了中国应对联合国在战后法治建设的基本观点。

2016 年 9 月，我国政府在第 71 届联合国大会中方立场文件中重申对于联合国法治的态度，即实现国内和国际两级法治是各国和国际社会普遍追求的目标。在加强国内法治方面，各国有权自主选择符合本国国情的法治模式，不同法治国家之间应相互尊重、相互包容、相互借鉴、共同发展。中国政府将以“建设法治中国”为目标全面推进依法治国，做到科学立法、严格执法、公正司法、全民守法。在加强国际法治方面，必须维护《联合国宪章》权威，严格遵守国家主权平等、不干涉内政等公认的国际法原则，善意履行和统一适用国际法，避免双重标准，反对滥用争端解决机制和方式，促进国际关系民主化和法治化。

联合国在冲突后建设和平领域取得了显著成绩、积累了丰富经验，但也面临不少挑战。王民指出了联合国展开冲突后建设和平工作应该注意的问题。首先，冲突后建设和平应充分尊重当事国的自主权。冲突后国家对本国建设与和平负有首要责任。国际社会在协助当事国开展建设和平工作时应尊重其意愿，努力帮助其加强国家能力建设，提高治理水平，同时要考虑到不同国家的国情差异，采取统筹协调、有针对性的工作方式，加强与当事国的伙伴关系。联合国及有关机构在协助当事国制定建设和平综合发展战略时，应尊重当事国自主确定的优先领域，重点致力于稳定安全局势、推动政治和解、加强民主建设，高度重视解决威胁和平与安全的根源性问题，特别是经济与社会发展问题。建设和平也要制定撤出战略，实现向持久和平与可持续发展的顺利过渡。其次，冲突后建设和平应

---

① 参见 2017 年 5 月 21 日，中国新闻网（http：//www. chinanews. com/n/2003 - 09 - 25/26/350505. html）。

② 同上。

最大限度地发挥资源效用。联合国应继续关注建设和平所面临的筹资、专家队伍建设等问题，敦促国际社会继续向冲突后建设和平工作提供资源，共同努力拓展筹资管道。联合国建设和平基金也应进一步完善工作机制，加强绩效管理，提高资金使用效率。最后，还应进一步发挥非盟等区域组织和次区域组织在建设和平领域的独特优势。王民同时强调，中国一贯支持冲突国家建设和平的努力，愿与国际社会一道，为帮助冲突国家实现持久和平稳定、促进经济社会可持续发展做出应有的贡献。①

2017 年 2 月，外交部长王毅在德国波恩出席二十国集团外长会第二阶段会议，就“在复杂世界中维持和平”议题发言强调，中方始终坚持走和平发展道路，坚定做世界持久和平的维护者和建设者，愿同国际社会一道努力，共建共享一个持久和平、普遍安全的世界。他对于中国未来积极参与战后和平秩序提出更为具体的要求。即：第一，以正确的理念引领。各国要摒弃零和思维，树立共同、综合、合作、可持续的安全观，构建“对话不对抗、结伴不结盟”的伙伴关系。这是习近平主席在人类命运共同体理念中提出的重要主张，也是通往持久和平、普遍安全世界的必由之路。第二，以普遍的规则指导。应坚持联合国宪章的宗旨和原则，特别是尊重各国主权、和平解决争端、不干涉内政等。不能搞合之即用、不合则弃。宪章确立的以安理会为核心的集体安全机制，是通往持久和平的重要保障，必须始终不渝加以维护。第三，以综合的手段促进。预防冲突、维持和平、冲突后重建等各项工作都是持久和平的核心要素，必须整体设计，统筹协调。干预行动要充分听取当事国和相关地区组织意见，由安理会做出判断和决定。维和与重建要加强衔接，将支持当事国能力建设作为优先任务。第四，以包容的合作实现。联合国应发挥主渠道作用，为各方提供开放、透明平台，通过协商凝聚共识，优势互补形成合力。二十国集团等机制也应发挥各自优势，奉献力量。

---

① 参见《联合国应从四个方面推进冲突后建设和平工作》，2016 年 12 月 27 日（http://www.un.org/chinese/News/fullstorynews.asp?newsID=16553）。

二　中国对战后和平行动的支持

（一）理论创新

中国一贯支持联合国在国际事务中发挥重要作用，强调联合国和平行动要以《联合国宪章》的精神为指导，恪守《联合国宪章》宗旨与原则。20 世纪 90 年代，针对维持和平行动，中国国务院副总理兼外交部长钱其琛就提出应该确立行动的基本指导原则，这也是中国政府首次全面、完整地提出联合国和平行动应遵循的基本原则。①

中国认为和平行动应该遵循联合国宪章的宗旨和原则。中国政府一再表明中国支持符合《联合国宪章》的和平行动，维护安理会地位和《联合国宪章》的尊严，强调和平行动中尊重有关国家主权的重要性；② 同时，主张大会和秘书长也均应按照《宪章》的规定发挥其应有的作用，大会根据安理会的决定和授权负责实施各项和平行动的权力也应得到尊重。联合国派出人员应是和平的维护者，而不是冲突的制造者，和平行动的成功取决于会员国和冲突的各方和平解决争端的政治意愿，所以中国主张在国际和平行动中，不能采取双重标准，不能把个别或少数国家的政策主张强加给安理会，不能允许少数国家借联合国和平行动之名，干涉别国内政。

联合国主导下的和平行动只是联合国促进国际和平与安全、巩固集体安全的重要手段之一。一方面，和平行动不只是单纯的军事行动，而且是涵盖政治的援助和经济支持、社会的重建等多种要素的综合性行动。另一方面，由于全球金融危机的持续蔓延，维和资源日益紧缺，为加强联合国和平行动的有效性，联合国会员国应该按时缴纳会费，确保和平行动顺利开展，各方应该探讨创新融资管道，支持对和平行动的评估与监督等。

中国坚持在和平行动的开展要以受到联合国安理会的授权为前

① M. Taylor Fravel, "China's Attitude towards UN Peacekeeping Operations since 1989", *Asian Survey*, Vol. 36, 1996, p. 95.

② James D. Perry, "Operation Allied Force: The View from Beijing", *Aerospace Power Journal*, Vol. 80, Summer 2000, p. 209.

提。如果没有联合国安理会明确的授权，和平行动可能会被某些大国或国家集团利用来达到自己的战略意图或实际利益。在联合国和平行动的实践上，中国政府始终坚定明确授权的立场。例如，中国政府曾坚决反对以美国为首的北约对南联盟的军事行动，支持联合国发挥积极作用，要求通过谈判和平解决科索沃问题，并主张解决方案应充分听取和尊重南联盟的意见。①

（二）实践贡献

1981 年 12 月 14 日中国第一次投票赞成增派联合国驻塞浦路斯的维和部队。1988 年 12 月，中国正式成为维和行动特别委员会成员，并开始参加联合国对维和行动的审议工作。1990 年，中国第一次向中东地区派遣了军事观察员，此后陆续向"联合国停战监督组织"，"联合国伊拉克—科威特观察团"，"联合国柬埔寨先遣团"，"联合国柬埔寨临时权力机构"，"联合国西撒哈拉公民投票特派团"，"联合国莫桑比克行动"，"联合国利比里亚观察团"，"联合国塞拉利昂观察团"，"联合国塞拉利昂特派团"，"联合国东帝汶过渡行政当局"，"联合国阿富汗特派团"，"联合国埃塞俄比亚—厄里特里亚特派团"，"联合国刚果（金）特派团"等联合国维和行动组织派出军事观察员、军事联络官、军事顾问和工程兵部队等军事人员。非洲首位女总统、利比里亚总统瑟利夫（Sirleaf）高度评价了中国维和官兵的杰出贡献："利比里亚人民要拥抱中国维和部队。这里的百姓赞扬中国维和部队为发展利比里亚所做出的贡献。赞扬他们严明的纪律和高效的工作方式。这也提升了中国人的形象，所以他们在这里非常受欢迎。"② 联合国特派团一名高级官员形象地说："联合国特派团任务是在中国运输分队车轮的支撑下推进的。"③

1988 年 12 月 6 日，第 43 届联合国大会一致同意中国加入联合国维持和平行动特别委员会，这是中国参加联合国和平行动的开

① Bates Gill and James Reilly, "Sovereignty, Intervention and Peacekeeping: The View from Beijing", *Survival*, Vol. 42, 2000, p. 65.

② 赵蔚彬：《国际维和与中国"蓝盔"》，《世界知识》2008 年第 3 期。

③ 2017 年 1 月 25 日（http://news.xinhuanet.com/mil/2007-07/31/content_6453517.htm）。

端。1988 年 12 月，安理会通过了向纳米比亚派遣联合国过渡时期协助团的决议。1989 年 5 月，中国派出观察组到纳米比亚观察其独立进程，并派出 20 名文职人员参加联合国驻纳米比亚过渡时期协助团，参与对纳米比亚制宪议会选举的监督工作。这表明中国已经正式开始参加联合国和平行动。1990 年，中国第一次向联合国停战监督组织派出 5 名军事观察员。1992 年 4 月，中国向联合国柬埔寨临时权力机构派出由 400 名官兵组成的工程兵大队，开创了中国军队派遣成建制部队参与联合国维和行动的先河。2002 年 1 月，中国正式参加联合国和平行动一级待命安排，并准备在适当的时候向联合国和平行动提供工程、医疗、运输等后勤保障分队。

目前，中国成建制的维和部队主要集中在非洲，中国已成为非洲维和机制中的主要力量之一。自 1990 年以来，中国已经参加了联合国在非洲的 9 项维和行动，占中国全部维和任务的 56%，先后派出 3000 多名维和人员，占中国维和总人数的 50%。依照维持和平的职能特性，联合国维和行动可以分为四类，即监督停火及脱离接触、预防性部署、单一任务的维和特派团、综合性维和行动。就中国在非洲的维和行动而言，大致可以划分为三种类型，即“监督停火及脱离接触”“单一任务的维和特派团”“综合性维和行动”。中国参与最多的是“综合性维和行动”，其次是“监督停火及脱离接触”行动，“单一任务的维和特派团”位列第三。迄今，中国从未参与联合国“预防性部署”。需要强调的是，“监督停火及脱离接触”是中国参与最为谨慎的维和类型。这种维和主要发挥军事效用，是希望在冲突各方之间起到一种隔离或缓冲的作用，而且交战方往往是相互敌对的国家，其任务严峻，情况复杂，维和期限也比较漫长。与之相反，中国更倾向于参与“综合性维和行动”。中国主张，“维和行动应重在发挥政治优势和综合功能，避免片面强调军事职能。只有这样，维和行动才有利于驻在国和地区的长治久安，赢得广泛支持并获得成功”。

有限参与“监督停火及脱离接触”行动，而积极参与“综合性维和行动”显示：中国卷入国家间冲突较少，更多参与解决缺少外部势力干扰的国内冲突。一些外国学者曾经认为，中国对联合国维和行动采取了谨慎、保守的态度，支持传统的维和行动，而反对非传统的维和行动。认为中国对维和的保守态度来自于对国家主权原则这一规范的维护。但事实上，随着维和实践的深入，中国开始辩证地看待主权原则与道义原则，认为不干涉他国内政是遵守国际法准则，但当别国处于危急时刻、主动提出维和请求时，充分顾及和平大义，及时出兵维和也是履行国际道义。但道义原则必须服从于主权原则，即维和行动必须征得当事国的同意，并严格尊重其独立、主权和领土完整。[①] 每项维和行动都必须有明确的任务权限规定，任何国家都不得利用维和行动牟取私利或干涉别国内政。上述思想表明，中国更多从动态而非静态角度理解国家主权，对主权原则的理解程度会强烈影响中国参与维和行动的方式。国际道义的因素在中国新时期的外交战略和外交实践中正起着日益显著的作用。

实践中中国逐渐认识到和平行动是在当时国际形势下维护国际和平与安全的重要手段，能起到和平解决争端和缓解紧张局势的作用。作为安理会常任理事国之一，中国参与和平行动的态度逐渐从“不介入”发展为“全面参与”，以推动国际政治、经济秩序朝公正、合理的方向发展。1988 年以来，中国共向 28 项联合国和平行动派出军事人员、警察和民事官员 19000 余人次。

中国认为，维和行动应在《宪章》的宗旨和原则的指导下进行，并遵循联合国在多年实践基础上形成的行之有效的原则，特别是尊重国家主权、不干涉内政、当事方同意及除自卫外不得使用武力等原则。中国支持联合国维和行动，积极参加安理会和维和特委会的有关讨论。中国对联合国维和行动改革持积极态度，希望加强其作用，提高其效能，增强维和行动的快速反应能力，并在冲突后重建领域发挥更大作用。中国支持严肃维和人员纪律，调查并严惩维和人员中存在的性剥削等玷污维和行动声誉的行为。作为安理会常任理事国，中国十分重视联合国在维和领域的工作，并做出了自己的贡献。

中国不仅增加了自身对联合国在战后法治行动的支持，甚至在

---

① Norrie MacQueen, *Peacekeeping and International System*, Routledge, 2006, p. 17.

某些领域成为了核心力量，为维持和平、解决争端、消除战祸等发挥了重大和独特的作用。近年来，随着改革开放的深入、经济建设的蓬勃发展和综合国力的不断增强，中国在参与联合国和平行动事务中的能力和范围不断拓展、投入不断增多，使参与和平行动的规模更为扩大、程度更为加深，充分展示了中国作为世界“负责任大国”的形象和风范，并全面提高了中国的国际地位、强化了国际安全合作。

一方面，中国维和部队为促进和平、解决争端、维护地区安全稳定、加快有关国家经济和社会发展做出了实实在在的贡献。在一些国家不太愿意提供医护人员和工程人员的情况下，中国向柬埔寨、东帝汶、海地、刚果（金）等国的联合国维和区派出了大量工程、运输、医疗部（分）队。截至 2017 年 7 月，中国维和工兵部队在执行任务的地区累计新建、修复道路 1.3 万多公里，修筑桥梁 300 多座，运输总里程 1300 多万公里，排除地雷及各类未爆炸物近万枚，接诊病人 17 万人次。[①] 联柬机构主席明石康（Yasushi Akashi）高度评价说：“没有中国工兵的参与，联合国驻柬埔寨临时权力机构不可能取得如此大的成功。”[②] 联合国副秘书长格诺（Geno）指出，“联合国需要纪律严明的部队，中国派出的恰恰是这样的部队；联合国需要专业技术强的部队，中国派出的恰恰是这样的部队”，“中国人民解放军使维和行动焕然一新，他们帮助着远方的人民，改善着他们的生活，大大增强了联合国维和行动的力量”。[③]

另一方面，中国维和警察协助饱受战火蹂躏的任务区社会恢复，促进社会、经济和政治稳定。面对充满暴力流血和敌对冲突的混乱环境，中国维和警察出色完成了东帝汶独立后的第一次总统大选和议会大选的安全保卫工作，他们在国家指挥中心、弱势群体保护、行动指挥、人事部门、地区分局等重要部门担任要职，为维护东帝

---

① 新华社特稿：《守护和平的力量：中国军队海外维和故事》，《新华每日电讯》2017 年 7 月 13 日。

② 刘逢安、蔡鹏程、王安民：《总参某工程兵旅赴国外执行联合国维和任务纪事》（2006 年 9 月 15 日），2017 年 1 月 25 日，中国军网（http：//www. chinamil. com. cn/sitel/2006ztpd/2006 -09/15/content_ 586532. htm）。

③ 赵蔚彬：《国际维和与中国“蓝盔”》，《世界知识》2008 年第 3 期。

汶社会稳定和协助国家重建做出了积极贡献。在海地，中国维和警察防暴队的主要任务包括配合和支持当地执法工作，处置群体性治安突发事件，参与重大公共活动的现场警卫，以及组建、培训当地警察防暴队。中国维和警察防暴队在海地期间表现优异，被誉为“模范警队”和参观示范点。联海团特别代表埃德蒙·穆莱特（Edmund Mulet）褒扬中国防暴队：“为推进海地和平进程和维护世界和平事业做出了杰出贡献。”①

此外，中国还对联合国维和机制的原则提出了自己的观点和主张：“联合国维持和平行动应遵循《联合国宪章》的宗旨和原则，特别是尊重国家主权和不干涉内政的原则；维持和平行动应事先征得当事国同意、严守中立以及除自卫外不得使用武力；应坚持以斡旋、调解、谈判等和平手段解决争端，不应动辄采取强制性行动，不能实行双重标准，不能借联合国之名进行军事干涉；应坚持实事求是，量力而行，不在条件不成熟时实施维持和平行动，更不应使之成为冲突一方，偏离维持和平行动的根本方向。”② 中国提出的这些原则体现了发展中国家的利益诉求和愿望，有助于保持联合国维和行动作为重要的国际安全机制的活力，推动了维和机制的完善。中国广泛地参与联合国在战后的建设和平行动，除了提供军事和警力上的支持以外，还包括资金和社会发展方面的援助。

中国支持建设和平委员会及建设和平基金的工作。中国认为委员会应重视三方面工作：一是既要在受援国开展速效项目，也要着眼其长远发展；二是充分尊重受援国的意见，确定好优先领域；三是发挥好在各相关机构之间的协调作用，并加强与联大、安理会、经社理事会等机构的合作。③

此外，中国在一些重点区域给予了大量的经济和社会发展层面的援助。向苏丹南方提供了6600万元人民币的无偿援助，并为南

---

① 参见2017年5月21日，人民网（http://war.163.com/07/1228/08/40PMJBO500011MTO.html）。

② 中华人民共和国国务院新闻办公室：《2000年中国的国防》，《人民日报》2000年10月17日。

③ 中国外交部：《第63届联合国大会中方立场文件》，2016年12月23日（http://www.fmprc.gov.cn/chn/gxh/wzb/zxxx/t512750.htm）。

方培训人才，参与南方建设，向达尔富尔地区提供了1.8亿元人民币的人道和发展援助，向非盟和联合国信托基金分别提供了230万美元和100万美元捐款，积极参与联合国苏丹特派团和联合国非盟达尔富尔特派团的和平行动；在索马里冲突中，中国支持索马里过渡联邦政府寻求民族和解以及非盟和有关地区组织为推动索马里和平进程所做的努力，呼吁国际社会加大对索马里过渡联邦政府和非盟在索马里和平行动的支持力度，近年来，也多次向索马里过渡联邦政府和非盟在索马里和平行动提供援助。[①]

三　中国参与维和亟须解决的问题

第一，庞大的维和经费增加财政支出负担。显然，目前维和规模和维和经费都无法满足世界对维和的真实需求，中国如果想大规模参与维和行动，扩大维和行动的话语权，一个最直接的要求就是继续大规模增加投入到维和行动中的经费。联合国很乐见中国扩大对维和行动的投入。但是，在当前形势下，中国没有必要突出强调要大规模参与维和行动，大幅度提升维和行动的话语权。如果不顾国情，将大量的人力、物力和财力投入到联合国维和行动，对中国来说是得不偿失的。

第二，中国提升维和行动的话语权可能引发利益冲突。提高在维和行动中的话语权是否与我国现有国力相符合是我们要考虑的又一个问题。中国大幅度提升参与联合国维和行动规模，势必打破原有维和机制中大国博弈的平衡。冷战以来，维和机制有了重大改观，发展中国家在维和行动中的话语权得到了大幅度的提升，但是从根本上来讲，联合国维和行动在很大程度上还是由个别大国把持的。如果中国要大规模扩大参与维和的规模，势必和一些国家步调不一致，某些时候甚至会出现对立的意见。若中国在维和行动中的话语权在短期内盲目提升，则其同原有维和行动话语权把持者的冲突将大大增加。

欧美等国对联合国维和行动的相对控制力可能下降，这是因为

① 中国外交部：《第65届联合国大会中方立场文件》，2016年1月3日（http：//www.mfa.gov.cn/chn/gxh/tyb/zyxw/t751978.htm）。

发展中国家相对提升了联合国维和行动的话语权。但绝对控制力下降的幅度不会很大。在一些其利益相关地区的控制力则会不降反升。而中国在这些地区维和的大国博弈中势必处于劣势。中国主观提升维和话语权的愿望将和欧美等国的反弹产生矛盾。由于欧美等国对维和行动的绝对控制权在未来长时间内是不会改变的，中国要提升联合国维和行动话语权的愿望难以有突破性进展。

第三，中国参与程度有待提升。尽管目前中国维和军事人员的数量在联合国安理会5个常任理事国中居首位，但中国在所参与的各项维和行动中并不承担主导角色，这表明中国参与维和的范围虽广，但深度不够。因此，中国维和的重点应体现在质的提高上，中国不仅要作为一个普通的参与者，而且要努力成为调控者。首先，在机制的完善方面，中国的主张应该更加具有建设性。1971年中国在联合国恢复席位以来，逐渐加入了各种讨论，但是中国对于与自己国家利益的讨论参与得并不充分。[①] 中国应在承担国际义务的同时，在国际机制中维护自己的国家利益，取得权利与义务平衡的保障，提出建设性倡议。而要做到这些，需要一个国家具有远大的战略眼光、系统深入的研究和创新的思维，以及良好的决策机制和协调机制。这是中国今后必须努力加强的。其次，在参加维和行动上，中国部署的维和任务应更具选择性。并非所有的维和都适合中国参与。而非洲是联合国维和行动的重点区域，也应是中国参与维和的重点区域。最后，目前，无论经费支持能力，还是人员训练培训能力，中国都还不能与主要发达国家相提并论。在提高维和人员素质方面，中国的培训工作应更具系统性。[②]

第二节　中国积极参与战后国际秩序重建

实现战后社会的和平与稳定是一项系统工程，涉及许多方面。

① ［美］伊丽莎白·埃克诺米、米歇尔·奥克森伯格：《中国参与世界》，华宏勋等译，新华出版社2001年版，第67页。

② 张慧玉：《中国参与联合国维和述评》，《现代国际关系》2009年第2期。

除司法公正和法治外，还包括建立具有广泛代表性的政府，从而更加高效地促进民族和解，实现民族和谐共处；还包括创造良好的治安环境，让重建工作安全有序地进行。在冲突国家的法治建设方面，中国应该一如既往地支持联合国的相关行动，尤其应该在帮助战后确立司法公正与法治方面发挥积极的作用。应充分尊重有关国家的主权，坚持不干涉其内政。应最大限度地维护战后建设国家层面法治的自主权，发挥其能动性，应将协助的重点放在财政、技术支持及能力建设方面。应根据各国的不同国情，建立与之相适应的国内法治，不能搞“一刀切”，任何有效的法治模式都必须符合有关国家的政治体制和历史文化传统。

如果说中国积极投入联合国倡导的和平行动，表现出对战后法治的直接支持，那么中国对于国际法基本原则的发展、对国际司法的贡献，以及中国对与战后相关的一些国际问题的独特见解都反映了中国作为负责任大国间接参与到战后法治行动中的诚意和决心。

一　中国对国际法基本原则的发展

中国对国际法的发展间接促进了战后国家的法治。例如，中国倡导的和平解决国际争端业已成为一项国际习惯法。20 世纪 50 年代，中国政府在关于和平解决朝鲜问题的政治会议的声明中提出以协商方式解决争端。此后，新中国一贯坚持和平解决国际争端，始终坚持平等协商和谈判是解决中外争端的基本方式。随着中国不断参与国际法律实践的进程，和平解决国际争端的方式在国际法实践中越来越多地得到体现。针对冲突情势，中国一贯主张冲突双方通过直接会谈、友好协商来澄清事实、消除误会；通过谈判与协商增进彼此间的信任，促进冲突的合理解决。①

中国积极参与和战后社会相关的国际立法，不仅积极选派自己的代表，而且积极通过书面和口头建议、评论和意见参与国际法律的制定。1998 年 7 月，在意大利罗马举行的建立国际刑事法院外交大会以投票表决的方式通过了《国际刑事法院罗马规约》。为确保

① 中国外交部：《第 59 届联合国大会中方立场文件》，2017 年 1 月 5 日（http: // www. mfa. gov. cn/chn/gxh/zlb/zcwj/t146390. htm）。

法院启动后的顺利运作，罗马大会决定设立国际刑事法院预备委员会，完成法院正式成立前的必要准备工作。根据联大有关决议，预委会于2000年在纽约联合国总部召开了三次会议，起草《罪行要件》《程序与证据规则》及其他有关文件。中国作为罗马大会最后文件签字国之一，本着认真、务实、建设性的态度，积极参与了预委会的各项工作，并提出了许多重要的建设性意见，其中就第1条第2款“侵略行为”的定义问题，中国指出应当全面考虑联合国既有决议的规定，包括第3314号关于侵略罪定义的决议，认为“决议对侵略行为的定义来之不易，是综合考虑各种因素、全面平衡各方关切的产物……因此，中方认为，保持3314号决议的完整性十分重要”。此外，“关于第一条第四款和第五款，中方认为，安理会对侵略行为的认定是国际刑事法院对侵略罪行使管辖权的前提条件，其他机关无权代替安理会做出上述认定。这源自《联合国宪章》第二十四条和第三十九条赋予安理会在维持国际和平与安全方面的主要权力和责任，也与现行有效的集体安全机制相协调。同时，根据《宪章》第一百〇三条的规定，宪章义务优先于联合国成员国在其他国际协议，包括《罗马规约》下的义务，因此，在侵略罪定义方面，所有联合国成员国，不论其是否是《罗马规约》的缔约国，都有义务维护安理会在涉及国际和平与安全问题方面的权威”。①

中国在联合国维和行动中充分体现了大国责任。在2016年第71届联合国大会中方立场文件中，中国政府郑重表明：联合国维和行动是联合国维护国际和平与安全的重要手段。中方支持联合国维和行动在坚持“当事方同意、中立和非自卫或履行授权不能使用武力”为核心的“哈马舍尔德维和三原则”基础上，充分履行职责。中国持续支持联合国维和行动与时俱进，进行合理必要改革，不断发展创新。中国目前已派出维和人员3.6万人次，目前有2500余名维和人员在8个任务区执行维和任务。中国是安理会五个常任理事

① 《中国代表王宗来在国际刑事法院罗马规约第五次缔约国会议续会上的发言》（2007年1月28日），2017年2月4日（http：//www.china-un.org/chn/zgylhg/flyty/gjft/t348867.htm）。

国出兵最多的国家，也是第二大维和摊款出资国。国家主席习近平在联合国成立70周年系列峰会期间宣布中国支持联合国维和行动的一系列重要举措，目前各项后续落实工作正在稳步推进。中方将认真落实各项承诺和措施，继续积极、深入参与联合国维和行动，维护世界和平与安全。

二　中国对国际司法的贡献

（一）中国对前南法庭做出贡献

为提高并维护国际法治，中国一直在国际司法机构建设上采取较为积极的态度。1993年5月，根据联合国安理会的决议，为审理前南联盟期间国内对国际法的严重破坏，前南国际刑事法庭得以成立，由联合国大会选出的11位法官组成。1993年9月15日，联合国大会进行选举，来自中国的李浩培以111票的多数当选前南刑庭的首任法官。在前南刑庭成立初期，李浩培积极参与制定法庭的诉讼程序和证据规则，于1994年2月完成了该规则的第一个文本。随着案件处理的逐步扩大和深入，法官全体会议均就规则缺漏和不妥进行修改补充。李浩培一直是每次法官全会间隔期间修改规则工作小组的成员，对各项规则的制定和修改提出宝贵的意见，对完善法庭的规则做出了贡献。随后1996年1月和1997年7月，李浩培两次前往卢旺达刑庭所在地坦桑尼亚的阿鲁沙，参加卢旺达国际刑庭的法官全体会议，讨论卢旺达国际刑庭的工作和修改法庭的诉讼程序和证据规则。①

1997年3月，经联合国大会选举，来自中国的王铁崖继任前南国际刑事法庭法官，在卢旺达国际刑庭坎亚巴施一案中，被告方质疑法庭组成人员的资格问题，进而认为法庭不具备管辖权。王铁崖则结合前南法庭的审判实践，发表了精辟的见解，他认为法庭对一案有无管辖权和一个法庭的组成人员有无资格行使职权是两个必须严格区别开来的概念。如果认同法庭人员的资格或能力也属于管辖权问题，任何一案的当事人都有可能来挑法庭组成人员在资格上的

① 凌岩：《联合国卢旺达问题国际刑事法庭》，《人民司法》2005年第3期。

“瑕疵”，从而在策略上，每案都会来质疑法庭的管辖权问题，这样法庭的审理进程将被迫拖延，法庭的工作也将不堪重负。进而裁决法庭具有管辖权，从而奠定了前南国际刑庭法官在涉诉问题上的管辖权基础。[①]

（二）中国积极支持和参与国际法院的工作

“中国支持加强国际法院在和平解决国际争端方面的作用，支持法院不断改进其工作方法，希望法院在维护国际秩序稳定、伸张正义方面发挥积极作用。各国自由选择和平解决争端方式的权利应得到尊重。”[②] 如前所述，国际法院享有咨询管辖权。总体上看，国际法院发表的咨询意见在为申请咨询意见的实体提供法律指导、预防和解决国际争端，以及阐明和发展国际法方面发挥了巨大的作用。虽然咨询意见在有些案件中没能直接解决所涉及的法律争端，但也富有权威性的道德力量。[③] 不管最终结果如何，国际法院至少在某一方面促进了争端的有效解决，或者在某一阶段促使争端方情绪冷静，更理性地对待冲突。

2008 年，针对塞尔维亚提出的“关于确认科索沃宣布独立是否符合国际法”的动议，国际法院邀请联合国及其会员国，以及所涉争议方发表意见。中国就科索沃单方宣布独立案提交书面声明并发表口头意见，这也是中国第一次参与国际法院的司法程序。中国认为，科索沃单方宣布独立案提出了国际法的一系列基本问题，关系着巴尔干地区的长期和平与稳定，并影响国际法律秩序。联合国安理会应根据第 1244 号决议，组建联合国科索沃临时行政当局特派团对科索沃进行临时管治。1244 号决议的目的是使科索沃人民“在南斯拉夫联盟共和国内”享有高度自治。而且，该决议反复强调各会员国对南斯拉夫联邦共和国及该地区其他国家的主权和领土完整的承诺。争议各方应当通过善意谈判的方式，积极讨论双方都能接

---

① 张慎思：《国际法院的中国法官》，《法律与生活》2005 年第 20 期。

② 中国外交部：《第 59 届联合国大会中方立场文件》，2016 年 1 月 5 日（http://www.mfa.gov.cn/chn/gxh/zlb/zcwj/t146390.htm）。

③ 刘芳雄：《国际法院咨询管辖权研究》，浙江大学出版社 2008 年版，第 37—119 页。

受的解决办法。只有这样才能达到公平合理的结果，维护巴尔干地区的持续稳定。任何单方面行动只会对争端的和平解决造成阻碍。单方宣布独立的行为不符合国家主权原则。人民自决原则不能在科索沃案例中适用。人民自决原则一直适用于殖民统治和外国占领的情形，即使殖民统治在世界范围内结束，人民自决权的适用范围还是没有改变。联合国大会在2000年9月8日通过的联合国千年宣言中，再次强调了人民自决原则只适用于殖民统治和外国占领的情形，不能干涉一国内政。国际法院也在其提出的几项咨询意见中援引了人民自决原则，认可了曾经被殖民统治或在外国占领之下的人民享有自决权。如在纳米比亚案中，法院做出这样的陈述：人民自决原则适用于所有的非自治领土，这已被庄严地载入联合国宪章。① 中国参加科索沃单方宣布独立案的咨询过程是中国积极参与国际司法程序的开端，这种参与过程是表达中国立场、维护中国国家利益的一个重要而有效的途径。

（三）中国与国际刑事法院

作为国际社会维护国际法治，解决国际武装冲突中责任人承担法律后果问题的重要司法机制，完善的国际刑事司法程序，尤其是具有普遍性的国际刑事程序，一直是中国与国际社会不断努力的方向。事实上，中国最早参与国际刑事司法程序可以追溯到二战后远东国际军事法庭的审判工作。此后尽管由于各种原因缺位于国际舞台，但中国一直对此保持着高度的关注，认为“建立国际刑事法院是国际社会由来已久的理想和奋斗目标，一个独立、公正、有效和具有普遍性的国际刑事法院对国家司法系统和国际刑事司法合作制度将起到补充作用，这是国际社会和国际法发展与进步的体现”。②

中国外交部2008年的立场性文件中也阐明“中国谴责一切形式的犯罪行为，支持各国为消除‘有罪不罚’所做的努力，鼓励国际社会就此开展合作……中国支持建立一个独立、公正、有效和具

① 参见孙思佳、秦亚东《论中国对国际法院咨询程序的参与》，《黑龙江社会科学》2010年第4期。

② 《中国政府代表王光亚在罗马外交大会上的讲话》，《法制日报》1998年6月18日第4版。

有普遍性的国际刑事司法机构，以惩治最严重的国际罪行”。[①] 近年来，中国政府支持建立前南和卢旺达国际刑事法庭，支持建立一个独立、公正、有效和具有普遍性的国际刑事司法机构，并全程积极参与了《国际刑事法院规约》的谈判，发挥了应有作用。

1998 年 7 月 17 日，在意大利罗马举行的联合国设立国际刑事法院全权代表外交会议上，《国际刑事法院罗马规约》顺利通过，2002 年 4 月 11 日，批准《罗马规约》的国家已超过规约规定的批准国家数，因此，《罗马规约》于 2002 年 7 月 1 日正式生效。在国际刑事法院创设的整个过程中，作为罗马大会最后文件签字国之一，中国积极参与了设立国际刑事法院筹备委员会、罗马大会及其后的国际刑事法院预备委员会的各项工作。其中，在法院《程序与证据规则》的起草讨论过程中，中国代表的立场和观点多被纳入案文，不仅有助于法院和主权国家之间司法权能的平衡，同时也为保证《程序与证据规则》的制定不偏离正确的轨道起到了重要建设性作用，中国在联大发言中强调，在将来法院适用和解释《程序与证据规则》的过程中，应严格遵循从属于规约的基本原则。由此，中国作为国际刑事法院设立中的参与国为其最终成立做出了积极而又重要的贡献，获得了国际社会的广泛认同。

此外，中国还在国际刑事法院建立后以观察员身份参与对《罗马规约》的审议活动，对国际刑事法院涉及的诸如“侵略罪定义”“普遍刑事管辖权”以及“国际刑事法院与联合国安全理事会的关系”等重大国际法问题上阐述了中国的看法。

国际刑事法院成立以来，中国政府也一直关注着法院的发展，还派代表作为观察员列席了国际刑事法院的缔约国大会。[②] 2002 年 10 月，在联合国大会上，中国代表表示，中国政府积极参加了建立国际刑事法院的全过程，并愿意看到法院能够发挥预期的作用。虽然中国尚不是国际刑事法院规约的缔约国，但中国政府将继续本着

① 中国外交部：《第 59 届联合国大会中方立场文件》，2017 年 1 月 5 日（http：//www. mfa. gov. cn/chn/gxh/zlb/zcwj/t146390. htm）。

② 新华社联合国 2003 年 2 月 7 日电，http：//news. xinhuanet. com/newscenter/2003 - 02/08/content_ 718898. htm.

认真和负责任的态度，关注国际刑事法院的进展和运作情况，并愿意为国际社会的法治化做出进一步的贡献。①

中国选择不加入国际刑事法院本身也有合理性，但仍与一个大国所应有的责任不相符。② 中国代表团对中国所持的反对立场提出如下五点理由：第一，中国政府不能接受规约近乎强制的普遍管辖权，认为它不是以自愿接受为基础，违背了国家主权的原则。第二，中国代表团认为，法制健全的国家有能力惩处国内武装冲突中的战争罪，在惩治这类犯罪方面比国际刑事法院有着更加明显的优势，因此反对将国内武装冲突中的战争罪纳入国际刑事法院的管辖。第三，规约在反人类罪的定义中删去了“战时”这一重要标准，在反人类罪的具体犯罪行为列举上，也远远超出了国际习惯法和现有的成文法，这实际上是在建一个人权法院，而不是惩治最严重犯罪的刑事法院。第四，规约允许法院在安理会没有做出是否存在侵略行为的判定之前就行使对于侵略罪的管辖，不利于安理会履行宪章所赋予它维护国际和平与安全的责任；此外，规约对安理会为维持国际和平与安全履行职能而要求法院中止运作，只规定了12个月的期限。这不利于安理会旅行联合国宪章所赋予的职能。第五，按照规约规定，检察官可以自己根据个人和非政府组织提供的数据主动提起犯罪调查，中国政府对检察官的这种自行调查有着严重保留，认为这会使检察官或法院因为权力过大而成为干涉国家内政的工具。

一方面，对于法律全球化的实践而言，中国尚缺乏一个明确的文化定位，也缺乏应有的态度和立场。③ 中国认为，一个法制健全的国家与国际刑事司法机构相比，更有能力去处理武装冲突中战争罪的问题；此外，尽管对于这种模式选择性管辖的问题有相关临时性安排，但是又从原则上否定了这一方式；并且，由于国际刑事法

---

① 中国代表关键先生在第57届第六委员会关于“设立国际刑事法院”议题的发言，2002年10月15日（http：//www. china-un. org/chn/zgylg/flyty/gjft/t40103. htm）。

② 苏晓宏：《中国参与国际司法的困阻与对策分析》，《华东师范大学学报》（哲学社会科学版）2004年第36卷第3期。

③ 卢建平：《中国加入国际刑事法院的文化定位》，2015年3月1日（http：//www. criminallaw. com. cn/xingfaxue/xingfaxue/qyljpguoji. htm）。

院不是人权法院，涉及过多的人权因素，并不符合其宗旨——即为了惩治世界上最严重的犯罪而设置。

另一方面，国际刑事法院对其管辖范围内的犯罪可以实行管辖权，但是这个管辖权是对国内管辖的补充，即如果对案件具有管辖权的国家正在对案件进行调查和起诉或对案件具有管辖权的国家已经对案件进行调查，而且该国已经决定不对有关的人进行起诉，或有关的人已经由于作为控告理由的行为受到审判，法院应判定案件不可受理，也即一旦对于案件具有管辖权的国家启动了国内司法程序，国际刑事法院便无权行使对案件的管辖权，这便是所谓的补充性原则。[①] 序言第10段的补充性规则无疑尊重了国内管辖权的有限性，是对国家主权的尊重，这是积极的一面，但规约第17条第2款同时规定了国际刑事法院自身可以对国内法院正在进行的司法程序进行审查，以确定一国的司法系统是否存在“不愿意”或者“不可能”对个人追究刑事责任的情形。依照这一条款的规定，国际刑事法院可以对任何国家，包括非缔约国对国际犯罪追究刑事责任的情况进行审查并做出判断。

国际刑事法院的一个特点，也是中国始终无法接受它的一个最重要原因是无论是否缔约国，或是否接受管辖，国际刑事法院都会对其公民行使管辖权。《罗马规约》在这一点上违背了条约的相对性原则，是对国家主权的冲击和破坏。有权确定该国已经或正在进行的诉讼程序是否发生“不符合将有关的人绳之以法的目的”或“不当延误”或“没有以独立或公正的方式进行”，如果国际刑事法院已确定国内法院存在某些“不当”行为，便可以以此为理由行使管辖权。这一规定无疑使国际刑事法院成为某种意义上超国家的世界司法机构，这就与中国政府所坚持的主权原则发生冲突。

从国际法层面而言，国际刑事法院是国际法治的体现，国际刑事法院规约现如今已有120个缔约国，这就说明国际刑事法院的效力正在日益加强，在世界范围内已经获得了广泛的认同。[②] 尽管人类社会漫长的历史始终与战争纠缠在一起，但是人类构建和平与安

① 参见《国际刑事法院罗马规约》第17条。

② 宋丽弘：《中国加入国际刑事法院的必然性》，《当代法学》2008年第5期。

全的社会秩序从未停止过。违规受罚，符合人们所信仰的哲学和宗教中关于人类精神的一些基本的价值理念。从历史来看，对战争犯罪起诉通常仅限于对战败者或者对战胜方军队中的个别无赖战士进行起诉。实践证明，国内司法体系在这些情况下往往不能做到公正、公平。[①] 尽管国际刑事法院的管辖机制是补充性原则，但从对最严重的国际罪行不闻不问到予以严惩，它的成立无疑是迄今为止最令人振奋的成果。它对于构建国际法最本质的价值体系起着重要的支撑作用，是国际法的价值体现。

从另一个层面而言，国际刑事法院的设立也是全球治理的要求。一个休戚相关的世界，需要的是一个全球统一协调的治理模式。随着全球化进程的推进，法治适用的领域已经超越了民族国家的个体范围。国际刑事法院的萌生，正是各国相互依赖及法律共通性的必然结果。前南法庭、卢旺达法庭和国际刑事法院的设立，世贸组织争端解决机制的建立，以及一些国家国内法院对国外事务的管辖权，使得国际法不再是一种虚幻的力量，法治状态下的世界体系正在由共通性的国际法来加以强制性的保障。[②]

中国尽管支持国际刑事法院的行动，却反对刑事法院在冲突过程中不顾后果的盲目行动。正如中国在 2008 年支持联合国中止国际刑事法院起诉苏丹领导人。正如中国常驻联合国代表王光亚所指出的那样，达尔富尔问题错综复杂，解决达区问题的国际努力涉及方方面面。任何不顾客观条件、莽撞蛮干的轻率之举，即使有好的出发点，都不可能得到国际社会的认可与支持。他说，目前各方正在为推动达尔富尔问题的政治解决进程而奔忙，而这件事要想取得进展就离不开苏丹政府的全力配合。国际刑事法院检察官此时公开起诉苏丹领导人，是在一个不恰当的时间做出了一个不恰当的决定，将严重损害联合国与苏丹政府之间的政治互信与合作氛围，助长不愿加入政治进程的叛军组织气焰，损及达区脆弱、动荡的安全

---

① ［加］威廉·夏巴斯：《国际刑事法院导论》（第二版），黄芳译，中国人民公安大学出版社 2006 年版，第 2—3 页。

② 朱景文：《全球化条件下的法治国家》，中国人民大学出版社 2006 年版，第 867—906 页。

局势，自然遭到了非盟、阿盟、伊斯兰会议组织、不结盟运动等重要国际组织所代表的众多国家的广泛批评。对此，联合国安理会应予高度重视和充分尊重。

在第 71 届联合国大会中方立场文件中，我国政府再度明确表达了对于国际刑事法院的态度。我们将继续支持国际社会惩治严重国际罪行、促进实现世界和平和司法正义的努力。中国政府强调，国际刑事法院的工作应秉承促进国际和平与安全、维护全人类福祉的宗旨，与其他国际机制协调合作，避免干扰有关和平进程。也再次表达了我国对于战后司法的态度：法院严格遵循补充管辖原则，切实尊重国家司法主权，依法审慎行使职权，以客观、公正的表现赢得国际社会的广泛信任和尊重。

三　中国对与冲突相关国际问题的独特见解

中国最大限度地支持战后法治的工作，积极参与战后法治的建成，但是对相关问题有自己的观点，不盲从，展现了一个负责任大国的态度。

针对安理会制裁，中国主张谨慎使用制裁，要以用尽和平手段为前提。中国支持改进联合国制裁机制，为制裁设立严格的标准，加强制裁的针对性，设定明确的时限，尽可能减少制裁引发的人道主义危机和对第三国的影响。针对联合国国际和国家层面的两级法治，中国认为，实现法治是各国普遍追求的目标。各国有权自主选择适合本国国情的法治模式。各国的法治模式可以相互借鉴、取长补短和共同发展。

中国坚定支持并积极参与联合国和平行动，支持联合国和平行动在坚持“哈马舍尔德”和平三原则基础上，进行合理改革与创新，突出战略设计，加强与当事国沟通和协调，改进后勤工作机制，优化资源分配，提高和平行动的效率和效力及其部署、规划和管理的水平。

第三节　中国积极执行联合国制裁[①]

我国作为联合国安理会的常任理事国，遵守并执行安理会制裁决议应是题中之义，但与多数联合国成员国不同，我国是一个多法域的国家，香港特别行政区、澳门特别行政区、台湾地区与内地不仅制度不同，甚至分属于两大不同的法系，执行联合国制裁措施，就必然意味着需要在不同的法域获得一致的协调。而联合国制裁措施的执行有些需要政府层面的官方行为，例如断绝外交关系或者政治上的不承认（non-recognition），以及在国内法上不对执行进程进行干涉；有些则需要针对制裁对象采取具体法律措施，而这反过来又仰赖制裁措施在国内法上的有效适用、执行与强制实施，使得制裁措施符合宪政原则，以及立法、执法、司法的正当程序。在联合国制裁实践早期，制裁措施往往针对整个国家，但在晚近联合国制裁实践的发展却开始针对单个的个人实施措施，包括冻结财产、限制出境等具体的手段，那么在何种程度上安理会制裁措施能够剥夺我国不同法域不同法律规则所保护的个人权利，并且这些联合国制裁措施是否能够在我国各法域的法院进行司法审查，在理论和实践上都面临着相当复杂的问题。

一　中国执行联合国制裁的法律基础

关于国际条约在我国国内法上的地位问题，我国宪法无规定。不过，根据我国宪法第 62 条第 14 项、第 67 条第 14 项和第 18 项、第 81 条、第 89 条第 9 项的规定，国际条约在我国的缔结和批准，包括了两种程序：第一种是与战争与和平有关的条约批准程序，即全国人民代表大会有权决定战争和和平的问题，全国人大常委会有权在全国人民代表大会闭会期间，如果遇到国家遭受武装侵犯或者必须履行国际共同防止侵略的条约的情况，决定战争状态的宣布。

---

① 吴燕妮：《联合国制裁决议在香港特区的执行：争议与挑战》，《法学评论》2015 年第 3 期。

可以理解，全国人大决定战争与和平的权限包括批准缔结有关条约。1982年宪法实施以来，尚未发生过此类情况。第二种是和平时期的条约批准程序，即全国人大常委会有权决定同外国缔结的条约和重要协定的批准和废除，国家主席有权根据全国人大常委会的决定，批准和废除同外国缔结的条约和重要协定，国务院有权管理对外事务，同外国缔结条约和协定。从第二种条约批准程序来看，重要协定与一般协定的区分不明，导致一些诸如20世纪90年代若干中美知识产权协定之类的重要协定实际上均未履行全国人大常委会的批准程序。① 同时，全国人大作为制宪机关和修宪机关却没有批准条约的权力，这就造成实际的批准机关全国人大常委会有可能批准违宪的条约。因为根据宪法第62条第11项，全国人大仅有权改变或撤销全国人大常委会不适当的决定，而全国人大常委会批准条约一般都是采取决定的形式，如2000年8月25日第九届全国人民代表大会常务委员会第十七次会议通过了关于我国加入世界贸易组织的决定。可见，如果认为该处的"不适当"包含违宪的意思在里面的话，则全国人大就具有了改变或撤销全国人大常委会批准违宪的条约的权力。如此一来，我们可以推定，我国宪法的效力是优越于条约的效力的。

从实践来看我国的主要做法有两种。第一种是就具体义务分别采取立法措施，或制定新法规或修改现行法律，以履行所承担的条约义务。例如，根据《维也纳外交关系公约》和《维也纳领事关系公约》，我国制定了《中华人民共和国外交特权与豁免条例》，并且相应在《刑法》第11条中规定，"享有外交特权与豁免权的外国人的刑事责任问题，通过外交途径解决"；在《海关法》第52条中规定，"享有外交特权与豁免的外国机构或人员的公务用品或者自用物品进出境，依照有关法律、行政法规的规定办理"。按照《改善战地武装部队伤者病者日内瓦公约》要求缔约国采取必要措施，禁止例如滥用红十字标志或名称的规定，我国《商标法》禁止使用与"红十字""红新月"的标志、名称相同或近似的文字、图形做商

① 张乃根：《论条约批准的宪法程序修改》，《政治与法律》2004年第1期。

标。第二种做法是在有关法规中一次订出原则性条文，规定执行有关的一切对我国有约束力的国际条约。如《民法通则》第142条第2款规定“中华人民共和国缔结或者参加的国际条约同中华人民共和国的民事法律有不同规定的，适用国际条约的规定，但中华人民共和国声明保留的条款除外”。国内学者多数认为，该条约有两层意思，第一，凡是中国缔结或者参加的国际条约，均作为国内法的一部分予以执行条约的规定同国内法规定一致，适用国内法就是适用条约规定；第二，条约同国内法的规定不一致时，条约规定处于优先地位，适用条约规定，而不适用与之不同的国内法规定，当然，中国声明保留的条款除外。根据中华人民共和国《缔结条约程序法》，同中华人民共和国法律有不同规定的条约须经全国人大常委会批准，因此，从性质上看，我国立法机关批准或决定加入国际条约，实际是一种立法行为。批准或决定加入同国内法规定不一致的条约，即是对国内法的修改或补充。可以说，《民法通则》中的上述规定较好地解决了国内法规定同条约规定的衔接。规定不仅适用与中国已成为缔约一方的条约，还包括中国可能缔结或参加的条约。我国的许多其他法律、行政法规中也有类似规定，如《民事诉讼法》《行政诉讼法》《外交特权与豁免条例》《领事特权与豁免条例》《继承法》《涉外经济合同法》《野生动物保护法》《外国籍船舶管理规则》《国境卫生检疫法》等。可以看出，《民法通则》关于适用国际条约规定的原则，并不限于民事法律，实际是我国国内法关于国际条约适用问题的一项通常做法。

此外，我国法律适用部门根据上述这些法律规定在其司法和行政活动中直接适用我国缔结或参加的条约的案例不再罕见。1987年8月27日，外交部、最高人民法院、最高人民检察院、公安部、国家安全部、司法部联合做出《关于处理涉外案件若干问题的规定》。该规定指出“当国内法以及某些内部规定同我国所承担的条约义务发生冲突时，应适用国际条约的有关规定。我国不能以国内法规定为由，拒绝履行所承担的国际条约规定的义务”。

关于联合国制裁措施在国内的执行，与其他国家不同，我国目前在立法上仍然处于空白阶段。尽管在具体的法律制度中，我国存在一些关于条约在国内适用的规定，但通常也仅限于条约的使用和执行，而缺乏其他国际法律文件如联合国制裁措施的相应规定。有的法律规定条约在一定条件下（通常是国内法与条约的规定不一致且我国未做出保留）有直接适用性，如《民法通则》《民事诉讼法》《行政诉讼法》等，因此在民事、民事诉讼、行政诉讼等广泛的领域，如果符合法律规定的条件，条约可以被直接适用。[①] 同时我国也采用了将条约规定转化为国内法以间接适用的做法，如我国于1995年制定了《民用航空法》，其中有关民用航空器权利的规定就与1948年《国际承认航空器权利公约》的内容完全一致；再如我国于2001年、2009年相继修改了《专利法》《商标法》和《著作权法》，从而使国内法的内容与我国参加的国际条约（《世界贸易组织协定》以及中国入世承诺）的规定一致。条约能否在我国直接适用，取决于具体法律制度的规定。[②] 同时，我国的司法系统在处理这一问题时也发挥了一定的作用，如最高人民法院曾经依据民事诉讼法以司法解释明确《承认与执行外国仲裁裁决公约》在我国的直接效力；而在司法实践中，即使缺乏有关立法和司法解释，法院也往往会考虑条约的规定，甚至直接适用某些条约。[③] 总体而言，联合国制裁措施在中国的执行仍然缺乏基本的法律规范和原则指导。

我国《对外贸易法》第16条规定，国家基于下列原因，可以限制或者禁止有关货物、技术的进口或者出口："（十一）根据我国缔结或者参加的国际条约、协定的规定，其他需要限制或者禁止进口或者出口的。"第17条："在战时或者为维护国际和平与安全，国家在货物、技术进出口方面可以采取任何必要的措施。"

二　中国内地执行制裁决议的实践

从前述可知，我国目前对联合国制裁措施的执行在立法上较为

---

① 罗国强：《论国际条约的国内适用问题》，《兰州学刊》2010年第6期，第124页。

② 同上书，第125页。

③ Qingjiang Kong，"Enforcement of WTO agreement in China：Illusion or Reality"，*Journal of World Trade*，Vol. 35，No. 6，2001，p. 1181.

欠缺，而多通过行政机关通知文件的形式予以通报和确认，因此，在实践中我国所采取的具体措施则自然以行政手段为主。截至目前，中国应联合国相关制裁委员会要求共向联合国提交了9份执行报告，涉及朝鲜、利比亚、伊朗和刚果四个国家，就我国在国内采取的执行措施进行了总结和报告。[①] 从上述执行报告的情况来看，中国目前在实践中对安理会制裁决议的执行体系分为两大部分：有关普通制裁手段（例如出入境限制、资金冻结等）则通过行政渠道完成执行；而在涉及军用物项以及涉核物项时，则通过诉诸既有立法体系实施限制措施。

根据上述执行报告，“中国历来高度重视对常规武器、大规模杀伤性武器及其运载工具以及相关材料、设备和技术的管理，制定并实施了一系列法律法规，形成了一整套涵盖核、生物、化学和导弹等各类敏感物项和技术及所有军品的完备的出口管制法规体系，为更好地实现防扩散目标提供了充分的法律依据和机制保障”[②]，并且该出口管制法规体系“与国际通行做法一致”。在上述执行安理会第1718号决议的报告中，还附加了我国目前在核领域、生物领域、化学领域、导弹领域、军品出口领域、敏感物项等方面的法规列表，从中可以看出，我国目前在上述物品的管制领域行政立法是较为全面的。主要包括：核领域：《中华人民共和国核出口管制条例》《中华人民共和国核两用品及相关技术出口管制条例》以及《核产品转运及过境运输审批管理办法（试行）》；生物领域：《中

---

① 这9份报告分别是：《中国执行联合国安全理事会第1718（2006）号决议报告》，S/AC.49/2006/21，2008年1月30日；《中国执行联合国安理会第1874（2009）号决议报告》，S/AC.49/2009/23，2009年8月4日；《中国执行安全理事会第1857（2008）号决议的报告》，S/AC.43/2009/9，2009年4月15日；《中国执行安理会第1896号决议的报告》，S/AC.43/2010/6，2010年7月6日；《中国执行安理会第1970（2011）号决议报告》，S/AC.52/2011/27，2011年7月7日；《中国执行安理会第1737号决议报告》，S/AC.50/2007/22，2007年3月5日；《中国执行安理会第1747号决议报告》，S/AC.50/2007/99，2007年6月5日；《中国执行安理会第1803号决议情况报告》，S/AC.50/2008/18，2008年5月13日；《中国执行安理会第1929号决议报告》，S/AC.50/2010/32，2010年8月28日。

② 《中国执行联合国安全理事会第1718（2006）号决议报告》，S/AC.49/2006/21，2008年1月30日。

华人民共和国生物两用品及相关设备和技术出口管制条例》；化学领域：《中华人民共和国监控化学品管理条例》《各类监控化学品名录》《〈中华人民共和国监控化学品管理条例〉实施细则》《有关化学品及相关设备和技术出口管制办法》；导弹领域：《中华人民共和国导弹及相关物项和技术出口管制条例》；军品出口领域：《中华人民共和国军品出口管理条例》；敏感物项：《敏感物项和技术出口经营登记管理办法》《两用物项和技术进出口许可证管理办法》《两用物项和技术进出口许可证管理目录》。由此可见，我国目前在制裁决议涉及上述领域时，例如关于武器禁运、特定物品限制等方面，多数情况下拥有可以直接援引的行政法规及规则，而无须另行制定。

但是在涉及其他制裁措施方面，遗憾的是在中国执行报告中可以得到的信息并不多，通常在提及我国外交部已“发出执行决议通知，要求各部委、各省、自治区、直辖市人民政府以及香港、澳门特别行政区政府依法认真执行决议”之外，[①] 仅声明中国政府将采取措施执行安理会决议，例如在《中国执行安理会第 1929 号决议报告》中，第五项指出“中国主管部门已要求有关港口和机场，在有情报提供合理理由认为有关货物中有安理会有关决议规定的禁运物项时，认真检查进出伊朗的所有货物。中方将向有关国家提供决议要求的合作，以便确保安理会决议有关规定得到严格执行”。但其中既未指出所采取措施的依据，也未说明如何采取措施，而“有情报提供合理理由”的用语则更加模糊难辨。又如，在《中国执行安理会第 1970（2011）号决议报告》中，涉及采购限制措施的执行时，指出“中国禁止中国公民或利用悬挂中国国旗的船只或飞机从利比亚采购任何类别军火及相关军用物资，无论上述物项是否源于利境内”，同样仅说明中国的态度，而没有提及任何具体措施。

一方面，我们能够认定在国内所采取的执行措施是通过行政渠道予以确定的，另一方面，也在一定程度上反映出我国相关措施在透明度上的极度缺乏。而具体执行细节则无从知晓。例如在 2002

① 《中国执行安理会第 1970（2011）号决议报告》，S/AC. 52/2011/27，2011 年 7 月 7 日。

年联合国安理会正式将“东突厥斯坦伊斯兰运动”列入制裁名单之后，9月13日外交部立即发文通知国务院各部委，各直属机构，各省、自治区、直辖市人民政府外事办公室，以及香港、澳门特区政府，要求采取措施，严格执行安理会决议，并特别注意调查并冻结“东突”组织的资产。[①] 但当随后被问及“此次对‘东突’组织的制裁，尤其是金融制裁主要涉及国内的哪些机构，主要工作会在哪些地区展开时，外交部官员并未做正面回答，只是严肃地表示，中国是一个负责任的大国，又是此次提出要求对‘东突’组织进行制裁的四个国家之一，安理会的决议一定会得到严格执行”。[②] 与其他部分国家的执行报告相比，例如在加拿大关于安理会第1718号决议的执行报告中，即明确说明其“依照《联合国法》、《进出口许可证法》及《移民和保护难民法》，适用《联合国关于朝鲜民主主义人民共和国的决议的实施条例》（《朝鲜条例》（SOR/2006/287），有效执行了第8段规定的所有措施”，并且针对制裁决议各项具体措施列出了其国内相关规定具体条文。[③] 我国在报告中往往并不就具体措施进行说明，其性质更接近于从宏观角度对制裁决议的执行做出的肯定性政治承诺。这一点也似乎可以从我国目前在执行报告中通常会声明的立场中得到印证，指出“我们希望决议得到认真执行，同时认为制裁不是目的，而只是……一种手段。……中方呼吁有关各方继续进行全方位的外交努力，推动尽快恢复谈判，寻求长期、全面、妥善的解决办法。中方将继续发挥建设性作用”。[④]

三　我国香港特区执行制裁的实践

（一）香港特区执行联合国制裁措施的立法模式

在1997年7月1日香港回归之前，安理会制裁决议是通过英国

---

① 外交部文件：《外交部关于联合国安理会制裁阿富汗委员会将“东突厥斯坦伊斯兰运动”列入受制裁实体名单的通知》，外发〔2002〕25号，2002年9月17日。

② 《外交部通知：执行联合国决议全国冻结东突资产》，《江南时报》2002年9月26日第11版。

③ 参见《加拿大关于安全理事会关于朝鲜民主主义人民共和国的第1718（2006）号决议执行情况的报告》，S/AC. 49/2006/2，2006年11月30日。

④ 《中国执行安理会第1737号决议报告》，S/AC. 50/2007/22，2007年3月5日。

政府 1946 年《联合国法令》所颁枢密院令而在香港实施的。1997 年香港律政司曾就回归后的执行问题进行研究，但中英双方联合声明及相关文件对此并未做出明确规定。香港主权回归之后，根据“一国两制”和“港人治港”的基本原则，我国中央政府负责管理与中国香港特别行政区有关的外交和国防事务，香港特区政府则享有全面的行政管理权、立法权、独立的司法权和终审权。由此在 1997 年 7 月 16 日，香港临时立法会通过了成文法《联合国制裁条例》（*The United Nations Sanctions Ordinance*，以下简称《制裁条例》），“旨在就《联合国宪章》第七章所引起而对中华人民共和国以外地方施加制裁而订定条文，并就其附带或与其有关联的事宜订定条文”。[①]可见，我国香港特区执行联合国制裁措施属于较为典型的框架性授权立法（enabling legislation）模式。

需要注意的是，由于 2002 年“进一步实施联合国安全理事会 2001 年 9 月 28 日第 1373 号决议中关于防止恐怖主义行为的措施的决定”，特区立法会专门就此制定了《联合国（反恐怖主义措施）条例》（“反恐条例”），对联合国恐怖主义制裁决议以及其他相关公约的执行问题做出了特别规定，[②] 包括恐怖分子的认定以及所应承担的相应民事和刑事责任等重要实质性和程序性问题，因此，根据特别法优于普通法的原则，在反恐问题上香港地区将优先适用反恐条例的规定。

综上所述，香港特区在联合国制裁措施的域内执行上，采取了以《制裁条例》为框架依据通过外交部文件启动行政长官规例制定为主，而在反恐问题上采取特别立法的方式执行联合国制裁决议。不过，香港特区采用的单一授权立法模式的实践对内地而言具有一定的借鉴意义：首先，可以将联合国制裁决议的执行相关规定纳入到统一的框架之下，正如上述立法会的意见，不仅能够建立清晰法律框架，同时也能推动社会公众对联合国制裁的认识不断加强。其

① 香港法例第 537 章，《联合国制裁条例》序言，宪报编号：1997 年第 125 号，1997 年 7 月 18 日。

② 《联合国（反恐怖主义措施）条例》，香港法例第 575 章，宪报编号：L. N. 133 (2010)。

次，基于内地目前单一外交部函件的实践，单一的立法框架相较于其他方式，改革成本相对较低，事实上也更加简便易行。

（二）香港特区执行联合国制裁措施的程序及实践

1. 通过外交部文件启动执行程序

由于目前我国尚未就执行联合国制裁问题付诸法律，近年来的实践一般是通过外交部以行政函件方式外发通知，将制定具体措施的权力交由各具体各部门负责，同时强调“在执行过程中如遇重大问题，请及时会商外交部”，保证外交部以及行政部门在涉及重大外交问题时能够保持一定的控制。根据香港特区《基本法》第48条第八项的规定（行政长官负有执行中央政府指令的义务），[①] 外交部对香港政府的通知函件由于基本法的授权而获得了相应的渊源性地位。

2. 制裁规例的制定与实施

根据《制裁条例》的规定，外交部函件获得香港基本法上的地位，即构成了“（a）为中华人民共和国香港特别行政区实行该项措施的目的而针对中华人民共和国以外地方实施制裁的指示（该地方和制裁为该指示所指明者）；或（b）在该等制裁已实施的情况下采取以下行动的指示——（i）停止实施该等制裁；（ii）按指示所指明修改该等制裁或该等制裁的实施；或（iii）以该指示所指明的其他制裁完全或局部取代该等制裁”。[②]

收到外交部关于执行联合国制裁的函件后，香港特区行政长官则负责制定和颁布相应的“规例”（regulation）进行制裁。根据《制裁条例》的授权，行政长官所制定颁布的规例具有非常广泛的权限，甚至可以设立刑事罪名和罚则，在经过简易程序定罪的情形下，行政长官规例可以设定“不超逾五十万港币的罚款及不超逾2年的监禁”，而在经过公诉程序定罪的情形下，行政长官法令则可

---

① 《中华人民共和国香港特别行政区基本法》第48条，“香港特别行政区行政长官行使下列职权：……（八）执行中央人民政府就本法规定的有关事务发出的指令；……”

② 香港法例第537章，《联合国制裁条例》第2条，宪报编号：1997年第125号，1997年7月18日。

以设定“无限额的罚款及不超逾7年的监禁”。①

从香港特区的实践来看，截至2014年12月，根据此《制裁条例》制定的行政长官执行规例已达63件，这些规例在形式上作为《制裁条例》的组成部分，涵盖了自1997年至今包括伊拉克、利比亚、塞拉利昂、安哥拉、科特迪瓦等国家在内的需要执行的全部联合国制裁决议，在可采取的措施上也做了广泛规定，有关措施主要包括禁制军火或相关物资；禁止输入若干货物；禁止提供有关军事活动等的意见、协助或训练；禁止向若干人士提供及处理资金、财务资产或其他经济资源；以及对若干人士的出入境做出限制。除上述常见的制裁措施外，行政长官规例还会制定一些特别的措施以落实个别安理会决议要求实施的特殊制裁。

行政长官规例一般会依据联合国的具体制裁措施条文划分，涵盖安理会制裁决议中所确定的所有制裁措施，并且针对不同的制裁方式，例如禁止供应、售卖或移转若干物品，禁止若干人士入境或过境等区分不同的条款，在每一条款项下均订立完整的适用规则，通常包括适用范围、制裁措施、罚则、相关例外以及术语定义五个部分，体系非常严谨完整。值得注意的是关于规例的适用范围，通常依据规例的规定，制裁措施适用于“（a）在特区境内行事的人；及（b）在特区境外行事的——（i）兼具香港永久性居民及中国公民身份的人；或（ii）根据特区法律成立为法团或组成的团体”。可以看出香港特区采取了宽泛的属人管辖和属地管辖结合的立场，尽管包含域外管辖效力的立场在各国立法中并不多见，但从联合国制裁决议的文本来看，事实上这种管辖方式更加符合联合国制裁措施的原意。

尽管在《制裁条例》和行政长官规例中均未就规例的生效时间做出规定，但多数香港学者认为，从条文隐含的意义分析，应当自其在宪报上公布之时生效。②

---

① 香港法例第537章，《联合国制裁条例》第2条，宪报编号：1997年第125号，1997年7月18日。

② Cheng Yan Ki Bonnie, “Implementing Security Council Resolutions in Hong Kong: An Examination of the United Nations Sanctions Ordinance”, *Chinese Journal of International Law*, Vol. 7, No. 1, 2008, p. 67.

依照香港立法会的实践，自2007年起，立法会通常指定律政司人员专责处理订立规例的工作。同时，香港执行规例的实践更为主动，在相关的执行规例制定后，还会通过查阅联合国安理会网站、监察可能与香港有关决议案的最新发展的方式对规例进行修订，这些措施有助香港特区能够迅速实施联合国制裁，尤其是涉及临时性质和设有时限的措施。

（三）香港特区执行联合国制裁的争议

从立法技术的角度看，安理会的制裁决议（resolution）本身是会议文件（paper）的一种，尽管本质上安理会的决议因其强制性而属于国际立法（enactment），但安理会决议通常倾向于避免使用严谨的法律语言，而采用平实和原则性的文字，并不具有直接适用性。这一方面是考虑到不同成员国的社会、法律制度各不相同，不同法律概念的含义在各国也不尽相同，避免各成员国理解上的偏差；另一方面也借此避免决议流于法律技术细节而丧失普遍适用性。但是，原则性的语言也在实践中可能导致意想不到的冲突，且联合国近年来“定向制裁”（targeted sanctions）和金融制裁手段的广泛采用，事实上已经对一般法律原则造成了冲击，尤其在中国多法域的环境下，不同法域对制裁决议的理解和实施效果也可能会出现差异。

1.《制裁条例》的“合宪性”

香港特区《基本法》第11条的规定确立了《基本法》在香港特区“宪法性”的地位，香港法律学者也普遍认为，《基本法》第二条隐含了香港在宪政层面上的“三权分立”制度。但是，权力制衡（check and balance）也就意味着在联合国制裁的执行领域，赋予行政长官如此广泛的行政立法权可能导致“违宪”的风险出现。

香港特区立法会是否有授予特区政府制定相关规例的权限。在香港特区立法会对《制裁条例》定期审查的过程中，香港大学佳日思教授（Yash Ghai）就向研究联合国制裁事宜的小组委员会提交了意见书，[①] 表达了《制裁条例》赋予行政规例过多权限的忧虑。佳

① Memorandum to the Subcommittee on UN Sanctions on The United Nations Sanctions Ordinance: The Legislative Process, Legislative Council of Hong Kong, CB (1) 1665/04 - 05 (01).

日思教授认为,《基本法》第 2 条明确规定“全国人民代表大会授权香港特别行政区依照本法的规定实行高度自治,享有行政管理权、立法权、独立的司法权和终审权”,也就是说,特区立法会的立法权来自于全国人大的授权,而对于获得授权的立法会是否可以放弃这项权力(或其一部分)而将其转授予特区行政机关,《基本法》对此没有做出明确规定。根据“被授权人不可转授权他人”(delegatus non potest delegare)的一般原则,《制裁条例》将制定附属法例的权限授予特区行政机关应属违宪。

首先,尽管香港特区《基本法》对各个不同机关的职权做了分别规定,但这并不意味着《基本法》强制确立了“三权分立”的原则。从《基本法》第 5 条的规定我们可以看出,立法者根本无意于改变香港现有的制度,《基本法》的订立初衷,应当是旨在承认和维持香港现有体制,如果香港原本就不是严格的三权分立,那么《基本法》显然不会强制香港接受和重建绝对的三权分立制度。《基本法》并不强调绝对的三权分立,也与其“维持并延续”的立法本意相一致。事实上,在香港回归中国之前,无论香港地区还是英国,均非绝对的三权分立,如果强行引入绝对的三权分立,反而会严重影响香港地区政治和法律制度,①《基本法》的原意显然不可能如此极端,而应当着重于主权的顺利过渡和制度的平稳延续。

其次,基于立法者的“延续性”主旨,我们认为,虽然特区立法会的立法权来自于全国人大的授予,但《基本法》中也没有禁止其将制定法律的权力转授予其他机关。相反,从《基本法》第 62 条的规定可以看出,特区政府有权“拟定并提出法案、议案、附属法规”。此外,1997 年回归之前的香港立法机关,同样能够授权其他机构制定附属法例,② 那么回归之后对此延续则应当是《基本法》的制定原意。

特区政府制定相关规例是否应受立法审查。从目前世界各国的

---

① Wesley-Smith, “The Separation of Powers”, in Wesley-Smith ed., *Hong Kong's Basic Law: Problems and Prospects*, Hong Kong: Hong Kong University Press, 1990, p. 75.

② Peter Wesley-Smith, *Constitutional and Administrative Law in Hong Kong*, Longman Asia Limited, 1994, p. 188.

实践来看，承认国际法在国内的直接适用效力的仍然属于少数，多数国家选择通过转化或者纳入的方式将国际法转为国内法。在这一过程中，立法审查是多数法治国家无法绕开的一环。佳日思教授认为，立法审查是保证行政长官规例与《制裁条例》相一致，并且与基本法任何条文无抵触的重要手段。① 此外，行政机关立法是否超越权限（例如剥夺个人财产或者限制个人人身自由是否超越法律的授权），是否符合香港特区的普通法及衡平法原则，都是保证执行安理会制裁决议符合国际法治和国内法治的重要内容。因为《基本法》和香港立法会均没有在法律中对行政长官获得授权的范围进行详细规定，这意味着一旦特区政府获得来自外交部的函件指示，即拥有不受审查的无限立法权力，这无疑是不符合宪政精神的。因此，也有部分香港学者赞同佳日思教授的观点，认为不经立法审查的行政长官规例，存在着违宪的风险。

研究联合国制裁事宜的小组委员会对此提出了不同意见，认为行政长官依据《制裁条例》所做出的行政规例在法律性质上属于特区法律体系中的“附属法例”，依附于主法而存在，可以不受立法会审议。在香港回归之前的立法实践中也存在不受立法会审议的附属法例，② 在同属于普通法系的英国判例中，法院也同样承认有不受国会审议的附属法例的存在。③ 因此，特区行政长官为执行《制裁条例》、外交部函件及所附安理会制裁决议，所订立的附属法例可以不受特区立法会的审议。但是，这并不等于行政长官的附属立法不受立法审查。立法会的条文审议仅仅是立法审查的职能之一，立法会同样可以对《制裁条例》提出质询或者进行辩论。事实上，立法会也曾经数次成立专门小组，对《制裁条例》的授权以及行政长官规例是否可能存在《基本法》抵触的问题进行调查，并且提出在《制裁条例》中加入有关执法权力的条文以完善联合国制裁的执

① Memorandum to the Subcommittee on UN Sanctions on The United Nations Sanctions Ordinance: The Legislative Process, Legislative Council of Hong Kong, CB (1) 1665/04 - 05 (01).

② *English Schools Foundation v. Bird* [1997] 3 *HKC* 434.

③ Robert Blackburn, Andrew Kennon, Sir Michael Wheeler-Booth, Griffith & Ryle, *Parliament: Functions, Practice and Procedures*, Sweet & Maxwell 2002, p. 245.

行程序等。[①]

一方面，根据《基本法》第48条的规定，外交部的函件应当属于"中央人民政府发出的指令"，而香港特区行政长官对此只有执行的义务；另一方面，《基本法》第13条明确指出"中央人民政府负责管理与香港特别行政区有关的外交事务"，而外交部的函件应当视为基本法上的外交事务。因此，特区行政长官为执行外交部的函件所制定的《制裁条例》附属法例，且该附属法例无须经过立法会审议，是绝对合法并符合《基本法》的：因为尽管立法的权力来自立法会，但是立法标的却不在香港特别行政区所获高度自治的范畴。

2. 时效性问题

和一般国际法规则不同，安理会制裁决议最鲜明的特点在于其精确的时限。制裁时限能够有效及时对危害国际和平与安全的行为做出反应，但是也对各成员国的立法机构提出了较高的要求。从各成员国的实践来看，采用立法模式将安理会制裁决议转化为国内法的程序往往是严肃烦冗的，恰恰对时效并不敏感。如前所述，这种方式带来的时效差距是巨大的，在极端情况下甚至会超出联合国制裁措施本身的时限，因此越来越多的国家倾向于采用行政手段，例如行政条例、行政命令等，以尽量减小国内法实施时间和联合国制裁措施要求之间的差距。

执行时间的滞后问题。一般情况下，从香港特区收到外交部函件指示，到行政长官制定并在宪报刊登执行安理会制裁决议的附属法例，一般需时少于三个月。虽然三个月的时间差在多数安理会制裁决议并未要求执行时限的情况下并不明显（与部分采取特别立法的国家或地区相比），但是如果遇到较为复杂的制裁决议，这一期限则往往无法满足制裁决议的要求。例如在特区政府执行2004年针对伊拉克的制裁决议时，自2003年5月收到外交部通知文件到2004年7月公布《联合国制裁（伊拉克）规例（修正案）》，时间

① 香港立法会：《研究在香港实施联合国安全理事会就制裁事宜所作决议的小组委员会》，档号：CB（1）2251/04－05（01），2005年8月。

滞后则长达14个月。[①] 有意思的是，香港特区政府曾表示对执行的时间上的滞后并不担忧，认为“如实施联合国安理会决议牵涉在本港立法，我们不可能即时履行有关责任。……由于我们已着手进行准备工作，以订立所需法例，我们不相信香港会遭受未履行义务的批评”。[②]

但是，在外交部指令执行的安理会制裁决议对时效性要求非常苛刻的情况下，香港的实践中也会放弃采用援引《制裁条例》制定行政规例，而直接使用行政手段执行制裁决议。例如2002年5月17日安理会关于安哥拉局势的第1412（2002）号决议规定，“从本决议通过之日起九十天内暂停执行”第1127（1997）号决议所确定的旅行限制措施。但实际上香港特区直到6月3日才收到来自外交部的文件，已经迟后15日，因此，“鉴于联合国安理会第1412号决议的有效期甚短，实际上不可能通过订立新法例予以实施，我们于是采取了行政措施以求取平衡：接受来自安哥拉的人士提出的签证申请，但会押后处理这些申请，以遵守当时仍然生效的《联合国制裁（安哥拉）规例》”。[③]

在我国，执行安理会制裁决议还面临着一个特殊问题，即不同法域在执行时间上的协调问题。联合国宪章第25条中并没有对成员国不同区域的执行时间做出明确规定，但是从履行国际义务和促进国际法治的角度看，一国执行安理会制裁决议的时间应当使被制裁的国家（或地区或人）有明确的预期，不同区域执行时间不同，实质上也为国际法规避行为提供了空间，从而减损了制裁决议的效力。

香港特区的法律体系沿袭了传统英美法对国际法的态度，安理

① Legislative Council, Legal Service Division Paper for the Subcommittee to Examine the Implementation in Hong Kong of Resolutions of the United Nations Security Council in Relation to Sanctions, United Nations Sanctions (Iraq) (Amendment) Regulation 2004, LC Paper No. LS16/04 - 05, 1 December, 2004, paras. 6 - 7.

② 参见《政府当局就助理法律顾问在二零零六年一月九日信件及一月二十五日信件提出的意见所作的回应》，香港立法会CB（1）848/05－06（01）号文件。

③ 工商及科技局局长梁何绮文致《2003年联合国制裁（利比里亚）规例》小组委员会秘书汤李燕屏女士回复，立法会文件CB（2）2819/03－04（01）号，2004年6月16日，第3页。

会制裁决议需要通过立法机关的转化或授权，才能够在区内得到执行。因此，即使香港特区行政长官在收到外交部函件之后迅速开始制定条例，一般仍然需要三个月左右的时间。但澳门特区的法律制度则更偏向于欧洲大陆对国际法的开放态度，按照澳门特区法律，当国际法在《澳门特别行政区公报》公布后，便自动成为域内法，并优于一般域内法，[①] 只有当制裁决议本身不可执行或者确定了一些特殊条款时，才需要通过援引澳门特区《关于遵守若干国际法文书的法律》进行补充。推定香港特区与澳门特区收到外交部函件的时间相同的情况下，澳门特区在执行时间上要短于香港特区。例如安理会关于科特迪瓦的第2153（2014）号决议于2014年4月29日通过，[②] 澳门特区行政长官于2014年6月30日即发布第28/2014号行政长官公告，宣布开始实施相关的决议；[③] 而香港特区则直到2014年9月26日才公布《2014年联合国制裁（科特迪瓦）规例》，与澳门特区有近三个月的时间差。

3. 香港特区与内地法律规则的衔接

随着香港特区与内地联系日趋紧密，人员和资金的跨境流动也为联合国制裁措施的执行带来了一定的协调性困难，尤其是涉及制裁措施的跨境执行和监管执法的衔接上，均存在一定的法律障碍。

例如，根据香港特区《联合国制裁（朝鲜民主主义人民共和国）规例》第14条的规定，当获授权的人员有理由怀疑目标船舶可能与安理会制裁决议有关时，可以登临检查，“可为该目的而使用或授权他人使用合理武力”，并可要求“该船舶的租用人、营运人或船长提供任何该人员指明的关于该船舶或其所载货物的资料，或交出任何该人员指明的该等货物，或交出任何该人员指明的关于

① 参见澳门特别行政区《遵守若干国际法文书法案稿的理由陈述》，第7/II/2002－2号法案，2014年12月19日（http：//www. al. gov. mo/lei/col_ lei－05/cn/10/c2. htm）。

② U. N. Doc. 2014 S/RES/2153，29 April，2014. http：//www. un. org/zh/documents/view_ doc. asp？symbol＝S/RES/2153（2014），visited on 19 December 2014.

③ 澳门特区行政长官办公室，第28/2014号行政长官公告，公报编号：28/2014，版数：10903－10911。

该船舶或该等货物的文件，以供人员检查”。[①] 但内地的法律则并没有强制要求船舶所有人或租用人提供必要文件资料的规定，这在跨境船舶运输的情况下就出现了国内区际执行不一致的问题。在2011年安理会制裁伊朗的决议执行中，同样出现了类似的情况：某船注册地在香港，承租人在内地，船长则是外籍人士，在向伊朗运输货物的过程中受到特区政府的检查，船长并没有任何关于货物的信息或文件，而承租人则以内地法律没有规定为由，拒绝提供相关的货物资料。有学者认为，在香港特区政府对注册人提出刑事指控，而内地又拒绝提供相应资料的情况下，对两地的制裁决议执行来说无疑都是一种严重不利。[②]

（四）小结

香港回归祖国至今已经有20年之久，但香港特区与中国内地尚未有一套完整和具备法律基础的区际执法合作的协议。目前，香港只是凭执法机关和司法机关与内地对口机关的沟通和非系统性协商寻求合作和协助。香港虽然已为两地执法人员建立了若干沟通渠道，以便为联络协商、交流经验、交换情报、会见证人、核实文件、安排联合行动等工作寻求区际合作，但有关工作一直只停留在个案性的刑事司法协助层面，一般亦只牵涉到文件送达、搜查、取证、录取口供、充公犯罪得益、移交疑犯、遣返非法入境者和移交赃物等方面。[③] 由此可见，香港特区在内地在有关联合国制裁措施的执法衔接上，仍然有很长的路要走。不过值得一提的是，内地和香港特区的金融监管执法合作则因为沪港通的实施而出现了突破。我们可以看出，尽管联合国制裁措施在国际法上的性质和地位毋庸置疑，但在涉及成员国的执行问题上则是极其复杂和微妙的，特别是在我国这样的以“一国两制”创举形成的多法域国家，执行制裁不仅仅是国际法的国内转化这么简单，而应当是一系列各区域立

① 《联合国制裁（朝鲜民主主义人民共和国）规例》（2013年修订）第5部分第14条，香港立法会文件CB（1）848/12－13（01）号。

② The International Institute for Strategic Studies Workshop Report, *Implementing Sanctions: Prospect and Problems*, Singapore, 12－13 April 2012.

③ 陈沛林：《论香港特别行政区区际刑事司法协助的现状与展望》，《法学杂志》2008年第2期。

法、司法与行政严谨框架的结合。短时间看，我国“一国两制”和多法域的特性决定了这一差异似乎无法调和，香港特区和澳门特区分属不同的法系，法律制度、法治文化均不相同，我国政府亦无权强制要求各地区的立法机关统一标准。但这并不意味着我们无法建立联合国制裁措施的国内执行机制。

首先，条约必须遵守（pacta sunt servanda）是国际法的基础所在，一国不能以本国宪法或法律为理由拒绝履行其所承担的国际义务，这是国际法广泛承认的原则。我国承担着切实履行安理会制裁决议的国际义务。但目前我国在立法上却仍然是空白，国内执行机制仅仅依靠外交部的函件，无论是执行效率还是执行监督以及违法处罚机制，都无法得到保障，这和我国建立负责任的大国地位是极不相称的。

其次，无论是香港特区还是澳门特区，根据特区基本法的规定，外交事务并不属于特区高度自治权的范围之内，在执行安理会制裁决议方面，中央政府有权发布命令，而香港特区和澳门特区则负有执行的义务。

最后，从建立履行联合国制裁措施的长效机制出发，在充分立法和授权的前提下，可以探索建立跨法域的协调小组，全面协调各法域的执行实践，推动联合国制裁决议能够有效执行。

附录一

联合国维和行动清单

1. 正在进行的维和行动（截至 2017 年 7 月）

（1）非洲

1）联合国马里多层面综合稳定特派团（马里稳定团）

2）联合国南苏丹共和国特派团（南苏丹特派团）

3）联合国阿卜耶伊临时安全部队（联阿安全部队）

4）联合国组织刚果民主共和国稳定特派团（联刚稳定团）

5）非盟—联合国达尔富尔混合行动（达尔富尔混合行动）

6）联合国利比里亚特派团（联利特派团）

7）联合国西撒哈拉全民投票特派团（西撒特派团）

8）联合国中非共和国多层面综合稳定团（联中稳定团）

（2）美洲

联合国海地稳定特派团（联海稳定团）

（3）亚洲和太平洋地区

1）联合国印度和巴基斯坦观察组（印巴观察组）

2）联合国阿富汗援助团（联阿援助团）

（4）欧洲

1）联合国驻塞浦路斯维持和平部队（联塞部队）

2）联合国科索沃临时行政当局特派团（科索沃特派团）

（5）中东

1）联合国脱离接触观察员部队（观察员部队）

2）联合国驻黎巴嫩临时部队（联黎部队）

3）联合国停战监督组织（停战监督组织）

2. 已完成的维和行动（截至 2017 年 7 月）

（1）非洲

1）第一期联合国安哥拉核查团（第一期联安核查团）

2）第二期联合国安哥拉核查团（第二期联安核查团）

3）第三期联合国安哥拉核查团（第三期联安核查团）

4）联合国安哥拉观察团（联安观察团）

5）联合国奥祖地带观察组（联奥观察组）

6）联合国卢旺达援助团（联卢援助团）

7）联合国埃塞俄比亚和厄立特里亚特派团（埃厄特派团）

8）联合国塞拉利昂特派团（联塞特派团）

9）联合国塞拉利昂观察团（联塞观察团）

10）联合国中非共和国特派团（中非特派团）

11）联合国中非和乍得特派团（中乍特派团）

12）联合国利比里亚观察团（联利观察团）

13）联合国乌干达—卢旺达观察团（乌卢观察团）

14）联合国布隆迪行动（联布行动）

15）联合国科特迪瓦特派团（联科特派团）

16）联合国莫桑比克行动（联莫行动）

17）第一期联合国索马里行动（第一期联索行动）

18）第二期联合国索马里行动（第二期联索行动）

19）联合国苏丹特派团（联苏特派团）

20）联合国刚果行动（联刚行动）

21）联合国刚果民主共和国特派团（联刚特派团）

22）联合国过渡时期援助团（过渡时期援助团）

（2）美洲

1）秘书长特别代表驻多米尼加共和国特派团（驻多代表）

2）联合国海地民警特派团（联海民警团）

3）联合国海地特派团（联海特派团）

4）联合国海地支助团（联海支助团）

5）联合国海地过渡时期特派团（联海过渡团）

6）联合国中美洲观察团（中美洲观察团）

7）联合国萨尔瓦多观察团（联萨观察团）

8）联合国危地马拉核查团（联危核查团）

（3）亚洲和太平洋地区

1）联合国驻柬埔寨先遣团（联柬先遣团）

2）联合国阿富汗/巴基斯坦斡旋特派团（阿巴斡旋团）

3）联合国印度/巴基斯坦观察团（印巴观察团）

4）联合国塔吉克斯坦观察团（联塔观察团）

5）联合国东帝汶支助团（东帝汶支助团）

6）联合国东帝汶过渡行政当局（东帝汶过渡当局）

7）联合国驻西新几内亚安全部队（安全部队）

8）柬埔寨过渡时期联合国权力机构（过渡时期联合国权力机构）

9）联合国东帝汶综合特派团（东帝汶综合团）

（4）欧洲

1）联合国警察支助小组（警察支助组）

2）联合国克罗地亚恢复信任行动（联恢行动）

3）联合国波斯尼亚/黑塞哥维那特派团（波黑特派团）

4）联合国普雷维拉卡观察团（联普观察团）

5）联合国格鲁吉亚观察团（联格观察团）

6）联合国预防性部署部队（联预部队）

7）联合国保护部队（联保部队）

8）联合国东斯拉沃尼亚、巴拉尼亚和西锡尔米乌姆过渡行政当局（东斯过渡当局）

（5）中东

1）联合国第一期紧急部队（紧急部队一）

2）联合国第二期紧急部队（紧急部队二）

3）联合国伊朗/伊拉克军事观察团（两伊观察团）

4）联合国伊拉克—科威特观察团（伊科观察团）

5）联合国黎巴嫩观察组（联黎观察组）

6）联合国也门观察团（联也观察团）

7）联合国叙利亚监督团（联叙监督团）

3. 关于联合国维持和平行动经费分摊比额表的部分大会文件

日期	文件标题	文件编号
2001 年 1 月 29 日	在联合国维和行动经费分摊方面自愿调整	A/RES/55/236
2001 年 1 月 30 日	关于联合国维持和平行动经费分摊比额表的决议草案	A/RES/55/235
2001 年 3 月 1 日	大会第 55/235 和第 55/236 号决议执行情况	A/C. 5/55/38
2003 年 7 月 15 日	大会第 55/235 和第 55/236 号决议执行情况	A/58/157
2003 年 12 月 17 日	大会第 55/235 和第 55/236 号决议执行情况——增编	A/58/157/Add. 1
2006 年 6 月 27 日	会费委员会的报告	A/61/11
2006 年 7 月 13 日	大会第 55/235 和第 55/236 号决议执行情况	A/61/139
2006 年 9 月 6 日	大会第 55/235 和第 55/236 号决议执行情况——更正	A/61/139/Corr. 1
2006 年 12 月 27 日	大会第 55/235 和第 55/236 号决议执行情况——增编	A/61/139/Add. 1
2007 年 7 月 6 日	会费委员会的报告	A/62/11（Supp）
2009 年 9 月 23 日	大会第 55/235 和 55/236 号决议的执行情况	A/64/220
2009 年 12 月 24 日	联合国维持和平行动经费分摊比额表	A/RES/64/249
2009 年 12 月 31 日	大会第 55/235 号和第 55/236 号决议执行情况——增编	A/64/220/Add. 1
2012 年 8 月 3 日	大会第 55/235 和 55/236 号决议的执行情况	A/67/224
2012 年 12 月 24 日	联合国维持和平行动经费分摊比额表	A/RES/67/239
2012 年 12 月 27 日	大会第 55/235 和 55/236 号决议的执行情况——增编	A/67/224/Add. 1
2015 年 8 月 19 日	大会第 55/235 和 55/236 号决议的执行情况	A/70/331
2015 年 12 月 23 日	联合国维持和平行动经费分摊比额表	A/RES/70/246
2015 年 12 月 28 日	2016 年 1 月 1 日至 2018 年 12 月 31 日维持和平行动实际摊款比率	A/70/331/Add. 1

4. 关于联合国维持和平行动核定资源的部分大会文件

日期	文件标题	文件编号
2007年1月15日	维持和平行动2006年7月1日至2007年6月30日期间核定资源	A/C.5/61/18
2008年1月31日	维持和平行动2007年7月1日至2008年6月30日期间核定资源	A/C.5/62/23
2009年5月1日	维持和平行动2008年7月1日至2009年6月30日期间核定资源	A/C.5/63/23
2009年8月4日	维持和平行动2009年7月1日至2010年6月30日期间核定资源	A/C.5/63/26
2010年1月22日	维持和平行动2009年7月1日至2010年6月30日期间核定资源	A/C.5/64/15
2010年7月13日	维持和平行动2010年7月1日至2011年6月30日期间核定资源	A/C.5/64/19
2011年2月7日	维持和平行动2010年7月1日至2011年6月30日期间核定资源	A/C.5/65/15
2012年1月13日	维持和平行动2011年7月1日至2012年6月30日期间核定资源	A/C.5/66/14
2012年6月27日	维持和平行动2012年7月1日至2013年6月30日期间核定资源	A/C.5/66/18
2013年7月18日	维持和平行动2013年7月1日至2014年6月30日期间核定资源	A/C.5/67/19
2014年1月23日	维持和平行动2013年7月1日至2014年6月30日期间核定资源	A/C.5/68/21
2015年1月14日	维持和平行动2014年7月1日至2015年6月30日期间核定资源	A/C.5/69/17

附录二

当前生效的联合国制裁表

制裁委员会	制裁措施	制裁内容	豁免条款
索马里和厄立特里亚制裁委员会	武器禁运	全体会员国均应针对所有向索马里运送武器和军事装备的行动实施武器禁运，包括禁止为一切采购和运送武器和军事装备的活动提供资金，并禁止直接或间接向索马里提供技术咨询、财政和其他援助以及与军事活动有关的训练，直至安理会另有决定	第2142（2014）号决议第2段，以及第2111（2013）号决议第7、第10和第11段
索马里和厄立特里亚制裁委员会	武器禁运（定向禁令——针对个人和实体）	所有会员国均应采取必要措施，防止直接或间接地向委员会指认的个人或实体供应、出售或转让武器和军事装备，并防止直接或间接地向其提供与军事活动有关或与供应、出售、转让、制造、保养或使用武器和军事装备有关的技术协助或训练、包括投资在内的资金筹供和其他援助、中介服务或其他金融服务	无
索马里和厄立特里亚制裁委员会	旅行禁令	全体会员国应采取必要措施，防止委员会指认的个人入境本国或通过本国过境	第1844（2008）号决议第2段

续表

制裁委员会	制裁措施	制裁内容	豁免条款
索马里和厄立特里亚制裁委员会	资产冻结	所有会员国均应毫不拖延地冻结其境内由委员会所指认的个人或实体，代表其或按其指示行事的个人或实体，或由其所拥有或控制的实体直接或间接拥有或控制的资金、其他金融资产和经济资源； 所有会员国均应确保本国国民或本国境内任何个人或实体均不向由委员会所指认的个人或实体或以这些个人或实体为受益方，提供任何资金、金融资产或经济资源	第 1844（2008）号决议第 4 段和第 2182（2014）号决议
	木炭禁令	所有会员国均应采取必要措施，防止直接或间接从索马里进口木炭，不论木炭是否原产于索马里； 索马里当局应采取必要措施，防止从索马里出口木炭	无
	双向武器禁运	所有会员国应采取必要措施，阻止其国民或从其国土或利用悬挂其国旗的船只或飞机，向厄立特里亚出售或供应军火以及各类相关物资，包括武器和弹药、军用车辆和装备、准军事装备及上述物项的备件，以及与军事活动有关的或与提供、制造、保养或使用上述物项（无论是否源自本国境内）有关的技术援助、培训、财政及其他援助； 厄立特里亚不得从本国境内或由其国民或利用悬挂其国旗的船只或飞机，直接或间接供应、出售或转让任何军火或相关物资； 所有会员国均应禁止其国民或利用悬挂其国旗的船只或飞机从厄立特里亚采购上文所述物项、训练和援助，无论是否源自厄立特里亚境内	第 2111（2013）号决议第 12 段和第 13 段

续表

制裁委员会	制裁措施	制裁内容	豁免条款
索马里和厄立特里亚制裁委员会	武器禁运（定向禁令——针对个人和实体）	所有会员国均应采取必要措施，阻止其国民或从其国土或利用悬挂其国旗的船只或飞机向委员会指认的个人或实体直接或间接供应、出售或转让军火及各类相关物资，包括武器和弹药、军用车辆和装备、准军事装备及上述物项的备件，以及直接或间接提供与军事活动有关或与供应、出售、转让、制造、保养或使用武器和军事装备有关的技术援助或训练，包括投资在内的资金筹供和其他援助、中介服务或其他金融服务	无
	旅行禁令	所有会员国应采取必要措施，防止委员会指认的个人进入本国境内或从其境内过境	第 1907（2009）号决议第 11 段
	资产冻结	所有会员国均应毫不拖延地冻结其境内由委员会指认的个人或实体，或代表其或按其指示行事的个人或实体直接或间接拥有或控制的资金、其他金融资产和经济资源； 所有会员国均应确保本国国民或本国境内任何个人或实体均不向上述个人或实体或为其利益，提供任何资金、金融资产或经济资源	第 1907（2009）号决议第 14 段

续表

制裁委员会	制裁措施	制裁内容	豁免条款
伊黎伊斯兰国（达伊沙）、基地组织制裁委员会	资产冻结	所有会员国均应毫不拖延地冻结被指认个人和实体的资金和其他金融资产或经济资源	第1452（2002）号决议第1段，经第1735（2006）号决议第15段修正，最近经第2253（2015）号决议第1段重申
	旅行禁令	第1452（2002）号决议第1段，经第1735（2006）号决议第15段修正，最近经第2253（2015）号决议第1段重申	第2161（2014）号决议第1（b）段，最近经第2253（2015）号决议第1段重申
	军火禁运	所有会员国均应阻止从本国领土、或由境外的本国国民、或使用悬挂本国国旗的船只或飞机向被指认的个人和实体直接或间接供应、出售和转让军火和各种有关物资、备件，以及与军事活动有关的技术咨询、援助或训练	无
伊拉克与科威特制裁委员会	武器禁运	所有国家均应防止向伊拉克出售或供应军火和有关物资	在第1546（2004）号决议第21段列明
	资产冻结	所有会员国立即冻结依照第1483（2003）号决议设立的个人名单或依照第1483（2003）号决议设立的实体名单中的个人和实体拥有或控制的资金、其他金融资产和经济资源并立即将其移交给伊拉克发展基金	无

续表

制裁委员会	制裁措施	制裁内容	豁免条款
刚果民主共和国制裁委员会	武器禁运（1）	所有国家均应采取必要措施，防止从本国领土，或由本国国民，或者使用悬挂本国国旗的船只或飞机，直接或间接地向所有在刚果民主共和国境内活动的非政府实体和个人供应、销售或转让军火及任何相关物资，或提供与军事活动有关的任何协助、咨询或训练，包括资金筹供和财政援助	第1493（2003）号决议第21段；第1596（2005）号决议第2段；第1771（2007）号决议第2段、第3段、第4段；第1807（2008）号决议第2段、第3段
	武器禁运（2）	所有会员国均应事先告知委员会运往刚果民主共和国的任何军火及相关物资，或与刚果民主共和国境内军事活动有关的任何援助、咨询或训练，（豁免情形除外）；此类通知中须载列所有相关资料，包括酌情说明最终用户、拟议运送日期和运输路线	无
	旅行禁令	所有会员国均应采取必要措施，防止下述经委员会指认的任何人员入境或过境：违反武器禁运的人；外国武装团体中那些阻碍这些团体所属战斗人员解除武装和自愿遣返或重新安置的政治和军事领导人；接受刚果民主共和国境外援助并阻碍其战斗人员参加解除武装、复员和重返社会进程的刚果民兵政治和军事领导人；在武装冲突中招募或使用儿童兵的政治和军事领导人；严重违反国际法，在武装冲突局势中以儿童或妇女为目标，从事包括杀害和残害、性暴力、绑架和强迫流离失所等行为的个人；在刚果民主共和国东部阻挠领取或分发人道主义援助的个人；通过非法买卖自然资源支持刚果民主共和国东部非法武装团体的个人或实体	第1596（2005）号决议第13和第14段；第1649（2005）号决议第3段；第1807（2008）号决议第10段；第2078（2012）号决议第10段

续表

制裁委员会	制裁措施	制裁内容	豁免条款
刚果民主共和国制裁委员会	资产冻结	所有会员国均应冻结由委员会指认的人员直接或间接拥有或掌管的资金、其他金融资产和经济资源，或由违反武器禁运的人；外国武装团体中那些阻碍这些团体所属战斗人员解除武装和自愿遣返或重新安置的政治和军事领导人；接受刚果民主共和国境外援助并阻碍其战斗人员参加解除武装、复员和重返社会进程的刚果民兵政治和军事领导人；在武装冲突中招募或使用儿童兵的政治和军事领导人；严重违反国际法，在武装冲突局势中以儿童或妇女为目标，从事包括杀害和残害、性暴力、绑架和强迫流离失所等行为的个人；在刚果民主共和国东部阻挠领取或分发人道主义援助的个人；通过非法买卖自然资源支持刚果民主共和国东部非法武装团体的个人或实体直接或间接拥有或掌管的实体所持有的资金、其他金融资产和经济资源； 所有会员国均应确保本国国民或本国境内的任何人均不向这些人或实体或以这些人或实体为受益方，提供任何资金、金融资产或经济资源	第 1596（2005）号决议第 16 段和第 1807（2008）号决议第 12 段
	运输	决定该区域所有国家政府，尤其是刚果民主共和国政府以及与伊图里和南北基伍接壤的各国政府，应采取必要措施：（a）确保在该区域营运的飞机遵守 1944 年 12 月 7 日在芝加哥签署的《国际民用航空公约》，尤其是核实机上文件和飞行员执照是否有效；（b）立即禁止不符合上述公约所述条件或国际民用航空组织所定标准尤其是违规使用伪造或过期文件的任何飞机在本国境内营运，将其在这方面采取的措施通知委员会	无

续表

制裁委员会	制裁措施	制裁内容	豁免条款
刚果民主共和国制裁委员会	海关	决定刚果民主共和国政府以及与伊图里和南北基伍接壤的各国政府，应采取必要措施：（a）各尽所能加强伊图里或南北基伍与邻国之间边界的海关管制；（b）确保其本国境内的一切运输工具均不会被用于违反会员国根据上文第1段采取的措施，并且将这类行动通知委员会	无
苏丹制裁委员会	军火禁运	所有国家均应采取必要措施，防止向活动于达尔富尔州的行为体供应任何类型的军火和有关物资以及提供技术培训和援助； 所有国家均应确保在向苏丹出售或供应在第1591（2005）号决议和第1556（2004）号决议限制外的武器及其相关物资时，是在必备所须使用者文件的条件下进行，以便各国保证任何这种出售或供应与这些决议规定的措施保持一致	第1556（2004）号决议第9段和第1591（2005）号决议第7段，更新后为第1945（2010）号决议第9段和第2035（2012）号决议第4段
	旅行禁令	所有国家均应采取必要措施，防止委员会根据第1591（2005）号决议第3（c）段所定标准点名列入禁止旅行和冻结资产综合名单的个人入境或过境	第1591（2005）号决议第3（d）段
	冻结资产	决定所有国家均应冻结委员会根据第1591（2005）号决议第3（c）段所定标准点名列入禁止旅行和冻结资产综合名单的个人及实体拥有或控制的所有资金、其他金融资产和经济资源	第1591（2005）号决议第3（e）段

续表

制裁委员会	制裁措施	制裁内容	豁免条款
1636制裁委员会（贝鲁特恐怖爆炸事件）	武器禁运	所有国家均应采取必要措施，防止委员会登记的人入境或过境； 如在本国境内发现这些人，所有国家均应根据适用的法律，确保委员会如提出要求即可与这些人约谈	第1636（2005）号决议附件第2段（一）项
	资产冻结	决定所有国家均应冻结在其境内、由委员会登记的人或代表其行事者拥有或控制的资金、金融资产和经济资源； 所有国家均应根据适用的法律，与有关被登记的个人、实体或代表其行事者的资产或金融交易的任何国际调查通力合作，包括交流金融情报	第1636（2005）号决议附件第2段（二）项
1718制裁委员会（朝鲜）	武器和相关物资的禁运	所有会员国均应防止经由本国领土或本国国民，或使用悬挂本国国旗的船只或飞机，直接或间接向朝鲜提供、销售或转让所有武器和相关材料，包括小武器和轻武器及其相关材料，不论它们是否源于本国领土，禁止有关金融交易、技术培训，包括接待培训官、顾问或其他官员以从事与生产、维护或使用有关的军事、准军事或警察方面的培训、服务或援助活动，并适用于把物项运入或运出朝鲜以进行修理、翻修、维护、试验、逆向工程和营售的物项。所有会员国均应对若认定可直接有助于发展朝鲜武装部队的作战能力，或支持/加强朝鲜以外的另一会员国武装部队的作战能力的出口的任何物项执行有关供应、销售或转让这种物项的“全面管制”条款，即便该物项未列入武器禁运之列	第2270（2016）号决议第8段（a）和（b）分段

续表

制裁委员会	制裁措施	制裁内容	豁免条款
1718 制裁委员会（朝鲜）	核不扩散	所有会员国均应防止经由本国领土或本国国民，或使用悬挂本国国旗的船只或飞机，直接或间接向朝鲜提供、销售或转让与核、弹道导弹和其他大规模杀伤性武器相关计划有关的物项，不论它们是否源于本国领土（点击查看违禁物项清单）； 所有会员国还应执行具有约束力的两用"全面管制"条款，对国家若认定可能有助于朝鲜的核计划或弹道导弹计划或本决议禁止的其他活动的任何物项适用上述措施	无
	外交	所有会员国均应驱逐代表被指认个人和/或实体，或代表协助规避制裁或违反决议规定的个人或实体，或按其指示行事的朝鲜外交官、政府代表、以政府或代表的官方身份行事的其他朝鲜国民及外国国民； 所有会员国均应关闭被指认个人和实体的代表办事处，并关闭代表这种被指认个人或实体的任何个人或实体的代表办事处，禁止他们参加合营企业和任何其他商业安排； 所有会员国均应减少朝鲜外交使团和领事馆的工作人员人数，限制朝鲜政府成员、朝鲜政府官员和朝鲜武装部队成员或认为与违禁计划或活动有关联的人员入境或经其领土过境； 所有会员国均应限定每个朝鲜外交使团和领事馆在其境内银行里只能有 1 个账户，朝鲜派驻的每个外交官和领事官只能有 1 个账户； 所有会员国均应禁止朝鲜把其在会员国境内（拥有或租赁）的不动产用于非外交或领事活动的其他任何用途	第 2270（2016）号决议第 13 段和第 14 段

续表

制裁委员会	制裁措施	制裁内容	豁免条款
1718制裁委员会（朝鲜）	拦截和运输	所有会员国均应检查本国境内或通过本国过境的运往朝鲜或自朝鲜发运的货物，或由朝鲜中介的货物。这包括悬挂朝鲜国旗的飞机或船只运载、铁路和公路运输的物项以及可能用于运输禁止供应、销售或转让物项的进出朝鲜的个人行李和托运行李	无
		禁止所有会员国将悬挂其国旗的船只或飞机租赁或包租给朝鲜、被指认个人和实体，或会员国认定协助规避制裁或协助违反决议规定的任何个人或实体，或向朝鲜提供机组人员或船员服务	第2321（2016）号决议第8段
		禁止会员国向朝鲜采购船只和飞机机组服务	无
		所有会员国均应取消对朝鲜拥有、运营或由朝鲜提供船员的船只的登记，不登记另一会员国取消登记的此类船只	无
		所有会员国均应禁止本国国民、实体和本国境内的人在朝鲜登记船只或获得船只使用朝鲜国旗的授权	第2321（2016）号决议第9段
		禁止所有会员国拥有、租赁、运营悬挂朝鲜国旗及朝鲜拥有、控制或运营的任何船只，或为此类船只提供船级证书、认证或相关服务和保险	第2321（2016）号决议第22段
		如果有情报提供合理理由认为飞机载有违禁物项，所有会员国均不得允许任何飞机在其境内起飞、降落或飞越	第2321（2016）号决议第21段
		委员会如果有信息提供合理理由认为有关船只涉及或已经涉及违禁计划或活动，并根据船只的指认，应采取以下的任一或所有行动：船旗国应（与港口国协调）指示船只前往委员会指明的港口；会员国应禁止船只进入本国港口；船只应接受资产冻结	无

续表

制裁委员会	制裁措施	制裁内容	豁免条款
1718制裁委员会（朝鲜）	提供加油服务	所有会员国在有合理理由并有情报相信朝鲜船只载有违禁物项时，应禁止向这些船只提供加油服务，例如提供燃料、补给或其他船舶服务	第1874（2009）号决议第17段
	资产冻结	所有会员国均应冻结有关国家认定的与违禁活动有关的朝鲜政府和朝鲜劳动党的实体，包括被指认人员和实体以及代表其或按其指示行事的任何人员或实体的资产、资金和经济资源或由其拥有或控制的资产、资金和经济资源。这些资产包括有形资产、无形资产，动产、不动产，实际资产或潜在资产，可用来获取资金、物品或服务，例如船只，包括海船；被指认船只应接受会员国的资产冻结行动	第1718（2006）号决议第9段（a）、（b）和（c）段，第2270（2016）号决议第32段
	扣押物品的处置	所有会员国均应以符合其国际义务的方式扣押和处置（例如销毁、使其无法操作、使用、储存或转交原产国或目的地国以外的其他国家处置）有关决议所禁止的物项	无
	旅行禁令	所有会员国均应防止被指认的个人；或代表被指认个人或按其指示行事的任何人员；或经各国确认协助规避制裁、违反决议规定、代表被指认个人或按其指示行事的任何人员以及为从事运输物项的有关活动以进行修理、维护、翻新、试验、逆向工程和营售而旅行的个人入境或过境	第1718（2006）号决议第10段和第2094（2013）号决议第10段

续表

制裁委员会	制裁措施	制裁内容	豁免条款
1718制裁委员会（朝鲜）	金融措施	所有会员国均应禁止提供有助于朝鲜违禁计划/活动，或有助于规避制裁的金融服务，包括大笔现金和黄金、开放银行业补贴、提供公共财政支持、新赠款承诺、金融援助或优惠贷款	第1874（2009）号决议第19段，第2270（2016）号决议第33段
		禁止所有会员国开设朝鲜各银行的新分支机构、附属机构或代表处；必须关闭现有分支机构、附属机构或代表处；终止与朝鲜各银行的任何合营关系、股权或代理行关系	第2270（2016）号决议第33段
		禁止所有会员国在朝鲜开设新的代表处、附属机构或银行账户。所有会员国必须在90天内关闭设朝鲜境内现有的代表处、附属机构或银行账户	第2270（2016）号决议第31段
		所有会员国都应禁止从本国领土或由受其管辖的个人/实体为与朝鲜进行贸易提供公共和私人金融支持以用于与朝鲜的贸易，包括向涉足此类贸易的国民或实体提供出口信贷、担保或保险	第2321（2016）号决议第32段
		如果会员国认定有人代表朝鲜银行或金融机构或按其指示行事，则它应按适用的本国法律和国际法将此人驱逐出境以遣返回原籍国	第2321（2016）号决议第33段
	专门教育或培训	所有会员国均应保持警惕，防止在本国领土内或由本国国民就可能有助于朝鲜开展扩散敏感核活动和开发核武器运载系统的学科对朝鲜国民进行专门的教学或培训，包括但不限于高级材料学、高级化学工程、高级机械工程、高级电气工程和高级工业工程	无

续表

<table>
<tr><th>制裁委员会</th><th>制裁措施</th><th>制裁内容</th><th>豁免条款</th></tr>
<tr><td rowspan="7">1718制裁委员会（朝鲜）</td><td>科学和技术合作</td><td>所有会员国均应停止由朝鲜官方资助的人或团体或代表朝鲜的人或团体参加的科学和技术合作，但医学交流不在此列；由委员会逐案认定（核科学与技术、航天和航天工程与技术、高级制造业生产技术和方法方面）；由参加的国家认定并事先通知委员会这一认定（其他所有科学或技术合作）</td><td>第2231（2016）号决议第11段</td></tr>
<tr><td rowspan="2">煤和矿产禁运</td><td>禁止朝鲜从其领土、或由其国民、或使用悬挂其国旗的船只或飞机直接或间接供应、销售或转让煤、铁、铁矿石、黄金、钛矿石、钒矿石、铜、镍、银、锌和稀土矿产</td><td>第2321（2016）号决议第26段——仅适用于煤炭、铁和铁矿石禁运</td></tr>
<tr><td>所有会员国均应禁止本国国民或使用悬挂其船旗的船只或飞机从朝鲜购买这些材料，不论它们是否源于朝鲜领土</td><td>第2321（2016）号决议附件五</td></tr>
<tr><td rowspan="3">其他禁运：雕像、新直升机和船只</td><td>禁止朝鲜从其领土、或由其国民、或使用悬挂其国旗的船只或飞机直接或间接供应、销售或转让雕像</td><td>第2321（2016）号决议第29段</td></tr>
<tr><td>所有会员国均应禁止本国国民或使用悬挂本国国旗的船只或飞机从朝鲜购买这些物项，不论它们是否源于朝鲜领土</td><td>第2321（2016）号决议第30段</td></tr>
<tr><td>所有会员国均应防止经由本国领土或由本国国民，或使用悬挂本国国旗的船只或飞机，直接或间接向朝鲜供应、销售或转让新的直升机和船只，不论它们是否源于本国领土</td><td>无</td></tr>
<tr><td>奢侈品</td><td>所有会员国均应防止经由本国领土或本国国民，或使用悬挂本国国旗的船只或飞机，直接或间接向朝鲜提供、销售或转让奢侈品，不论它们是否源于本国领土［包括第2094（2013）号决议附件四、第2270（2016）号决议附件四和第2321（2016）号决议附件四所列物项］</td><td>无</td></tr>
</table>

续表

制裁委员会	制裁措施	制裁内容	豁免条款
利比亚制裁委员会	武器禁运	所有会员国必须防止向利比亚出售或供应致命军火和有关物资，包括武器和弹药、军用车辆和装备、准军事装备及上述物资的备件（利比亚政府在非致命性物资、技术援助、培训或资金援助方面则例外）；禁止利比亚出口所有军火和有关物资，并禁止会员国采购其上述物资	第1970（2011）号决议第9（b）、9（c）段；第2009（2011）号决议第13（a）段、根据第2095（2013）号决议第10段以及第2174（2014）号决议第8段修订；第2009（2011）号决议第13（b）段
	旅行禁令	所有会员国均应防止所有列名人员入境或过境本国	第1970（2011）号决议第16段
	资产冻结和业务限制	所有会员国均应冻结由列入名单的个人或实体直接或间接拥有或控制的资金、其他金融资产和经济资源；并且不向这些个人或实体或以这些个人或实体为受益方，提供任何资金、金融资产或经济资源；各国在与利比亚实体开展业务时，如果有情报提供合理理由令人相信此种业务可有助于暴力和对平民使用武力，各国应对此保持警惕	第1970（2011）号决议第19、21段；第2009（2011）号决议第16段
	针对企图非法出口原油的措施	指定船只的船旗国应指示该船只若无利比亚政府协调人的指示，不装运、不卸载来自利比亚的原油； 所有会员国应禁止委员会指定的船只进入本国港口； 所有会员国应采禁止向委员会指定的船只提供加油服务，例如提供燃料或补给，或其他船只服务； 所有会员国应禁止进行任何与指定船只运载的利比亚原油有关的金融交易	第2146（2014）号决议第12段、第10（b）段、第10（c）段

续表

制裁委员会	制裁措施	制裁内容	豁免条款
1988制裁委员会（塔利班）	资产冻结	各国必须不拖延地冻结被列入名单的个人和实体的资金和其他金融资产或经济资源	第1452（2002）号决议第1段，经第1735（2006）号决议第15段修正
	旅行禁令	各国必须阻止被列入名单的个人在其领土入境或过境	第2160（2014）号决议第1（b）段和第13—15段
	武器禁运	各国不得从本国境内，或境外本国国民，或使用悬挂其国旗的船只或飞机，向被列入名单的个人和实体直接或间接供应、销售和转让军火和各种有关物资、备件以及与军事活动有关的技术咨询、援助或培训	无
几内亚比绍制裁委员会	旅行禁令	所有国家均应采取必要措施，防止由委员会根据第2048（2012）号决议第6至7段所述标准指定列入旅行禁令综合名单的个人在本国入境或过境	第2048（2012）号决议第5段
中非共和国制裁委员会	武器禁运	所有会员国应继续采取必要措施，阻止从本国境内或通过本国领土或由其国民或利用悬挂其国旗的船只或飞机，直接或间接向中非共和国供应、出售或转让任何类别军火或相关军用物资，包括武器和弹药、军用车辆和装备、准军事装备及上述物项的备件，以及与军事活动有关的或与提供、维修或使用任何军火和相关军用物资，包括与提供武装雇佣军（无论其是否来自本国境内）有关的技术援助、培训、财政及其他援助； 授权所有会员国并决定所有会员国应在发现本决议第1段禁止的物项时，没收、登记并处置（例如销毁、使其无法使用、储存或移交给原产国或目的地国以外的其他国家处置）本决议第1段禁止供应、销售、转让或出口的物项，还决定所有会员国都应配合这些努力	第2339（2017）号决议第1（a—h）段

续表

制裁委员会	制裁措施	制裁内容	豁免条款
中非共和国制裁委员会	旅行禁令	从现在至2018年1月31日，所有会员国均应继续采取必要措施，防止委员会指认的个人在本国入境或过境，但本段的规定绝不强制一国拒绝本国国民入境	第2339（2017）号决议第10段
	资产冻结	从现在至2018年1月31日，所有会员国均应继续毫不拖延地冻结其境内由委员会指认的个人或团体，或代表它们或按它们指示行事的个人或团体或由它们拥有或控制的实体，直接或间接拥有或控制的资金、其他金融资产和经济资源，还决定所有会员国均应继续确保本国国民或本国境内任何个人或实体均不向上述个人或实体或为以这些个人或实体为受益方，提供任何资金、金融资产或经济资源	第2339（2017）号决议第13（a—c）段、第14段和第15段
2140制裁委员会（也门）	定向武器禁运	防止为委员会指认的个人和实体的利益而进行的以下活动：直接或间接供应、销售或转让一切类型的武器和相关物资；技术和经济援助以及与军事活动相关的训练；提供、维护或使用任何武器和相关物资，武装雇佣人员也包括在内	第2216（2015）号决议第14段
南苏丹制裁委员会	旅行禁令	所有会员国应采取必要措施，防止委员会可能指认的个人在本国入境或过境，但本段的规定并不要求一国拒绝本国国民入境	第2206（2015）号决议第11段

续表

制裁委员会	制裁措施	制裁内容	豁免条款
南苏丹制裁委员会	资产冻结	所有会员国应毫不拖延地冻结本国领土内由委员会指认的任何个人或实体、或代表此类个人或实体或根据他们指示行事的任何个人或实体、或他们所拥有或控制的实体直接或间接拥有或控制的所有资金、其他金融资产和经济资源，还决定所有会员国应在这一初期阶段确保没有本国国民或在本国境内的人直接或间接为这些人的利益而提供此种或任何其他资金、金融资产和经济资源	第2206（2015）号决议第13、14段和第15段

附录三

联合国维和行动人员殉职统计（1948—2017）

年份	军事人员	军事观察员	警察	国际公民	当地人员	其他	总计
1948	6			2			8
1949	2	1					3
1950	4			1			5
1952	1						1
1953	1						1
1956	1			1			2
1957	16						16
1958	17						17
1959	10						10
1960	42		2				44
1961	146			8	1		155
1962	44			1			45
1963	34						34
1964	21			1			22
1965	17						17
1966	20			1			21
1967	20				1		21
1968	7						7
1969	5		1				6
1970	7				1		8
1971	8		1				9

续表

年份	军事人员	军事观察员	警察	国际公民	当地人员	其他	总计
1972	6						6
1973	10	3		1			14
1974	40		1				41
1975	16	1					17
1976	14						14
1977	14			3			17
1978	27	1					28
1979	31						31
1980	19			1			20
1981	31						31
1982	21	5					26
1983	12						12
1984	14						14
1985	16						16
1986	26	1					27
1987	15				2		17
1988	11						11
1989	24	2	2	3	2		33
1990	21		2		1		24
1991	12	2		1			15
1992	49	1	5	3	1		59
1993	204	6	15	11	16		252
1994	148	8	4	2	6		168
1995	98	7	8	10	3		126
1996	37	4	5	7	2		55
1997	34	1	10	2	1	1	49
1998	12	5	4	11	4	1	37
1999	11	1	13	3	9	2	39
2000	47	1	3	3	5	1	60
2001	52	5	2	2	9	2	72

续表

年份	军事人员	军事观察员	警察	国际公民	当地人员	其他	总计
2002	55	3	4	4	21	1	88
2003	57	4	4	18	19	6	108
2004	83	4	9	6	15		117
2005	87	2	13	13	16		131
2006	61	7	5	10	25		108
2007	41	2	8	12	27		90
2008	70	4	24	10	28		136
2009	72	1	10	11	26	1	121
2010	77		24	38	30	4	173
2011	57	1	20	17	19	1	115
2012	73	3	21	4	7	4	112
2013	70	1	12	6	19	1	109
2014	98		5	5	13	5	126
2015	83	1	12	9	19		124
2016	81		12	4	16	4	117
2017	31		3	3	2	2	41
总计	2597	88	264	248	366	36	3599

参考文献

一　国际公约或条约

1945 年《联合国宪章》

1946 年《联合国特权和豁免公约》

1948 年《世界人权宣言》

1949 年日内瓦第一公约《改善战地武装部队伤者病者境遇的公约》

1949 年日内瓦第二公约《改善海上武装部队伤者病者及遇船难者境遇的公约》

1949 年日内瓦第三公约《关于战俘待遇的公约》

1949 年日内瓦第四公约《关于战时保护平民的公约》

1966 年《公民权利和政治权利国际公约》

1966 年《经济、社会及文化权利国际公约》

1969 年《维也纳条约法公约》

1974 年《在非常状态和武装冲突中保护妇女和儿童宣言》

1990 年《维持和平行动部队地位协议模板》

1991 年《联合国与提供联合国维持和平行动人员和装备的会员国之间的协议范本》

1993 年《联合国前南斯拉夫问题国际刑事法庭规约》

1994 年《卢旺达国际刑事法庭规约》

1994 年《联合国人员和有关人员安全公约》

1995 年《联合国国家间争端和解示范规则》

1995 年《波斯尼亚—黑塞哥维那和平总框架协定》

1997 年《制止恐怖主义爆炸事件的国际公约》

1998 年《国际刑事法院罗马规约》

1998 年《联合国与伊拉克共和国谅解备忘录》

1998 年《国际谈判原则和准则草案》

1999 年《美洲国家组织关于防止和打击恐怖主义的公约》

1999 年《制止向恐怖主义提供资助的国际公约》

2000 年《东南欧睦邻关系、稳定、安全和合作宪章》

2001 年《东盟关于反恐怖主义联合行动的声明》

2003 年《以色列—巴勒斯坦冲突的永久性两国解决办法基于表现的路线图》

2005 年《制止核恐怖主义行为国际公约》

2009 年《上海合作组织反恐怖主义公约》

二 国际组织文件

（一）联合国决议及重要文件

UN Doc. S/11178/REV. 1 （OR）， Sixth Report of the Security Council Committee Established in Pursuance of Resolution 253 （1968） Concerning the Question of Southern Rhodesia， 9 January 1974.

UN Doc. S/RES/687 （1991）， Iraq-Kuwait Situations， Sanctions on Iraq， 3 Apr. 1991.

UN Doc. S/RES/731 （1992）， Concerning Libyan Arab Jamahiriya， Lockerbie Case， 21 Jan. 1992.

UN Doc. S/RES/748 （1992）， Sanctions on Libyan Arab Jamahiriya， 31 Mar. 1992.

UN Doc. S/RES/808 （1993）， Tribunal （Former Yugoslavia）， 22 Feb. 1993.

UN Doc. A/50/60， Supplement to an Agenda for Peace： Position Paper of the Secretary-General on the Occasion of the 50th Anniversary of the United Nations， January 25， 1995.

UN Doc. A/53/1， Kofi Annan， Annual Report of the Secretary-General on the Work of the Organization， August 27， 1998.

UN Doc. A/54/280， Regional Hearings in the Preparation for the

Millennium Assembly of the United Nations: Hearing Held for the Region of the Economic and Social Commission for Western Asia at Beirut on 23 and 24 may 1999, January 20, 2000.

UN Doc. S/RES/1325 (2000), Adopted by the Security Council at its 4213th Meeting, 31 Oct. 2000.

UN Doc. A/56/10, Report of the International Law Commission on the Work of its Fifty-third Session, August 2001.

UN Doc. S/RES/1645 (2005), Post-conflict Peacebuilding, 20 Dec. 2005.

UN Doc. A/RES/60/180, Resolution Adopted by the General Assembly, 30 Dec. 2005.

UN Doc. A/RES/60/1, World Summit Outcome Document, 2005.

UN Doc. A/60/825, Report of the Secretary-General, Uniting Against Terrorism: Recommendations for a Global Counter-Terrorism Strategy, 27 April 2006.

UN Doc. S/RES/1674 (2006), Protection of Civilians in Armed Conflict, 28 Apr. 2006.

UN Doc. A/RES/61/39, The Rule of Law at the National and International Levels, 4 Dec. 2006.

UN Doc. A/RES/62/70, The Rule of Law at the National and International Levels, 6 Dec. 2007.

UN Doc. A/RES/63/128. The Rule of Law at the National and International Levels, 11 Dec. 2008.

UN Doc. A/RES/64/116, The Rule of Law at the National and International Levels, 16 Dec. 2009.

UN Doc. S/RES/1904 (2009), Sanctions Regime on Al-Qaida, Usama bin Laden and the Taliban, 17 Dec. 2009.

(二) 欧盟(欧共体)条例、指令及其他文件

Council Regulation (EEC) No 990/93 of 26 April 1993 Concerning trade between the European Economic Community and the Federal Republic of Yugoslavia (Serbia and Montenegro).

Council Regulation (EC) No 2580/2001of 27 December 2001on Specific Restrictive Measures Directedagainst Certain Persons and Entities with A View to Combating Terrorism.

Council Regulation (EC) No. 881/2002of 27 May 2002, Imposing Certain Specific Restrictive Measures Directed against Certain Persons and Entities Associated with Usama bin Laden, the Al-Qaida Network and the Taliban, and Repealing Council Regulation (EC) No 467/2001 Prohibiting the Export of Certain Goods and Services to Afghanistan, Strengthening the Flight Ban and Extending the Freeze of Funds and Other Financial Resources in Respect of the Taliban of Afghanistan.

Regulation (EU) No 258/2012 of the European Parliament and of the Council of 14 March 2012 Implementing Article 10 of the United Nations' Protocol against Theillicit Manufacturing of and Trafficking in Firearms, their Parts and Components and Ammunition, Supplementing the United Nations Convention against Transnational Organised Crime (UN Firearms Protocol), and Establishing Export Authorisation, and Import and Transit Measures for Firearms, their Parts and Components and Ammunition.

Directive 2011/95/EU of the European Parliament and of the Council of 13 December 2011 on Standards for the Qualification of third-country Nationals or Stateless Persons as Beneficiaries of International Protection, for a Uniform Status for Refugees or for Persons Eligible for Subsidiary Protection, and for the Content of the Protection Granted.

Regulation (EU) No 604/2013 of the European Parliament and of the Council of 26 June 2013 Establishing the Criteria and Mechanisms for Determining the Member State Responsible for Examining an Application for International Protection Lodged in one of the Member States by a third-country National or a Stateless Person.

EU Legislation (Sanctions) (Miscellaneous Amendments-United Nations) (Jersey) Order 2017.

(三) 其他国际组织报告或出版物

秘书长的报告:《执行〈宪章〉中有关援助因实施制裁而受影

响的第三国的规定》，A/53/312，1998 年 9 月 22 日。

秘书长报告：《加强和协调联合国法治活动的年度报告》，A/64/298，2009 年 8 月 17 日。

秘书长报告：《加强和协调联合国法治活动》，A/63/226，2008 年 8 月 6 日。

秘书长报告：《汇聚我们的力量：加强联合国对法治的支持》，A/61/636，2006 年 12 月 14 日。

秘书长报告：《和平纲领补编：秘书长在联合国五十周年提出的立场档》，A/50/60 - S/1995/1，1995 年 1 月 3 日。

秘书长报告：《和平纲领：预防性外交、建立和平与维持和平》，A/47/277 - S/24111，1992 年 6 月 17 日。

秘书长报告：《大自由：实现人人共享的发展、安全和人权》，A59/2005，2005 年 3 月 21 日。

秘书长报告：《冲突中和冲突后社会的司法和过渡司法》，S/2004/616，2004 年 8 月 23 日。

秘书长报告：《阿富汗局势对国际和平和安全的影响》，A/57/850 - S/2003/754，2003 年 12 月 30 日。

United Nations High Commissioner for Refugees, UNHCR's Expanded Role in Support of the Inter-Agency Response to Situations of Internal Displacement: Report of A Lessons Learned and Effective Practice Workshop, PDES/2006/06, Nov. 2006.

United Nations Development Program, Strengthening the Rule of Law in Conflict /Post-Conflict Situations: Global Program, 2008 - 2011.

United Nations Development Program, Learning from Experience for Afghanistan-Report on Afghanistan Programming Workshops, 2002.

United Nations Development Program, Constitutional Assistance in Post-Conflict Countries: The UN Experience: Cambodia, East Timor & Afghanistan, 2005.

UN Secretary-General, Support by the United Nations System of the Efforts of Governments to Promote and Consolidate New or Restored Democracies, UN Doc. A/51/512, Oct. 18, 1996.

Rule of Law Coordination and Resource Group, Joint Strategic Plan 2009 - 2011.

Report of the Secretary-General's High-Level Panel on Threats, Challenges and Change on A More Secure World: Our Shared Responsibility, UN Doc. A/59/565, 2004.

Report of the Secretary-General, The Situation in Afghanistan and Its Implications for International Peace and Security, UN Doc. A/56/875 - S/2002/278, 18 Mar. 2002.

Report of the Secretary-General, The Rule of Law at the National and International Levels, UN Doc. A/63/64, 12 Mar. 2008.

Report of the Secretary-General, The Rule of Law and Transitional Justice in Conflict and post-conflict Societies, UN Doc. S/2004/616, 23 Aug. 2004.

Report of the Secretary-General, Support by the United Nations System of the Effortsof Governments to Promote and Consolidate New or Restored Democracies, UN Doc. A/51/512, Oct. 18, 1996.

Report of the Secretary-General, Strengthening the Role of the United Nations in Enhancing the Effectiveness of the Principle of Periodic and Genuine Elections and the Promotion of Democratization, UN Doc. A/RES/49/190, 23 Dec. 1994.

Report of the Secretary-General, Second Annual Report on Strengthening and Coordinating United Nations Rule of Law Activities, UN Doc. A/65/318, 20 Aug. 2010.

Report of the Secretary-General, Peacebuilding in the Immediate Aftermath of Conflict, UN Doc. A/63/881 - S/2009/304, 11 Jun. 2009.

Report of the Secretary-General, Implementation of the Recommendations of the Special Committee on Peacekeeping Operations, UN Doc. A/60/640, 29 Dec. 2005.

Report of the Secretary-General on The Role of Regional and Subregional Arrangements In Implementing the Responsibility to Protect, UN Doc. A/65/877 - S/2011/393, 2011.

Report of the Secretary-General on The Responsibility To Protect: Timely and Decisive Response, UN Doc. A/66/874 - S/2012/578, 2012.

Report of the Secretary-General on The Responsibility to Protect: State Responsibility and Prevention, UN Doc. A/67/929 - S/2013/399, 2013.

Report of the Secretary-General on Mobilising Collective Action: The Next Decade of the Responsibility to Protect, UN Doc. A/70/999 - S/2016/620, 2016.

Report of the Secretary-General on In Larger Freedom: Towards Development, Security, and Human Rights for All, UN Doc. A/59/2005, 2005.

Report of the Secretary-General on Implementing the Responsibility to Protect, UN Doc. A/63/677, 2009.

Report of the Secretary-General on Fulfilling Our Collective Responsibility: International Assistance and the Responsibility To Protect, UN Doc. A/68/947 - S/2014/449, 2014.

Report of the Secretary-General on Early Warning, Assessment, and the Responsibility to Protect, UN Doc. A/64/864, 2010.

Report of the Secretary-General on A Vital and Enduring Commitment: Implementing the Responsibility to Protect, UN Doc. A/69/981 - S/2015/500, 2015.

Office of the United Nations High Commissioner for Human Rights, Rule-of-Law Tools for Post-Conflict States, HR/PUB/06/3, Geneve, 2006.

Inter-Parliamentary Union Resolution (27 March 2013) on Enforcing the Responsibility to Protect: The Role of Parliament in Safeguarding Civilians' Lives.

Guidance Note of the Secretary-General: United Nations Assistance to Constitution-making Processes, United Nations Rule of Law, April 2009.

European Parliament Recommendation to the European Council (18

April 2013) on the UN Principle of the ‘Responsibility to Protect’ (2012/2143 (INI)).

Annual Report of the Secretary-General, the Work of the Organization (1998), UN Doc. A/53/1, Aug. 27, 1998.

African Commission on Human and Peoples' Rights: Resolution 117 (28 November 2007), on Strengthening the Responsibility to Protect in Africa.

2014 Report of the High-Level Panel on the Responsibility to Protect in Southeast-Asia on Mainstreaming the Responsibility to Protect in Southeast Asia: Pathway Towards a Caring ASEAN Community.

2011 Final Report of the Council for Security Cooperation in the Asia Pacific (CSCAP), Study Group on the Responsibility to Protect (RtoP).

三 各国（地区）法律法规

（一）各国宪法

Argentine: Constitution of the Argentine Nation

Austria: Bundes-Verfassungsgesetz, B-VG

Columbia: Constitution of Columbia

Costa Rica: Constitution of Costa Rica

Cyprus: Constitution of the Republic of Cyprus

CzechRepublic: Constitution of the CzechRepublic, amended by Act No. 395/2001 Coll

El Salvador: Constitution of the Republic of El Salvador

Germany: Basic Law for the FederalRepublic of Germany

Honduras: Constitution of Honduras

Italy: Constitution of the Italian Republic

Jordan: The Constitution of The HashemiteKingdom of Jordan

Korea: The Constitution of the Republic of Korea

Netherland: The Constitution of the Kingdom of the Netherlands

Poland: The Constitution of the Republic of Poland of 2nd

April, 1997

Spain: Spain Constitution sanctioned by His Majesty the King on August 27, 1992

《日本国憲法》

（二）各国（地区）国内法

1. 中国

相关国内立法：

《中华人民共和国对外贸易法》

《中华人民共和国缔结条约程序法》

国内行政规范性文件：

1994 年 6 月 2 日海关总署《关于转发〈关于执行联合国安理会第 918 号决议的通知〉的通知》

2000 年 7 月 4 日《海关总署转发外交部〈关于执行联合国安理会第 1298 号决议的通知〉的通知》

2001 年 5 月 10 日《外交部关于执行联合国安理会第 1343 号决议的通知》

2001 年 9 月 30 日《外交部关于执行联合国安理会第 1373 号决议的通知》

2001 年 10 月 17 日《外交部关于执行安理会第 1267 和 1333 号决议对有关个人和实体实施金融制裁的通知》

2002 年 9 月 17 日《外交部关于联合国安理会制裁阿富汗委员会将"东突厥斯坦伊斯兰运动"列入受制裁实体名单的通知》

2008 年 1 月 1 日《外交部关于执行联合国安理会第 1803 号决议的通知》

2010 年 1 月 11 日《中国银监会办公厅关于加强银行账户管理有效执行联合国相关制裁决议的通知》

2010 年 6 月 8 日《中国银监会关于印发〈银行业金融机构国别风险管理指引〉的通知》

2010 年 6 月 11 日中国证监会广东监管局《关于执行联合国安理会相关决议的通知》

2010 年 6 月 11 日《中国人民银行执行外交部〈关于执行安理

会有关决议通知〉的通知》

2011 年 4 月 12 日《中国银监会办公厅关于转发外交部执行联合国安理会第 1973 号决议的通知》

2011 年 5 月 25 日《关于执行联合国安理会第 1980 号决议的通知》

2011 年 7 月 4 日中国证监会办公厅《关于转发外交部〈关于执行联合国安理会第 1980 号决议的通知〉的通知》

2012 年 1 月 13 日交通运输部国际合作司《关于执行联合国安理会第 2016 号决议的通知》

2012 年 12 月 20 日《外交部关于执行联合国安理会第 2078 号决议及相关个人实施制裁的通知》

2012 年 12 月 24 日《外交部关于执行联合国安理会第 2079 号决议的通知》

2012 年 12 月 31 日《外交部关于更新联合国安理会制裁伊朗委员会综合制裁清单的通知》

2013 年 3 月 20 日《外交部关于执行联合国安理会第 2078 号决议及对相关个人实施制裁的通知》

2013 年 4 月 28 日《外交部关于执行联合国安理会第 2094 号决议的通知》

2015 年 9 月 8 日《外交部关于执行联合国安理会第 2273 号决议的通知》

2016 年 4 月 25 日《中国银监会办公厅转发外交部关于执行联合国安理会第 2278 号决议的通知》

2. 中国香港

1997 年 7 月 18 日香港法例第 537 章，《联合国制裁条例》，宪报编号：1997 年第 125 号

2007 年 5 月 18 日香港立法会内务委员会会议文件：《研究在香港实施联合国安全理事会就制裁事宜所作决议的小组委员会报告所提出主要事项的摘要》，立法会 CB（1）1586/06 - 07 号文件，档号：CB1/HS/1/04

2005 年 8 月立法会：《研究在香港实施联合国安全理事会就制

裁事宜所作决议的小组委员会》，档号：CB（1）2251/04 - 05（01）

3. 美国

国内立法：

United Nations Participation Act

Trading Withthe Enemy Act of 1917

International Emergency Economic Powers Act

Export Administration Act

Foreign Assets Control Regulation

Arms Export Control Act

国内行政命令：

Executive Order 11322, Relating to trade and other Transactions involving Southern Rhodesia, January 5, 1967

Executive Order 11419, Relating to trade and other Transactions involving Southern Rhodesia, July 30, 1968

Executive Order 12170, November 15, 1979

Executive Order 13129, Blocking Property and Prohibiting Transactions with the Taliban, July 7, 1999

Executive Order 13224, Blocking Property and Prohibiting Transactions with Persons Who Commit, Threaten to Commit, or Support Terrorism, September 25, 2001.

4. 英国

Trading with the Enemy Act, 1939

Immigration and Asylum Act 1999

5. 芬兰

Acton theImplementation of Certain Obligations of Finlandas a Member of the United Nations, No. 659/1967, Issued at Helsinki on 29 December 1967

Acton the Enforcement of Certain Obligations of Finlandas a Member of the United Nations and of the European Union, title amended by Act No. 705/1997

6. 比利时

Law on theImplementation of Decisions of the United Nations Security Council, 1995

7. 瑞典

Lag om Vissa Internationella Sanktioner (Act on Certain International Sanctions), 1999

8. 瑞士

Bundesgesetz über die Durchsetzung von Internationalen Sanktionen (Embargogesetz, EmbG), 22 März 2002

9. 德国

国内立法:

Außenwirtschaftsgesetz

Regulation Implementing the Foreign Trade and Payments Act (Foreign Trade and Payments Regulation-AWV) of 18 December 1986

Regulation of 9 August 1990

国内行政命令:

Executive Order of 7 August 1990

Executive Order of 26 April 1993

10. 日本

《外国為替及び外国貿易法》

《出入国管理及び難民認定法》

11. 阿根廷

国内立法:

Ley 12838/1946, Aprobando Ratificación a la Carta de las Naciones Unidas

Ley 19846/1972, Aprueba una Resolución Adoptada por el Consejo de Seguridad de las Naciones Unidas Relacionada con el Libre Comercio con la República de Rhodesia del Sur

Ley 24080, Tratados Y Convenciones Internacionales, Establécese la publicación en el Boletín Oficial de Actos y hechos Referidos a Tratados o Convenciones Internacionales en los que la Nación Argentina sea Parte

国内行政命令：

Decreto Nacional 1. 560/90, Ocupacion del Estado de Kuwait por la Republica de Irak (*Occupation of the State of Kuwait by the Republic of Iraq*), Buenos Aires, August 13, 1990

Decreto Nacional 2. 067/90, Aprobacion de la Resolucion del Consejo de Seguridad por la Cual se Amplian las Sanciones Contra la Republica de Irak (*Approval of the Resolution of the Security Council which will Increase the Sanctions against the Republic of Iraq*), Buenos Aires, 2 October 1990

Decreto Nacional 2. 798/93, Aprobacion de la Resolucion 787 del Consejo de Seguridad de las Naciones Unidas Sobre la Guerra de Bosnia (*Approval of Resolution* 787 *of the Security Council of the United Nations on the Bosnian War*), Buenos Aires, December 30, 1993

Decreto Nacional 784/94, Restricciones Acordadas porel Consejo de Seguridad Internacional de las Naciones Unidas a la Republica de Haiti (*Restrictions Agreed by the Security Council of the United Nations to the Republic of Haiti*), Buenos Aires, May 18, 1994

Decreto Nacional 582/96, Seguridad Internacional. Aprobacion de una Resolucion del Consejo de Seguridad de las Naciones Unidas (*Adoption of a resolution of the Security Council of the United Nations*), Buenos Aires, May 31, 1996

Decreto Nacional 71/99, Seguridad Internacional (*International Security*), Buenos Aires, February 5, 1999

四　判例

（一）国际法院及欧盟法院判例

Agrim Behrami and Bekir Behrami v. France, *Ruzhdi Saramati v. France*, *Norway and Germany*, European Court of Human Rights, 2 May 2007

Ahmed Ali Yusuf and Al Barakaat International Foundation v. Council of the European Union and Commission of the European Communities

Bosnia and Herzegovina v. Serbia and Montenegro, ICJ Reports 1993

Case C – 177/95, *Ebony Maritime SA and Loten Navigation Co. Ltd. v. Prefetto della Provincia di Brindisi and Others*, 27 February 1997, ECR I – 1114

Ebony Maritime SA v. Prefetto Della Provincia di Brindisi, [1997] 2 CMLR 24

Judgment of the ECJ in Joined Cases C – 402/05 P and C – 415 /05 P, *Yassin Abdullah Kadi and Al Barakaat International Foundation v. Council of the EU and Commission of the EC*, ECJ Judgment, 3 Sep. 2008.

Libyan Arab Jamahiriya v. United Kingdom, *Libyan Arab Jamahiriya v. United States of America*, Case Concerning Questions of Interpretation and Application of the 1971 Montreal Convention arising from the Aerial Incident at Lockerbie

Military and Paramilitary Activities in and against Nicaragua, I. C. J. Reports 1986

Prosecutor v. Dusko Tadi ć, Case No. IT – 94 – 1 – AR72, 2 Oct. 1995

Prosecutor v. Joseph Kanyabashi, Case No. ICTR – 96 – 15 – T, Decision on the Defence Motion on Jurisdiction, 18 Jun. 1997

Prosecutor v. Tadić, Appeal on Jurisdiction, Case IT – 94 – I – AR72, 2 October 1995

Prosecutor v. Tadić, Case No. IT – 94 – 1 – A – R77, Separate Opinion of Judge Wald Dissenting from the Finding of Jurisdiction, 27 Feb. 2001

R. v. HM Treasury and Bank of England, *ex parte Centro-Com Srl.*, [1997] 1 CMLR 555

The S. S. Lotus Case (*France v. Turkey*), P. C. I. J., 1927

Yassin Abdullah Kadi v. Council and Commission, Court of First Instance, 21 September 2005, ECR II – 3649

Youssef Nada v. State Secretariat for Economic Affairs and Federal Department of Economic Affairs, Administrative Appeal Judgment, Switzerland, Federal Tribunal, 14 November 2007

Yusuf and Al Barakaat International Foundation v. Council and Commission, Court of First Instance, 21 September 2005, ECR II – 3533

（二）各国国内法院判例

1. 美国

767 Third Ave. Assoc. v. Permanent Mission, 787 F. Supp. 389

Askir v. Boutros-Ghali, 933 F. Supp. 368

Balfour, Guthrie & Co. v. United States, 90 F. Supp. 831

Boimah v. United Nations General Assembly, 664 F. Supp. 69

Brzak v. United Nations, No. 08 – 2799 (2d Cir. 2010)

Charles Coles Diggs et al., Appellants, v. George P. Shultz, Secretary of Treasury, et al., United States Court of Appeals, District of Columbia Circuit

De Luca v. United Nations Organization, 841 F. Supp. 531

Diggs v. Dent, Decision of the District Court for the District of Columbia

Georges et al v. United Nations et al, No. 1: 2013

Georges v. United Nations, No. 15 – 455 (2d Cir. 2016)

Gray v. Permanent Mission of People's Republic of Congo to United Nations, 580 F. 2d 1044

Hijazi v. Permanent Mission of Saudi Arabia to the United Nations, No. 1: 2009

Permanent Mission of India to United Nations v. City of New York, 551 U. S. 193

Reid v. Covert, United States Supreme Court

United Nations Korean RA v. Glass Production Meth., 143 F. Supp. 248

United States of Americav. David S. McKeeve, No. 96 – 2273, United States Court of Appeals, First Circuit

United States v. Coplon, 84 F. Supp. 472

United States v. Egorov, 222 F. Supp. 106

United States v. Fitzpatrick, 214 F. Supp. 425

United States v. Keeney, 111 F. Supp. 233

Whitneyet al. v. Robertson, *Collector*, United States Supreme Court

2. 英国

A, K, M, Q & G v. H. M. Treasury, The High Court of Justice, Queen's Bench Division Administrative Court, [2008] EWHC 869 (Admin), 24 April 2008

Belhaj v. Straw and others, [2017] UKSC 3

Campaign for Nuclear Disarmament v. Prime Minister of the United Kingdom & Ors., Court of Appeal-Queen's Bench Division, December 17, 2002

El-Ali v. Secretary of State for the Home Department, [2002] EWCA Civ 1103

Her Majesty's Treasury (Respondent) v. Mohammed Jabar Ahmed and others (FC) (Appellants), Her Majesty's Treasury (Respondent) v. Mohammed al-Ghabra (FC) (Appellant), R (on the application of Hani El Sayed SabaeiYoussef) (Respondent) v. Her Majesty's Treasury (Appellant) (No. 2), [2010] UKSC 5, 4 February 2010

Kuwait Airways Corporation v. Iraqi Airways Company and Others, [2002] UKHL 19, 16 May 2002

LC (Albania) v. Secretary of State for the Home Department, [2017] EWCA Civ 351

Minister voor Immigratie en Asiel v. X, Joined Cases C – 199/12 to C – 201/12; EU: C: 2013: 474 EU: C: 2013: 720

R (on the application of Al-Jedda) v. the Secretary of State of Defense, Court of Appeal, [2007] UKHL 58, EWCA Civ. 327, 29 March 2006

Regina (Al Rawi and others) v. Secretary of State for Foreign and Commonwealth Affairs and another, [2006] EWCA Civ 1279

Regina (ZT (Syria) and others) v. Secretary of State for the Home Department, [2016] EWCA Civ 810

SXH v. Crown Prosecution Service, [2017] UKSC 30

3. 比利时

Nabil Sayadi and Patricia Vinck v. Belgian State, Tribunal de premiere instance de Buxelles 4th Ch., 2 February 2005

4. 加拿大

Abdelrazik v. Canada (Minister of Foreign Affairs), [2010] 1 FCR 267

5. 爱尔兰

Bosphorus Hava Yollari Turizm ve Ticaret AS v. Minister for Transport, Energy and Communications and others, Irish High Court

6. 阿根廷

Miguel A. Ekmekdjian, c. Gerardo Sofovich, Buenos Aires, julio 7 de 1992

Fibraca Constructora S. C. A. c. Comisión Técnica Mixta Salto Grande, Corte Suprema de Justicia de la Nación, 7 July, 1993

Unilever NV c. Instituto Nacional de la Propiedad Industrial

7. 日本

国籍確認等，最高裁判所第二小法廷，昭和55（行ツ）113

外国為替及び外国貿易管理法違反、関税法違反、物品税法違反，最高裁判所大法廷，昭和37（あ）927

日本国とアメリカ合衆国との間の安全保障条約第三条に基く行政協定に伴う刑事特別法違反，最高裁判所第二小法廷，昭和37（あ）994

日本国とアメリカ合衆国との間の安全保障条約第三条に基く行政協定に伴う刑事特別法違反，最高裁判所大法廷，昭和34（あ）710

謝罪広告請求，最高裁判所大法廷，昭和28（オ）1241

尊属傷害致死，最高裁判所大法廷，昭和25（あ）292

五 学术著作

1. 中文著作

（1）专著

曾令良：《全球化时代的国际法——基础、结构与挑战》，武汉大学出版社 2005 年版。

贺其治：《国家责任法及案例浅析》，法律出版社 2003 年版。

黄风、凌岩、王秀梅：《国际刑法学》，中国人民大学出版社 2007 年版。

黄惠康、黄进：《国际公法国际私法成案选》，武汉大学出版社 1987 年版。

黄仁伟、刘杰：《国家主权新论》，时事出版社 2004 年版。

江国青：《演变中的国际法问题》，法律出版社 2002 年版。

李广民、欧斌主编：《国际法》，清华大学出版社 2006 年版。

李少军：《当代全球问题》，浙江人民出版社 2006 年版。

李寿平：《现代国际法律责任制度》，武汉大学出版社 2003 年版。

梁西主编：《国际组织法（总论）》（修订第五版），武汉大学出版社 2001 年版。

刘达人、袁国钦：《国际法发达史》，中国方正出版社 2007 年版。

刘芳雄：《国际法院咨询管辖权研究》，浙江大学出版社 2008 年版。

马呈元：《国际刑法论》，中国政法大学出版社 2007 年版。

莫纪宏：《现代宪法的逻辑基础》，法律出版社 2001 年版。

莫纪宏：《宪法审判制度概要》，中国人民公安大学出版社 1998 年版。

慕亚平、周建海、吴费：《当代国际法论》，法律出版社 1998 年版。

盛红生：《联合国维持和平行动法律问题研究》，军事谊文出版社 1998 年版。

王杰、张海滨、张志洲主编：《全球治理中的国际非政府组织》，北京大学出版社 2004 年版。

夏勇、李林、[瑞士] 丽狄娅·芭斯塔·弗莱纳主编:《法治与21世纪》, 社会科学文献出版社2004年版。

许光建等编:《联合国宪章诠释》, 山西教育出版社1999年版。

余民才主编:《国际法专论》, 中信出版社2003年版。

郑永流:《法治四章——英德渊源、国际标准和中国问题》, 中国政法大学出版社2002年版。

朱景文:《全球化条件下的法治国家》, 中国人民大学出版社2006年版。

卓泽源:《法治国家论》, 法律出版社2003年版。

(2) 译著

[奥] 阿·菲德罗斯等:《国际法》, 李浩培译, 商务印书馆1981年版。

[德] 沃尔夫冈·格拉夫·魏智通主编:《国际法》, 吴越等译, 法律出版社2002年版。

[德] 英戈·冯·闵希:《国际法教程》, 林荣远、莫晓慧译, 世界知识出版社1997年版。

[法] 让-马克·夸克:《迈向国际法治:〈联合国际对人道主义危机的回应〉》, 生活·读书·新知三联书店2008年版。

[古希腊] 亚里士多德:《政治学》, 吴寿彭译, 商务印书馆1983年版。

[荷] 亨利·范·马尔赛文、格尔·范·德·唐:《成文宪法的比较研究》, 华夏出版社1987年版。

[加] 威廉·夏巴斯:《国际刑事法院导论》, 黄芳译, 中国人民公安大学出版社2006年版。

[美] 菲利斯·本尼斯:《发号施令:美国是如何控制联合国的》, 陈遥遥、张筱春译, 新华出版社1999年版。

[美] 卡尔·多伊奇:《国际关系分析》, 周启朋等译, 世界知识出版社1992年版。

[美] 理查德·N. 哈斯:《新干涉主义》, 殷雄、徐静译, 新华出版社2000年版。

[美] 塞缪尔·亨廷顿:《第三波——20世纪后期民主化浪潮》,

生活·读书·新知三联书店1998年版。

［美］西摩·马丁·李普塞特：《政治人：政治的社会基础》，上海人民出版社1997年版。

［美］伊丽莎白·埃克诺米、米歇尔·奥克森伯格主编：《中国参与世界》，新华出版社2001年版。

［美］约翰·伊肯伯里（G. John Ikenberry）：《大战胜利之后——制度、战略约束与战后秩序重建》，门洪华译，北京大学出版社2008年版。

［美］詹姆斯·多尔蒂、小罗伯特·普法尔茨格拉夫：《争论中的国际关系理论》，阎学通等译，世界知识出版社2003年版。

［日］渡边昭夫、土山实男主编：《全球治理：无政府秩序的探索》，东京大学出版会2001年版。

［英］J. G. 斯塔克：《国际法导论》，赵维田译，法律出版社1984年版。

［英］哈耶克：《法律、立法与自由》第1卷，邓正来等译，中国大百科全书出版社2000年版。

［英］霍布斯：《利维坦》，黎思复、黎廷弼译，商务印书馆1985年版。

［英］劳特派特修订：《奥本海国际法》，王铁崖、陈体强译，商务印书馆1981年版。

［英］罗杰·科特威尔：《法律社会学导论》，华夏出版社1989年版。

2. 英文著作

A. B. Fetherston, *Towards a Theory of UN Peacekeeping*, Netherland: St. Martins Press, 1994.

Adam Przeworski, Michael Alvarez, Jose Cheibub, and Fernando Limongi, *Democracy and Development: Political Institutions and Well Being in the World*, 1950 – 1990, Cambridge: Cambridge University Press, 2000.

Anthony A. Peacock, *Freedom and the Rule of Law*, Lexington: Lexington Books, 2010.

Baehr, P. R. and Gordenker, Leon, *The United Nations: Reality and Ideal*, Netherland: Palgrave Macmillan, 2005.

Barberis, J., *The Formation of the International Law*, de R. Depalma, 1994.

Brett Bowden, Hilary Charlesworth and Jeremy Farrall, *The Role of International Law in Rebuilding Societies after Conflict: Great Expectations*, Cambridge University Press, 2009.

Brierly, James L., *The Law of Nations: An Introduction to the International Law of Peace*, Clarendon Press, 1949.

Brown-John, C. Lloyd, *Multilateral Sanctions in International Law*, Praeger, 1975.

Cai Dingjian and Wang Chenguang, *China's Journey toward the Rule of Law: Legal Reform*, 1978 – 2008, Hague: Brill, 2010.

Cortright, David and Lopez, George A., *The Sanctions Decade: Assessing UN Strategies in the 1990s*, Lynne Rienner Publishers, 2000.

Coser Lewis, *The Functions of Social Conflict*, Free Press, 1956.

David M. Beatty, *The Ultimate Rule of Law*, Oxford University Press, 2004.

David M. Malone, ed., *The UN Security Council: From the Cold War to the 21st Century*, Lynne Rienner, 2004.

De Wet, Erika, *The Chapter VII Powers of the United Nations Security Council*, Oxford University Press, 2004.

Delbrück, Jost ed., *The Future of International Law Enforcement: New Scenarios-New Law?*, Proceedings of an International Symposium of the Kiel Institute of International Law, 1993.

Doxey, M., *Economic Sanctions and International Enforcement*, Oxford University Press, 1971.

Doxey, Margaret P., *International Sanctions in Contemporary Perspective*, MacMillan Press, 1987.

Eric De Brabandere, *Post-Conflict Administrations in International Law: International Territorial Administration, Transitional Authority and*

Foreign Occupation in Theory and Practice, Leiden, 2009.

G. John Ikenberry, *After Victory: Institutions, Strategic Restraint, and the Rebuilding of Order after Major Wars*, Princeton University Press, 2000.

Giacomo Chiozza, Paul P. Craig, *Formal and Substantive Conceptions of the Rule of Law: An Analytical Framework*, Public Law, 1997.

Giovanni Sartori, *Comparative Constitutional Engineering: An Inquiry into Structures, Incentives and Outcomes*, London: Macmillan, 1994.

Gowlland-Debbas, Vera, *Collective Responses to Illegal Acts in International Law: United Nations Action in the Question of Southern Rhodesia*, Martinus Nijhoff Publishers, 1990.

Hartley, Trevor C., *The Foundations of European Community Law*, Oxford University Press, 2007.

Hedley Bull, *The Anarchical Society*, Columbia University Press, 1977.

Higgins, Rosalyn, *The Development of International Law Through the Political Organs of the United Nations*, Oxford University Press, 1963.

Highley, A. E., *The First Sanctions Experiment (A Study of League Procedures)*, Geneva Research Centre, 1938.

Ian Brownlie, *Principles of Public International Law*, Clarendon Press Oxford, 1998.

J. E. S. Fawcett, *The Rule of Law and Human Rights: Principles and Definitions*, Geneva: International Commission of Jurists, 1966.

Jeremy Matam Farrall, *United Nations Sanctions and the Rule of Law*, Combridge University Press, 2007.

Jon Elster, Claus Offe and Ulrich K. Preuss, *Institutional Design in Post-Communist Societies: Rebuilding the Ship at Sea*, Cambridge University Press, 1998.

K. Gyeke-Dako, *Economic Sanctions under United Nations*, Ghana Publishing Corporation, 1973.

Kalevi Holsti, *Peace and War: Armed Conflict and International Order*, *Cambridge University Press*, 1991.

Kelsen, Hans, *The Law of the United Nations*, Frederick A. Praeger, Inc., 1950.

Kelsen, Hans, *The law of the United Nations: A Critical Analysis of Its Fundamental Problems (with Supplement)*, The Lawbook Exchange Ltd., 2000.

Kerim Yildiz and Susan Breau, *The Kurdish Conflict: International Humanitarian Law and Post-Conflict Mechanisms*, Routledge, 2010.

Lowe, Vaughan, *International Law*, Oxford University Press, 2007.

Lowenfeld, Andreas F., *Trade Controls for Political Ends*, Matthew Bender Publisher, 1983.

Lowenfeld, Andreas F., Newman, Lawrence W. and Walker, John M., *Revolutionary Days: The Iran Hostage Crisis andthe Hague Claims Tribunal: A Look Back*, Juris Publishing, 1998.

M. C. Basscouni, *Introduction to International Criminal Law*, Transnational Publishers, 2004.

Malanczuk, Peter, *Akehurst's Modern Introduction to International Law*, Routledge, 1997.

Manusama, Kenneth, *The United Nations Security Council in the Post-Cold War Era: Applying the Principle of Legality*, Martinus Nijhoff Publishers, 2006.

Mark R. Amstutz, *International Ethics: Concepts, Theories, and Cases in Global Politics*, Rowman & Littlefield Publishers, Inc., 1999.

Mark R. Amstutz, *The Healing of Nations: The Promise and Limits of Political Forgiveness*, Rowman & Littlefield Publishers, 2004.

Martin Dixon and Robert Mcorquodale, *Cases and Materials on International Law*, Blackstone, 2000.

Martinez, M. Martin, *National Sovereignty and International Organizations*, Kluwer Law International, 1996.

Maunz, Theodor and Dürig, Günter, *Grundgesetz: Kommentar* (*Basic Law: Commentary*), C. H. Beck, 1994.

Michael Pugh, Neil Cooper, Mandy Turner, eds., *Whose Peace? Critical Perspectives on the Political Economy of Peace-building*, Palgrave Macmillan, 2008.

Michael, E. Brown, ed., *Nationalism and Ethnic Conflict*, The MIT Press, 1997.

Mohamm Bedjaoui, *The New World Order and the Security Council*, Dordrecht Martunus Nijhoff Pubishers, 1994.

Korhonen & J. Gras, eds., *International Governance in Post-Conflict Situations*, Leiden, 2001.

Pablo de Greiff and Roger Duthie, *Transitional Justice and Development: Making Connections*, New York: New York Press, 2009.

Pietro Costa, Danilo Zolo, eds., *The Rule of Law History, Theory and Criticism*, Berlin: Springer, 2007.

Ramesh Thakur and Waheguru Pal Singh Sidhu, *The Iraq Crisis and World Order: Structural, Institutional and Normative Challenges*, United Nations University, 2006.

Ress, Hans-Konrad, *The Trade Embargo: International Relations, European Integration and Foreign Trade Law Framework, and Compensation Practices*, Springer, 2000.

Samuel Huntington, *Political Order in Changing Societies*, Yale University Press, 1968.

Shaw, Malcolm N., *International Law*, Cambridge University Press, 2005.

Simon Chesterman, *Secretary or General? The UN Secretary-General in World Politics*, Cambridge University Press, 2007.

Tricia D. Olsen, Leigh A. Payne, Andrew G. Reiter, *Transitional Justice in Balance: Comparing Processes*, Weighing Efficacy, 2010.

Vera Gowlland-Debbas, ed., *United Nations Sanctions and International Law*, Netherland: Kluwer Law International, 2001.

White, N. D., *Keeping the Peace: the United Nations and the Maintenance of International Peace and Security*, Manchester University Press, 1997.

Yossi Shain and Juan J. Linz, *Between States: Interim Governments and Democratic Transitions*, Cambridge University Press, 1995.

六 学术论文

1. 中文论文

黄志雄:《WTO体制内的发展问题研究——兼论国际发展法的完善》,博士学位论文,武汉大学,2002年。

刘衡:《国际法之治:从国际法治到全球治理》,博士学位论文,武汉大学,2011年。

宋云城:《条约在日本国内法体系中之地位的研究——以日本国宪法及国际人权条约为核心》,硕士学位论文,淡江大学日本研究所,2005年。

孙鹤:《联合国实施国际法机制雏论》,硕士学位论文,华东政法大学,2006年。

温树斌:《国际法强制执行问题研究》,博士学位论文,武汉大学,2009年。

吴雪:《冷战后美国应对国家失败的政策研究》,博士学位论文,外交学院,2004年。

岳同珍:《当代国际法治研究》,硕士学位论文,山东大学,2011年。

蔡高强、胡斌:《论打击海盗语境下的国际法治》,《法学评论》2010年第2期。

曾令良:《国际法院的咨询管辖与现代国际法的发展》,《法学评论》1998年第1期。

曾令良:《联合国在推动国际法治建设中的作用》,《法商研究》2011年第2期。

车丕照:《法律全球化与国际法治》,《清华法治论衡》2002年卷。

车丕照：《国际法治初探》，《清华法治论衡》2002 年卷。

车丕照：《我们可以期待怎样的国际法治》，《吉林大学社会科学学报》2009 年第 4 期。

陈海明：《卡迪案及其对国际法意义的分析》，《太平洋学报》2010 年第 1 期。

陈卫东：《论条约在美国国内适用中的“后法优先规则”》，《甘肃政法学院学报》2009 年第 1 期。

陈须隆：《联合国与区域组织相互关系的一个范例——试析联合国与欧安组织合作关系的建立与发展》，《国际政治研究》2000 年第 3 期。

杜涛：《美国单边域外经济制裁的国际法效力问题探讨》，《湖南社会科学》2010 年第 2 期。

甘开鹏、陆宁：《欧盟对外经济制裁政策评析》，《经济问题探索》2009 年第 10 期。

高岚君：《国际法与人本秩序的建构》，《河北法学》2008 年第 12 期。

高英彤、刘亚娜：《论国际法治推动下中国刑法的完善——以贿赂犯罪立法为视角》，《社会科学战线》2010 年第 3 期。

顾婷：《安理会反恐“聪明制裁”之困境及其出路》，《法学》2011 年第 10 期。

何志鹏：《超越国家间政治——主权人权关系的国际法治维度》，《西北政法大学学报·法律科学》2008 年第 6 期。

何志鹏：《国际法治：和谐世界的必由之路》，《清华法学》2009 年第 1 期。

何志鹏：《国际法治：良法善治还是强权政治》，《当代法学》2008 年第 2 期。

何志鹏：《国际法治：全球化时代的秩序构建》，《吉林公安高等专科学校学报》2007 年第 22 卷第 1 期。

何志鹏：《国际法治：一个概念的界定》，《政法论坛》2009 年第 4 期。

何志鹏：《国际法治视野内的习惯国际人道法》，《东方法学》

2009 年第 1 期。

何志鹏:《国际法治视野中的人权与主权》,《武大国际法评论》2009 年第 1 期。

何志鹏:《国家观念的重塑与国际法治的可能》,《吉林大学社会科学学报》2009 年第 4 期。

何志鹏:《全球化与国际法的人本主义转向》,《吉林大学社会科学学报》2007 年第 1 期。

何志鹏:《全球制度的完善与国际法治的可能》,《吉林大学社会科学学报》2010 年第 5 期。

何志鹏:《人权全球化与联合国的进程》,《当代法学》2005 年第 5 期。

贺鉴:《论盖卡卡法庭与卢旺达国际刑事法庭及其在国际人权保护中的作用》,《西亚非洲》2005 年第 1 期。

洪永红:《论卢旺达国际刑事法庭对国际刑法发展的贡献》,《河北法学》2007 年第 25 卷第 1 期。

胡剑萍、阮建平:《美国域外经济制裁及其冲突探析》,《世界经济与政治》2006 年第 5 期。

黄风:《联合国安理会金融制裁措施的国内法实施程序》,《法学》2006 年第 4 期。

黄伟:《国际法院的改革》,《国际观察》2007 年第 6 期。

黄文艺:《全球化时代的国际法治——以形式法治概念为基准的考察》,《吉林大学社会科学学报》2009 年第 4 期。

黄瑶:《国际人权法与国内法的关系》,《外国法译评》1999 年第 3 期。

黄瑶:《习惯国际法与美国国内法的冲突问题》,《中山大学学报》(社会科学版)1997 年第 S1 期。

黄颖:《国际法规则的“宪法功能”:国际法与宪法的关系初探》,《云南财经大学学报》(社会科学版)2010 年第 4 期。

黄颖:《国际社会组织化趋势下的国际法治》,《昆明理工大学学报》(社会科学版)2009 年第 7 期。

贾万宝:《联合国维和行动中的法律责任问题探析》,《西安政治学院学报》2009 年第 6 期。

简基松：《联合国经济制裁的“人道主义例外”法律机制初探》，《法学评论》2004 年第 3 期。

简基松：《联合国制裁之定性问题研究》，《法律科学》2005 年第 6 期。

李杰豪：《保护的责任对现代国际法规则的影响》，《求索》2007 年第 1 期。

李杰豪：《析“先发制人”战略对国际法治的冲击与影响——兼评联合国集体安全体制改革》，《湘潭大学学报》（哲学社会科学版）2005 年第 2 期。

李立丰：《种族屠杀犯罪处理实效的批判与反思——基于卢旺达冈卡卡法庭模式的考察》，《法商研究》2010 年第 2 期。

李良才：《人权理念对国际法价值取向的人本化改造》，《甘肃联合大学学报》（社会科学版）2009 年第 1 期。

李林：《法治的理论、制度和运作》，《法律科学》1996 年第 4 期。

李楠：《完善国际人道法对平民妇女的保护》，《西安政治学院学报》2006 年第 2 期。

李双元、李赞：《构建国际和谐社会的法学新视野——全球化进程中的国际社会本位理念论析》，《法制与社会发展》2005 年第 5 期。

李雪锋：《对区域组织使用武力进行监督与控制的制度构建》，《郑州航空工业管理学院学报》（社会科学版）2006 年第 25 卷第 4 期。

林健聪：《联合国安全理事会与国际法院的权力冲突》，《云南大学学报》（法学版）2010 年第 1 期。

凌岩：《联合国卢旺达问题国际刑事法庭》，《人民司法》2005 年第 3 期。

刘芳雄：《国际法治与国际法院的强制管辖权》，《求索》2006 年第 5 期。

刘海方：《十周年后再析卢旺达“种族”大屠杀》，《西亚非洲》2004 年第 3 期。

刘亚娜、高英彤：《论国内法治与国际法治的关系——以联合国反腐败公约为例》，《行政与法》2009 年第 12 期。

卢有学：《塞拉利昂特别法庭及其对泰勒的审判》，《山东警察学院学报》2007 年第 3 期。

罗国强：《论国际条约的国内适用问题》，《兰州学刊》2010 年第 6 期。

罗建波：《非政府组织在非洲冲突管理中的角色分析》，《国际论坛》2008 年第 1 期。

罗孝智：《论国际恐怖主义对现代国际法治的影响》，《北京交通管理干部学院学报》2005 年第 2 期。

马贺：《欧盟区域刑事合作进程中的制度缺陷与对策——从〈马斯特里赫特条约〉到〈里斯本条约〉》，《犯罪研究》2010 年第 5 期。

门洪华：《联合国维和机制的创新》，《国际问题研究》2002 年第 6 期。

聂洪涛：《国际法治建构中的主体问题初探》，《社会科学家》2008 年第 8 期。

乔万尼·巴索：《缔造和平》，张逸波译，《国外社会科学文摘》2005 年第 11 期。

秦亚东：《论中国对国际法院咨询程序的参与》，《黑龙江社会科学》2010 年第 4 期。

邵沙平、苏洁澈：《加强和协调国际法治——国际法新趋势探析》，《昆明理工大学学报》（社会科学版）2009 年第 5 期。

邵沙平、赵劲松：《伊拉克战争对国际法治的冲击和影响》，《法学论坛》2003 年第 3 期。

邵沙平：《〈联合国国家及其财产管辖豁免公约〉对国际法治和中国法治的影响》，《法学家》2005 年第 6 期。

邵沙平：《国际法的新发展与国际法治研究》，《甘肃社会科学》2005 年第 6 期。

邵沙平：《国际法与构建和谐国际社会》，《法学家》2007 年第

1 期。

邵沙平：《国际法与国际法治：新问题、新规则、新发展》，《云南大学学报》2007 年第 9 期。

邵沙平：《论国际法治与中国法治的良性互动——从国际刑法变革的角度透视》，《法学家》2004 年第 6 期。

史国普：《论在国际法视角之下构建国际和谐社会》，《新西部》2007 年第 5 期。

司平平：《联合国大会维护和平职能的扩展——对〈联合国宪章〉第 12 条逐步扩大的解释》，《法学评论》2007 年第 2 期。

宋健强：《和谐世界的“国际刑事法治”——对国际刑法的价值思考》，《中国刑事法杂志》2007 年第 2 期。

宋丽弘：《中国加入国际刑事法院的必然性》，《当代法学》2008 年第 5 期。

苏晓宏：《中国参与国际司法的困阻与对策分析》，《华东师范大学学报》（哲学社会科学版）2004 年第 3 期。

孙璐：《妇女权利的国际法保护：问题与变革》，《当代法学》2007 年第 4 期。

孙璐：《国际法治视野中的反腐败》，《当代法学》2009 年第 3 期。

唐黎立：《浅析区域组织维和的优势》，《法制与社会》2009 年第 5 期。

唐颖侠：《国际法与国内法的关系及国际条约在中国国内法中的适用》，《社会科学战线》2003 年第 1 期。

汪习根：《论宪法对构造法治国家的价值》，《政治与法律》1999 年第 6 期。

王凤：《从制宪进程看阿富汗现行政治体制的特点》，《西亚非洲》2008 年第 10 期。

王乐丰：《论中国大规模参与联合国维和的危机》，《大庆师范学院学报》2011 年第 1 期。

王莉君：《全球化背景下的国际刑事法院与国际法治》，《环球法律评论》2004 年第 4 期。

魏武：《国际化刑事机构的新模式》，《法律适用》2005 年第 2 期。

吴向宇、张俊华：《对国际法治的一些思考》，《河北科技师范学院学报》（社会科学版）2005 年第 2 期。

吴燕妮：《浅析联合国框架下过渡司法机制的多样性及复杂性》，《澳门理工学报》2011 年第 4 期。

夏吉生：《“真相委员会”与新南非种族关系》，《国际政治研究》2004 年第 2 期。

夏勇：《法治是什么——渊源、规诫与价值》，《中国社会科学》1999 年第 4 期。

肖冰：《论我国条约适用法律制度的构建》，《国际经济法论丛》2002 年第 5 卷第 1 期。

肖良平：《试论法律全球化与国际法治的关系》，《沧桑》2006 年第 3 期。

辛崇阳：《国际条约在日本国内法体系中的地位——兼对“砂川事件”的透视》，《海南大学学报》（人文社会科学版）2000 年第 3 期。

邢爱芬：《和谐世界与国际法治》，《新视野》2009 年第 2 期。

邢爱芬：《建设和谐世界的法治途径》，《理论前沿》2006 年第 21 期。

邢爱芬：《实现和谐世界的国际法治途径》，《北京师范大学学报》（社会科学版）2007 年第 1 期。

许辉：《2011 失败国家指数》，《中国新闻周刊》2011 年 12 月 9 日。

薛磊：《联合国和平重建行动的发展与中国的对策》，《国际问题论坛》2008 年夏季号。

薛磊：《联合国维和行动的新发展：从维持和平走向建设和平》，《国际展望》2010 年第 3 期。

杨诚：《国际刑法与冲突后国家法治的建立——联合国赖比瑞亚维和行动分析》，《太平洋学报》2009 年第 11 期。

杨炼：《国际法与国内法关系之宪政模式比较》，《重庆邮电学院学报》（社会科学版）2003 年第 4 期。

仪名海：《联合国和区域组织在解决地区冲突中相互关系初探》，《前沿》2000 年第 5 期。

易波、李玉洁：《美国对外经济制裁研究》，《特区经济》2008 年第 9 期。

易显河：《国家主权平等与“领袖型国家”的正当性》，《西安交通大学学报》（社会科学版）2007 年第 5 期。

易显河：《完美法治》，《西安交通大学学报》（社会科学版）2008 年第 5 期。

易显河：《向共进国际法迈步》，《西安政治学院学报》2007 年第 1 期。

余民才：《“科索沃独立咨询案件”评析》，《法商研究》2010 年第 6 期。

余民才：《科索沃独立的国际法透视》，《现代国际关系》2008 年第 5 期。

余敏友：《论世贸组织争端解决机制的强制执法措施》，《暨南学报》2008 年第 1 期。

张贵洪：《利而不害、为而不争——评联合国秘书长潘基文》，《领导之友》2011 年第 9 期。

张慧玉：《中国参与联合国维和述评》，《现代国际关系》2009 年第 2 期。

张乃根：《论条约批准的宪法程序修改》，《政治与法律》2004 年第 1 期。

张琼：《在国际刑法领域推进国际法治与中国法治的互动——评〈国际刑法学——经济全球化与国际犯罪的法律控制〉》，《大学出版》2006 年第 1 期。

张慎思：《国际法院的中国法官》，《法律与生活》2005 年第 20 期。

张胜军：《当代国际社会的法治基础》，《中国社会科学》2007 年第 2 期。

张卫彬：《论国际习惯法在我国入宪》，《时代法学》2009 年第

1 期。

张永江:《文化相对主义视角下的卢旺达国际刑事法庭》,《河北法学》2007 年第 6 期。

张勇:《转型国家的宪制选择与民主巩固》,《学海》2010 年第 2 期。

赵冠峰:《略论国际制裁的困境与对策——对“伊拉克悖论”的思考》,《同济大学学报》(社会科学版)2008 年第 2 期。

赵磊、陈庆鸿:《有关“软权力”与“负责任大国”的若干问题——以中国参与联合国维持和平行动为分析视角》,《中国党政干部论坛》2009 年第 3 期。

赵磊:《中国对联合国维持和平行动的态度》,《外交评论》2006 年第 4 期。

赵琪:《科索沃独立的国际法分析——兼论民族自决权》,《长春理工大学学报》(社会科学版)2010 年第 11 期。

赵蔚彬:《国际维和与中国“蓝盔”》,《世界知识》2008 年第 3 期。

甄鹏:《国际法院:科索沃宣布独立合法吗?》,《世界知识》2010 年第 16 期。

郑启荣:《试论非政府组织与联合国的关系》,《外交学院学报》1999 年第 1 期。

周立胜:《国际法治:金融危机之全球性对策》,《中共福建省委党校学报》2010 年第 6 期。

朱福惠:《论宪政秩序》,《中国法学》2000 年第 3 期。

朱力宇、熊侃:《过渡司法:联合国和国际社会对系统性或大规模侵犯人权的响应》,《浙江大学学报》(人文社会科学版)2010 年第 5 期。

朱文奇:《中国是否应加入国际刑事法院》,《湖北社会科学》2007 年第 11 期。

2. 英文论文

A. J. Barnard-Naude, “Negotiating the Archive: Amnesty, Justice and Memory: Review Article of Antje Du Bois-Pedain Transitional Amnesty in South Africa", *South African Journal of Criminal Justice*, Vol. 22, Issue 3, 2009.

Aeyal M. Gross, "The Constitution, Reconciliation, and Transitional Justice: Lessons from South Africa and Israel", *Stanford Journal of International Law*, Vol. 40, Issue 1, Winter 2004.

Agola Auma-Osolo, "UN Peace-Keeping Policy: Some Basic Sources of Its Implementation Problems and Their Implications", *California Western International Law Journal*, Vol. 6, Issue 2, Spring 1976.

Andrea Armstrong; Gloria Ntegeye, "The Devil Is in the Details: The challenges of Transitional Justice in Recent African Peace Agreements", *African Human Rights Law Journal*, Vol. 6, Issue 1, 2006.

Aneta Wierzynski, "Consolidating Democracy through Transitional Justice: Rwanda's Gacaca Courts", *New York University Law Review*, Vol. 79, Issue 5, November 2004.

Angus M. Gunn, Jr., "Council and Court: Prospects in Lockerbie for an International Rule of Law", *University of Toronto Faculty of Law Review*, Vol. 52, Issue 1, Fall 1993.

Ariel Meyerstein, "Transitional Justice and Post-Conflict Israel/Palestine: Assessing the Applicability of the Truth Commission Paradigm", *Case Western Reserve Journal of International Law*, Vol. 38, Issue 2, 2006 – 2007.

Barnett R. Rubin, "Crafting a Constitution for Afghanistan", *Journal of Democracy*, Vol. 15, 2004.

Barrett, Scott, "Self-Enforcing International Environmental Agreements", *Oxford Economic Papers*, Vol. 46, 1994.

Bates Gill and James Reilly, "Sovereignty, Intervention and Peacekeeping: The View from Beijing", *Survival*, Vol. 42, 2000.

Benvenisti, Eyal, "Judicial Misgivings Regarding the Application of International Law: An Analysis of Attitudes of National Courts", *European Journal of International Law*, Vol. 4, 1993.

Birnie, Patricia, "The Development of International Environmental

Law", *British Journal of International Studies*, Vol. 3, 1977.

Blewitt, Graham T., Crawford, James R. and Meron, Theodor, "The Necessity for Enforcement of International Humanitarian Law", *Proceedings of the Annual Meeting (American Society of International Law)*, Vol. 89, 1995.

Bonnie, Cheng Yan Ki., "Implementing Security Council Resolutions in Hong Kong: An Examination of the United Nations Sanctions Ordinance", *Chinese Journal of International Law*, Vol. 7, 2008.

Brownwyn Anne Leebaw, "The Irreconcilable Goals of Transitional Justice", *Human Rights Quarterly*, Vol. 30, Issue 1, 2008.

Brudner, Alan, "The Domestic Enforcement of International Covenants on Human Rights: A Theoretical Framework", *The University of Toronto Law Journal*, Vol. 35, 1985.

Bühler, Micha, "Choice of Swiss Law-No Escape Route To Avoid Application of International Sanctions", *Walder Wyss & Partners Attorneys at Law*, Vol. 29, 2001.

Burci, G. L., "The Indirect Effect of United Nations Sanctions on Third States: The Role of Article 50 of the UN Charter", *African Yearbook of International Law*, Vol. 12, 1995.

Burgenthal, Thomas, "Self-Executing and Non-Self-Executing Treaties in National and International Law, Recueil des Cours", *Academie de Droit International de la Haye*, Vol. 235, 1992.

Carsten Stahn, "Jus ad Bellum, Jus in Bello, Jus Post Bellum? Rethinking the Conception of the Law of Armed Force", *European Journal of International Law*, Vol. 17, 2007.

Carsten Stahn, "Justice under Transitional Administration: Contours and Critique of a Paradigm", *Houston Journal of International Law*, Vol. 27, Issue 2, Winter 2005.

Carver, Jeremy and Hulsmann, Jenine, "The Role of Article 50 of the UN Charter in the Search for International Peace and Security", *The International and Comparative Law Quarterly*, Vol. 49, 2000.

Catherine M. Cole, "Performance, Transitional Justice, and the Law: South Africa's Truth and Reconciliation Commission", *Theatre Journal*, Vol. 59, 2007.

Cecily Rose, Francis M. Sekandi, "Pursuit of Transitional Justice and African Traditional Values: A Clash of Civilizations-The Case of Uganda", *The Sur-International Journal on Human Rights*, Vol. 7, 2007.

Ch. Kumar, S. Lodge et al., "Sustainable Peace Through Democratization: The Experiences of Haiti and Guatemala", *IPA Policy Paper*, March 2002.

Chadwick F. Alger, "Failed States and Global Governance, paper written for Conference of Failed States and International Security II", *Purdue University*, *West Lafayette*, April 8 – 11, 1999.

Charles T. Call, "Is Transitional Justice Really Just", *Brown Journal of World Affairs*, Vol. 11, Issue 1, 2004.

Charles Villa-Vicencio, "Truth Commissions and Transitional Justice: A Select Bibliography on the South African Truth and Reconciliation Commission Debate", *Journal of Law and Religion*, Vol. 16, Issue 1, 2001.

Charnovitz, Steve, "Rethinking WTO Trade Sanctions", *American Journal of International Law*, Vol. 95, 2001.

Chris Johnson, William Maley, Alexander Thier, and Ali Wardak, "Afghanistan's Political and Constitutional Development", *Overseas Development Institute*, January 2003.

Christen Broecker, "The Clash of Obligations: Exercising Extraterritorial Jurisdiction in Conformance with Transitional Justice", *Loyola of Los Angeles International and Comparative Law Review*, Vol. 31, Issue 3, Summer 2009.

Christenson, Gordon A., "Review: The Jurisprudence of Sanctions in International Law", *Human Rights Quarterly*, Vol. 31, 2009.

Christopher Rudolph, "Constructing an Atrocities Regime: The Politics of War Crimes Tribunals", *International law Organization*, Vol. 55 (2001).

Cliona Kimber, "Enforcing the Peace: Multinational Forces and the UN", *Irish Student Law Review*, Vol. 3, 2000.

Collier, Paul & Nicholas Sambanis, "Understanding Civil War: A New Agenda", *Journal of Conflict Resolution*, Vol. 4, 2002.

Colm Campbell, Fionnuala Ni Aolain, "Local Meets Global: Transitional Justice in Northern Ireland", *Fordham International Law Journal*, Vol. 26, Issue 4, April 2003.

Curran, Patrick D., "Universalism, Relativism, and Private Enforcement of Customary International Law", *Chicago Journal of International Law*, Vol. 5, 2004.

D., D. S., "Enforcement of International Human Rights in the Federal Courts after Filartiga v. Pena-Irala", *Virginia Law Review*, Vol. 67, 1981.

Dana Michael Hollywood, "Search for Post-Conflict Justice in Iraq: A Comparative Study of Transitional Justice Mechanisms and Their Applicability to Post-Saddam Iraq", *The Brooklyn Journal of International Law*, Vol. 33, Issue 1, 2007.

Daniel Lambach, "Oligopolies of Violence in Post Conflict Societies", *GIGA Working Papers*, No. 62, 2007.

Danielle Tarin, "Prosecuting Saddam and Bungling Transitional Justice in Iraq", *Virginia Journal of International Law*, Vol. 45, Issue 2, Winter 2005.

David Dyzenhaus, "Judicial Independence, Transitional Justice and the Rule of Law", *Otago Law Review*, Vol. 10, Issue 3, 2003.

David Gray, "Excuse-Centered Approach to Transitional Justice", *Fordham Law Review*, Vol. 74, Issue 5, April 2006.

David R. Andrews, "International Rule of Law Symposium: Introductory Essay", *Berkeley Journal of International Law*, Vol. 25, Issue 1, 2007.

David Tolbert and Andrew Solomon, "United Nations Reform and Supporting the Rule of Law in Post-Conflict Societies", *Harvard Human Rights Journal*, Vol. 19, 2006.

Davidson, Nicholas, "U. S. Secondary Sanctions: The U. K. and EU Response", *Stetson Law Review*, Vol. 27, 1997.

Deflem, Mathieu, "Global Rule of Law or Global Rule of Law Enforcement? International Police Cooperation and Counterterrorism", *Annals of the American Academy of Political and Social Science*, Vol. 603, 2006.

Dempsey, Paul Stephen, "Compliance and Enforcement in International Law: Achieving Global Uniformity in Aviation Safety", *North Carolina Journal of International Law and Commercial Regulation*, Vol. 30, 2004.

Derek Summerfield, "The Impact of War and Atrocity on Civilian Populations: Basic Principles for NGO Interventions and a Critique of Psychosocial Trauma Projects", *Overseas Development Institute*, Vol. 20, 1996.

Diane F. Orentlicher, "Settling Accounts: The Duty to Prosecute Human Rights Violations of a Prior Legal Regime", *Yale Law Journal*, Vol. 100, 1991.

Dickerson, Claire Moore, "Future of International Law and Development: Flying under the Radar", *North Carolina Journal of International Law & Commercial Regulation*, Vol. 35, 2010.

Doktori, Daniel, "Minding the Gap: International Law and Regional Enforcement in Sierra Leone", *Florida Jounal of International Law*, Vol. 20, 2008.

Donald L. Hafner, King, B. L. Elizabeth, "Beyond Traditional Notions of Transitional Justice: How Trials, Truth Commissions, and Other Tools for Accountability Can and Should Work Together", *Boston College International and Comparative Law Review*, Vol. 30, Issue 1, Winter 2007.

Duan Jielong, "Statement on the Rule of Law at the National and International Levels", *Chinese Journal of International Law*, Vol. 6, Issue 1, March 2007.

Duane Bratt, "Peace over Justice: Developing a Framework for UN Peacekeeping Operations in Internal Conflicts", *Global Governance*, Vol. 5, Issue 1, January-March 1999.

Edward A. Amley Jr., "Peace by Other Means: Using Rewards in UN Efforts to End Conflicts", *Denver Journal of International Law and Policy*, Vol. 26, Issue 2, Winter 1997 – 1998.

Elizabeth Evenson, "Truth and Justice in Sierra Leone: Coordination between Commission and the Court", *Columbia Law Review*, Vol. 104, 2004.

Epaminontas E. Triantafilou, "In Aid of Transitional Justice: Eroding Norms of Revenge in Countries with Weak State Authority", *UCLA Journal of International Law and Foreign Affairs*, Vol. 10, Issue 2, Fall 2005.

Eric A. Posner, Adrian Vermeule, "Transitional Justice as Ordinary Justice", *Harvard Law Review*, Vol. 117, Issue 3, January 2004.

Eric Stover, Hanny Megally, Hania Mufti, "Bremer's Gordian Knot: Transitional Justice and the US Occupation of Iraq", *Human Rights Quarterly*, Vol. 27, Issue 3, 2005.

Ernest Angell, "The Rule of Law at the New Delhi Congress on the International Commission of Jurists", *Section of International and Comparative Law Bulletin*, Vol. 3, Issue 2, May 1959.

Fergus Lyon, "Trust, Networks and Norms: The Creation of Social Capital in Agricultural Economies of Ghana", *World Development*, Vol. 28, 2000.

Fischer, Dana D. and Watson, J. S., "The Limited Utility of International Law in the Protection of Human Rights", *Proceedings of the Annual Meeting (American Society of International Law)*, Vol. 74, 1980.

Fitzmaurice, G. G., "The Foundations of the Authority of International Law and the Problem of Enforcement", *The Modern Law Review*, Vol. 19, 1956.

Fitzmaurice, Gerald, "The General Principles of International Law Considered from the Standpoint of the Rule of Law", *Recueil des Cours*, Vol. 92, 1957.

Frank Haldemann, "Another King of Justice: Transitional Justice as Recognition", *Cornell International Law Journal*, Vol. 41, Issue 3, Fall 2008.

Gerald B. Helman and Steven R. Ratner, "Saving Failed States", *Foreign Policy*, No. 89, Winter 1992 - 1993.

Gerhard Kemp, "Constitutionalization and the International Criminal Court: Whither Individual Criminal Liability for Aggression", *South African Law Journal*, Vol. 125, Issue 4, 2008.

Ginsburg, Elkins and Blount, "Does the Process of Constitution Making Matter?", *Annual Review of Law and Social Sciences*, Vol. 5, 2009.

Gowlland-Debbas, Vera, "Security Council Enforcement Action and Issues of State Responsibility", *International and Comparative Law Quarterly*, Vol. 43, 1994.

Gubbay, Anthony R., "The Protection and Enforcement of Fundamental Human Rights: The Zimbabwean Experience", *Human Rights Quarterly*, Vol. 19, 1997.

Guillaume, Gilbert., "The Introduction and Implementation in the Legal State of the Resolutions of the Security Council of the United Nations Adopted under Chapter VII of the Charter", *International Journal of Comparative Law*, Vol. 50, 1998.

Hakeem O. Yusuf, "Calling the Judiciary to Account for the Past: Transitional Justice and Judicial Accountability in Nigeria", *Law & Policy*, Vol. 30, Issue 2, April 2008.

Hans-Henrik Holm, "The Responsibility That Will Not Go Away: Weak States in the International System, paper written for Conference of

Failed States and International Security", *Purdue University*, *West Lafayette*, *February* 25 – 27, 1998.

Hansjoerg Strohmeyer, "Building a New Judiciary for East Timor: Challenges of a Fledgling Nation", *Criminal Law Forum*, Vol. 11, No. 3, 2000.

Hansjorg Strohmeyer, "Making Multilateral Interventions Work: The U. N. and the Creation of Transitional Justice Systems in Kosovo and East Timor", *Fletcher Forum of World Affairs*, Vol. 25, Issue 2, Summer 2001.

Hassan, Farooq, "The Doctrine of Incorporation: New Vistas for the Enforcement of International Human Rights?", *Human Rights Quarterly*, Vol. 5, 1983.

Hilal, Leila and Pangalangan, Raul C., "Rethinking the Enforcement of Human Rights", *Proceedings of the Annual Meeting (American Society of International Law)*, Vol. 93, 1999.

Hilpold, Peter, "The Duty to Protect and the Reform of the United Nations-A New Step in the Development of International Law", *Max Planck Yearbook of United Nations Law*, Vol. 10, 2008.

Hixson, Kathleen, "Extraterritorial Jurisdiction Under the Third Restatement of Foreign Relations Law of the United States", *Fordham International Law Journal*, Vol. 12, 1988.

Hudsion, Manley O., "The Report of the Assembly of the League of Nations on the Sino-Japan Dispute", *American Journal of International Law*, Vol. 27, 1933.

J. David Yeager, "Human Rights Chamber for Bosnia and Herzegovina-A Case Study in Transitional Justice", *International Legal Perspectives*, Vol. 14, Issue 1, 2004.

Jackson Nyamuya Maogoto, "From Congo to East Timor in Forty Years: The UN Finally Crossing the Rubicon between Peace-Keeping and Peace-Making", *Newcastle Law Review*, Vol. 4, Issue 2, 2000.

Jamal Benomar, "Constitution-Making after Conflict: Lessons for

Iraq", *Journal of Democracy*, Vol. 15, April 2004.

James Bacchus, "Groping Toward Grotius: The WTO and the International Rule of Law", *Harvard International Law Journal*, Vol. 44, Issue 2, Summer 2003.

James L. Cavallaro, "Looking Backward to Address the Future Transitional Justice, Rising Crime, and Nation-Building", *Maine Law Review*, Vol. 60, Issue 2, 2008.

Jamie Rowen, "Social Reality and Philosophical Ideals in Transitional Justice", *Cardozo Public Law, Policy, and Ethics Journal*, Vol. 7, Issue 1, Fall 2008.

Jennifer Lee, "Peace and the Press: Media Rules during UN Peacekeeping Operations", *Vanderbilt Journal of Transnational Law*, Vol. 30, Issue 1, January 1997.

Jens David Ohlin, "A Meta-Theory of International Criminal Procedure: Vindicating the Rule of Law", *UCLA Journal of International Law and Foreign Affairs*, Vol. 14, Issue 1, Spring 2009.

Jeremy Sarkin, "Promoting Justice, Truth and Reconciliation in Transitional Societies: Evaluating Rwanda's Approach in the New Millennium of Using Community Based Gacaca Tribunals to Deal with the Past", *International Law Forum Du Droit International*, Vol. 2, Issue 2, May 2000.

Jessica Neutwirth, "Women and Peace and Security: The Implementation of UN Security Council Resolution 1325", *Duke Journal of Gender Law & Policy*, Vol. 9, 2002.

John Eichlin, "Undercutting the Political Economy of Conflict is Bosnia and Herzegovina: A Transitional Justice Approach to Prosecuting Systemic Economic Crimes", *Columbia Journal of Transnational Law*, Vol. 48, Issue 2, 2010.

John R. Bolton, "UN Peace-keeping Efforts to Promote Security and Stability", *US Department of State Dispatch*, Vol. 3 pt1, No. 13 – March 30, 1992, March 1992.

Jorg Arnold, "Emily Silverman, Regime Change, State Crime and Transitional Justice: A Criminal Law Retrospective Concentrating on Former Easter bloc Countries, European Journal of Crime", *Criminal Law and Criminal Justice*, Vol. 6, Issue 2, 1998.

Jose E. Alvarez, "Crimes of States: Lessons from Rwanda", *Yale Journal of International Law*, Vol. 24, 1999.

Jr. Reiss, Albert J., "Review: Compliance without Coercion", *Michigan Law Review*, Vol. 83, 1985.

Julia Leininger, "Democracy and UN Peace-Keeping-Conflict Resolution through State-Building and Democracy Promotion in Haiti", *Max Planck Yearbook of United Nations Law*, Vol. 10, 2006.

Karel Wellens, "The UN Security Council and the New Threats to the Peace: Back to the Future", *Journal of Conflict and Security Law*, Vol. 8, Issue 1, April 2003.

Karin Ask, "Legal Pluralism and Transitional Justice in Afghanistan: A Gender Perspective", *Human Rights in Development Yearbook*, Jan. 1, 2003.

Katja S. Ziegler, "Strengthening the Rule of Law, but Fragmenting International Law: The Kadi Decision of the ECJ from the Perspective of Human Rights", *Human Rights Law Review*, Vol. 9, Issue 2, 2009.

Keith Krause, Jütersonke, Oliver, "Peace, Security and Development in Post-Conflict Environments", *Security Dialogue*, Vol. 36, No. 4, 2005.

Kenneth Roth & Alison Desforges, "Justice or Therapy?", *Boston Review*, Summer 2002.

Kieran McEvoy, "Beyond Legalism: Towards a Thicker Understanding of Transitional Justice", *Journal of Law and Society*, Vol. 34, Issue 4, December 2007.

Kong, Qingjiang, "Enforcement of WTO agreement in China: Illusion or Reality", *Journal of World Trade*, Vol. 35, 2001.

Kristian Skrede Gleditsch and H. E. Goemans, "Civil War, Interstate Conflict, and Tenure", *Civil War*, April 2006.

Kristin Bohl, "Breaking the Rules of Transitional Justice", *Wisconsin International Law Journal*, Vol. 24, Issue 2006.

Laura A. Dickinson, "Transitional Justice in Afghanistan: The Promise of Mixed Tribunals", *Denver Journal of International Law and Policy*, Vol. 31, Issue 1, Fall 2002.

Laurel E. Fletcher, Weinstein, M. Harvey, Jamie Rowen, "Context, Timing and the Dynamics of Transitional Justice: A Historical Perspective", *Human Rights Quarterly*, Vol. 31, Issue 1, 2009.

Lillich, Richard B., "The Role of Domestic Courts in Enforcing International Human Rights Law", *Proceedings of the Annual Meeting (American Society of International Law)*, Vol. 74, 1980.

Lisa J. LaPlante, Kelly Phenicie, "Mediating Post-Conflict Dialogue: The Media's Role in Transitional Justice Processes", *Marquette Law Review*, Vol. 93, Issue 1, Fall 2009.

Lisa J. Laplante, Kimberly Theison, "Transitional Justice in Times of Conflict: Colombia's Ley de Justicia y Paz", *Michigan Journal of International Law*, Vol. 28, Issue 1, Fall 2006.

Lisa J. Laplante, "Transitional Justice and Peace Building: Diagnosing and Addressing the Socioeconomic Roots of Violence Through a Human Rights Framework", *International Journal of Transitional Justice*, Vol. 2, 2008.

Llopis, Ana Peyró, "Coolective Security and the International Enforcement of International Law: French and American Perspectives", *Maine Law Review*, Vol. 58, 2006.

Louis Aucoin, "The Role of International Experts in Constitution-Making: Myth and Reality", *Georgetown Journal of International Affairs*, Vol. V, Issue 1: 94, Spring 2004.

Louis V. lasiello, "Jus Post Bellum: The Moral Responsibilities of Victors in War", *Naval War College Review*, Vol. 57, 2004.

Lowe, A. Vaughan, "US Extraterritorial Jurisdiction: The Helms-

Burton and D'Amato Acts", *The International and Comparative Law Quarterly*, Vol. 46, 1997.

Lucy Hovil and Joanna R. Quinn, "Peace First. Justice Later: Traditional Justice in Northern Uganda", *Refugee Law Project Working Paper*, Vol. 8, No. 17, July 2005.

Lydiah Kemunto Bosire, "Overpromised, Underdelivered: Transitional Justice in Sub-Saharan Africa", *Sur-International Journal on Human Rights*, Vol. 5, 2006.

M. Taylor Fravel, "China's Attitude towards UN Peacekeeping Operations since 1989", *Asian Survey*, Vol. 36, No. 11, 1996.

Manchak, Benjamin, "Comprehensive Economic Sanctions, the Right to Development, and Constitutionally Impermissible Violations of International Law", *Boston College Third World Law Journal*, Vol. 30, 2010.

Martenczuk, Bernd, "The Security Council, the International Court and Judicial Review: What Lessons from Lockerbie?", *European Journal of International Law*, Vol. 10, 1999.

Martin A. Rogoff, "International Politics and the Rule of Law: The United States and the International Court of Justice", *Boston University International Law Journal*, Vol. 7, Issue 2, Fall 1989.

Matiangai Sirleaf, "Regional Approach to Transitional Justice-Examining the Special Court for Sierra Leone and the Truth & (and) Reconciliation Commission for Liberia", *Florida Journal of International Law*, Vol. 21, Issue 2, August 2009.

Maya Goldstein Bolocan, "Rwandan Gacaca: An Experiment in Transitional Justice", *Journal of Dispute Resolution*, Vol. 2004, Issue 2, 2004.

Mayerfeld, Jamie, "Who Shall Be Judge?: The United States, the International Criminal Court, and the Global Enforcement of Human Rights", *Human Rights Quarterly*, Vol. 25, 2003.

Melissa Ballengee, "The Critical Role of Non-Governmental Organizations in Transitional Justice: A Case Study of Guatemala", *UCLA Journal of International Law and Foreign Affairs*, Vol. 4, Issue 2, Fall/Winter 1999 – 2000.

Michael P. Roch, "Military Intervention in Bosnia-Hercegovina: Will World Politics Prevail over the Rule of International Law", *Denver Journal of International Law and Policy*, Vol. 24, Issue 2, Spring 1996.

Michael W. Reisman, "Stopping Wars and Making Peacing: Reflections on the Ideology and Practice of Conflict Termination in Contemporary World Politics", *Tulane Journal of International and Comparative Law*, Vol. 6, 1998.

Milde, Michael, "Enforcement of Aviation Safety Standard-Problems of Safety Oversight", *German Journal of Air and Space Law*, Vol. 45, 1996.

Miriam J. Aukerman, "Extraordinary Evil, Ordinary Crime: A Framework for Understanding Transitional Justice", *Harvard Human Rights Journal*, Vol. 15, 2002.

Monica Llamazares, "Post-War Peacebuilding Reviewed: A Critical Exploration of Generic Approaches to Post-war Reconstruction", *University of Bradford Centre for Conflict Resolution Department of Peace Studies*, Vol. 6, 2005.

Moore, John Norton, "Enhancing Compliance With International Law: A Neglected Remedy", *Virginia Journal of International Law*, Vol. 39, 1999.

Mortimer Sellers, "Justice and Rule of Law in International Relations", *International Legal Theory*, Vol. 5, Issue 1, 1999.

Muna Ndulo, "Afghanistan: Prospects for Peace and Democratic Governance and the War on Terrorism", *Cornell Law Forum*, Vol. 30, 2003.

Natasa Kandic, "The ICTY Trials and Transitional Justice in Former Yugoslavia", *Cornell International Law Journal*, Vol. 38, Issue 3,

2005.

Nicholas Sambanis, "What is Civil War? Conceptual and Empirical Complexities of an Operational Definition", *Journal of Conflict Resolution*, Vol. 48, 2004.

Nossal, Kim Richard, "Economic Sanctions in the League of Nations and the United Nations", in Leyton-Brown, David ed., *The Utility of International Economic Sanctions*, 1986.

Padraig McAuliffe, "Transitional Justice and the Rule of Law: The Perfect Couple or Awkward Bedfellows?", *Hague Journal on the Rule of Law*, Vol. 2, 2010.

Paige Arthur, "How Transitions Reshaped Human Rights: A Conceptual History of Transitional Justice", *Human Rights Quarterly*, Vol. 31, Issue 2, 2009.

Patricia M. Wald, "The International Criminal Tribunal for the Former Yugoslavia Comes of Age: Some Observations on Day to Day Dilemma of an International Court", *Washington University Journal of Law and Policy*, Vol. 5, 2001.

Paul van Zyl, "Transitional Justice: Conflict Closure and Sustainable Peace", *Dispute Resolution Magazine*, Vol. 9, Issue 4, 2003.

Payandeh, Mehrdad and Sauer, Heiko, "European Union: UN Sanctions and EU Fundamental Rights", *International Journal of Constitutional Law*, Vol. 7, 2009.

Payl van Zyl, "Dilemmas of Transitional Justice: The Case of South Africa's Truth and Reconciliation Commission", *Journal of International Affairs*, Vol. 52, 1999.

Peter V. Bishop, "Canada's Policy on the Financing of UN Peace-Keeping Operations", *International Journal*, Vol. 20, Issue 4, Autumn 1965.

Peter V. Bishop, "UNOPAX: A New Name (with a Definition) for U. N. Peace-Keeping Operations", *International Journal*, Vol. 18, Issue 4, Autumn 1963.

Peter Viggo Jakobsen, "The Danish Approach to UN Peace Operations after the Cold War: A New Model in the Making", *International Peacekeeping*, Vol. 5, Issue 3, Autumn 1998.

Peter Wallensteen, Carina Staibano and Mikael Eriksson, "Making Targeted Sanctions Effective: Guidelines for the Implementation of UN Policy Options, Results from the Stockholm Process on theImplementation of Targeted Sanctions", *Uppsala University Department of Peace and Conflict Research*, 2003.

Petrović, Milan, "The 'Acts of Government' and the Legal Notion of Politics", *Facta Universitatis Series: Law and Politics*, Vol. 9, 2011.

Philipp Dann, Zaid Al-Ali, "The Internationalized Pouvoir Constituant", *Max Planck UNYB*, Vol. 10, 2006.

Pierre Hazan, "Measuring the Impact of Punishment and Forgiveness: A Framework for Evaluating Transitional Justice", *International Review of the Red Cross*, Vol. 88, 2006.

Portela, Clara, "National Implementation of United Nations Sanctions: Towards Fragmentation", *International Journal*, Vol. 65, 2009.

Randelzhofer, Albrecht, "Article 2 (4)", in Simma, Bruno ed., *The Charter of the United Nations: A Commentary*, 1995.

Rebecca K. Root, "Through the Window of Opportunity: The Transitional Justice Network in Peru", *Human Rights Quarterly*, Vol. 31, Issue 2, 2009.

Reith, Charles, "International Authority and the Enforcement of Law", *Transactions of the Grotius Society*, Vol. 38, 1952.

Richard S. Williamson, "Transitional Justice: The UN and the Sierra Leone Special Court", *Cardozo Public Law, Policy & Ethics Journal*, Vol. 2, Issue 1, December 2003.

Robert Briner, "Role of International Tribunals in the Context of the Rule of Law", *International Business Lawyer*, Vol. 23, Issue 8, September, 1995.

Robert D. Kamenshine, "Peace-Keeping and Peace-Making-The UN in the Middle East", *Vanderbilt International*, Vol. 1, Issue 1, Winter 1967.

Robert John Araujo, "John Paul II and the Rule of Law: Bringing Order to International Disorder", *Journal of Catholic Legal Studies*, Vol. 45, Issue 2, 2006.

Roman Boed, "An Evaluation of the Legality and Efficacy of Lustration as a Tool of Transitional Justice", *Columbia Journal of Transnational Law*, Vol. 37, Issue 2, 1999.

Roman David, Choi Yuk-ping, "Victims on Transitional Justice: Lessons from the Reparation of Human Rights Abuses in the Czech Republic", *Human Rights Quarterly*, Vol. 27, Issue 2, 2005.

Roman Krys, "The Secretary-General's Political Role of Peacemaker", *The Military Law and the Law of War Review*, Issue 23, 1984.

Roozbeth B. Baker, "Towards a New Transitional Justice Model: Assessing the Serbian Case", *San Diego International Law Journal*, Vol. 11, Issue 1, 2009.

Rostow, Eugene V., "Until What? Enforcement Action or Collective Self-Defense?", *The American Journal of International Law*, Vol. 85, 1991.

Rupa Bhattacharyya, "Establishing a Rule-of-Law International Criminal Justice System", T*exas International Law Journal*, Vol. 31, Issue 1, Winter 1996.

Ruti G. Teitel, "Human Rights in Transition: Transitional Justice Genealogy", *Harvard Human Rights Journal*, Vol. 16, 2003.

Ruti G. Teitel, "Transitional Justice in a New Era", *Fordham International Law Journal*, Vol. 26, Issue 4, April 2003.

Ruti Teitel, "Law and Politics of Contemporary Transitional Justice", *Cornell International Law Journal*, Vol. 38, Issue 3, 2005.

Ruti Teitel, "Transitional Justice: Postwar Legacies", *Cardozo Law Review*, Vol. 27, Issue 4, February 2006.

Sabine Michalowski, Juan Pablo Bohoslavsky, Ius Cogens, "Transitional Justice and Other Trends of the Debate on Odious Debts: A Response to the World Bank Discussion Paper on Odious Debts", *Columbia Journal of Transnational Law*, Vol. 48, Issue 1, 2009.

Schabas, William A., "Conjoined Twins of Transitional Justice-The Sierra Leone Truth and Reconciliation Commission and the Special Court", *Journal of International Criminal Justice*, Vol. 2, Issue 4, December 2004.

Scharf, Michael P. and Dorosin, Joshua L., "Interpreting UN Sanctions: the Rulings and Role of the Yugoslavia Sanctions Committee", *Brooklyn Journal of International Law*, Vol. 19, 1993.

Schrijver, N. J., "The Use of Economic Sanctions by the UN Security Council: An International Law Perspective", in Post, Harry H. G. ed., *International Economic Law and Armed Conflict*, 1994.

Schweitzer, Thomas A., "The United Nations as a Source of Domestic Law: Can Security Council Resolutions be Enforced in American Courts", *Yale Studies in World Public Order*, Vol. 4, 1997.

Shelby R. Quast, "Rule of Law in Post-Conflict Societies: What is the Role of the International Community", *New England Law Review*, Vol. 39, Issue 1, 2004 – 2005.

Shelton, Dinah, "International Enforcement of Human Rights: Effectiveness and Alternatives", *Proceedings of the Annual Meeting (American Society of International Law)*, Vol. 74, 1980.

Stefan Barriga and Georg Kerschischnig, "The UN General Assembly Resolution on the Rule of Law Resolution: Ambition Meets Pragmatism", *Hague Journal on the Rule of Law*, Vol. 2, 2010.

Stephan Landsman, "Alternative Responses to Serious Human Rights Abuses: Of Prosecution and Truth Commissions", *Law and Contemporary Problems*, Vol. 59, 1996.

Stephen John Stedman, "The New Interventionist", *Foreign Affairs*, Vol. 72, 1993.

Suzanne Katzenstein, "Hybrid Tribunals: Searching for Justice in East Timor", *Harvard Human Rights Journal*, Vol. 16, 2003.

Ted Robert Gurr, "Peoples Versus States: Minorities at Risk in the New Cenutry", *US Institute of Peace*, 2000.

Thania Paffenholz and Christoph Spurk, "Civil Society, Civic Engagement, and Peace-building", *Social Development Papers: Conflict Prevention and Reconstruction*, Vol. 36, 2006.

Thomas Carothers, "The End of the Transition Paradigm", *Journal of Democracy*, Vol. 13, Jan. 2002.

Tom Allen, "Transitional Justice and the Right to Property under the European Convention on Human Rights", *Stellenbosch Law Review*, Vol. 16, Issue 3, 2005.

Tyrone Savage, Barbara Schmid, Keith A. Vermeulen, "Truth Commissions and Transitional Justice: A Select Bibliography on the South African Truth and Reconciliation Commission Debate", *Journal of Law and Religion*, Vol. 16, Issue 1, 2001.

Tzanakopoulos, Antonios, "From Interpretation to Defiance, Abdelrazik v. Canada and United Nations Sanctions in Domestic Courts", *Journal of International Criminal Justice*, Vol. 8, 2010.

Tzanakopoulos, Antonios, "Judicial Dialogue in Multilevel Governance: The Impact of the Solange Argument", in Fauchald, Ole Kristian and Nollkaemper, Andre eds., *Unity or Fragmentation of International Law: The Role of International and National Tribunals*, 2010.

Van Alstine, Michael, "The Universal Declaration and Developments in the Enforcement of International Human Rights in Domestic Law", *Maryland Journal of International Law*, Vol. 24, 2009.

Van Schaack, Beth, "International Law in the United States Legal System: Observance, Application, and Enforcement", *Santa Clare Law Review*, Vol. 45, 2005.

Vinuales, Jorge E., "The Contribution of the International Court of Justice to the Development of International Environmental Law: A Contemporary Assessment", *Fordham International Law Journal*, Vol. 32, 2008.

Vivien Hart, "Democratic Constitution Making, Special Report", *United States Institute of Peace*, No. 107, 2003.

Wang, Guiguo, "International Development Law in the Globalized World", *James Cook University Law Review*, Vol. 13, 2008.

Warner, David P., "Challeges to International Law Enforcement Cooperation for the United States in the Middle East and North Africa: Extradition and Its Alternatives", *Villanova Law Review*, Vol. 50, 2005.

Weiss, Edith Brown, Stewart, Richard, Murase, Shinya, Bodansky, Daniel, Glennon, Michael J., Tinker, Catherine and Kiss, Alexandre, "New Developments in International Environmental Law", *Proceedings of the Annual Meeting (American Society of International Law)*, Vol. 85, 1991.

Weissbrodt, David, "Human Rights Implementation and Fact-finding by International Organizations", *Proceedings of the Annual Meeting (American Society of International Law)*, Vol. 74, 1980.

Wendy S. Betts, Scott N. Carlson, & Gregory Gisvold, "The Post-Conflict Transitional Administration of Kosovo and the Lessons Learned in Efforts to Establish a Judiciary and the Rule of Law", *Michigan Journal of International Law*, Vol. 22, 2001.

William W. Bishop, "International Rule of Law", *Michigan Law Review*, Vol. 59, Issue 4, February 1961.

Wood, Stepan, "The New Global Environmental Standards", *Proceedings of the Annual Meeting (American Society of International Law)*, Vol. 93, 1999.

Wright, Quincy, "Enforcement of International Law", *American Society of International Law Proceedings*, Vol. 38, 1944.

Zyberi, Gentian, "The Development and Interpretation of International Human Rights and Humanitarian Law Rules and Principles through the Case-Law of the International Court of Justice", *Netherlands Quarterly of Human Rights*, Vol. 25, 2007.

七　有关中方立场文件及发言

王民:《联合国应从四个方面推进冲突后建设和平工作》，联合国安理会 10 月 31 日在纽约总部围绕“冲突后建设和平”主题公开辩论，2011 年 10 月 31 日。

关键:《中国代表关键先生在第 57 届第六委员会关于“设立国际刑事法院”议题的发言》，2002 年 10 月 15 日。

王宗来:《中国代表王宗来在国际刑事法院罗马规约第五次缔约国会议续会上的发言》，2007 年 1 月 28 日。

王义山:《中国常驻联合国副代表张义山大使在第 59 届联大四委联合国维和行动议题下的发言》，2004 年 10 月 27 日。

徐宇:《中国代表徐宇在第 64 届联大六委关于“联合国宪章和加强联合国作用特别委员会的报告”议题的发言》，2009 年 10 月 19 日。

外交部:《中国关于联合国改革的立场文件》，2005 年 6 月 7 日。

外交部: 2015 年《中国关于联合国成立 70 周年的立场文件》。

外交部:《2012 年联合国可持续发展大会中方立场文件》。

外交部:《关于中华人民共和国为推进中东和平进程和促进建立中东无核武器区所采取的步骤的国家报告》，2007 年 5 月 7 日。

外交部:《中国政府关于促进裁军和防扩散领域的多边主义问题的看法》，根据联大 60/59 号决议向联合国秘书长提交。

外交部:《中国关于联合国改革问题的立场文件》，2005 年 6 月 7 日。

八　其他网站

联合国与法治网站（https://www.un.org/ruleoflaw/zh/）;

中国常驻联合国代表团（http://www.china-un.org/chn/）;

联合国维持和平行动（http://www.un.org/zh/peacekeeping/operations/）;

联合国建设和平委员会（http://www.un.org/zh/peacebuilding/)；

联合国和平与安全简介（http：//www. un. org/chinese/peace/issue/enforcement. htm）；

联合国人权事务高级专员办事处（http：//www. ohchr. org/CH/pages/home. aspx）；

联合国建设和平支助办公室（https：//www. un. org/ruleoflaw/zh/un - and - the - rule - of - law/peacebuilding - support - office）；

联合国负责儿童与武装冲突问题秘书长特别代表（https：//childrenandarmedconflict. un. org）；

联合国建设和平基金（http：//www. unpbf. org）；

冲突中性暴力问题秘书长特别代表办公室（http：//www. un. org/sexualviolenceinconflict）；

国际法院（http：//www. icj - cij. org）；

国际刑事法院（https：//www. icc - cpi. int）；

前南斯拉夫国际刑事法庭（http：//www. icty. org）；

卢旺达国际刑事法庭（http：//www. unictr. org）。

后　记

谨以此书献给这个最好的时代。

2012 年，我博士毕业，离开奋斗多年的校园，来到我国改革开放的前沿深圳工作。当年 11 月，恰逢党的十八大召开，在浩瀚精练的党代会报告中，我敏锐地看到了“法治”“国际法治”以及“大国责任”几个字眼，难以掩饰内心的激动。长久以来，我关注的学界热点问题“国际国内两级法治”终于在党的全会报告中予以正式确认，这不能不说是法治实践与理论问题的完美结合，这也坚定了我在工作岗位上仍然致力于相关研究的信心。

两年后，我们党召开十八届四中全会，这也是全党第一次以“全面依法治国”为主题的大会，除了重申法治国家、法治政府、法治社会一体化建设外，还对国内与国际法治的有效互动等问题专门加以论述。此后的几年，除了理论上的不断创新，每个中国人都深刻地感受到中国在外交领域的全新变化。在“两级法治”和“大国责任”等问题的践行中，我们看到了一个更加进退有度、外交日益成熟的大国形象；在时有发生的外交争议上，我们不断以国际法理论和原则为武器，在国际社会发出了符合国际规则的中国声音。

毋庸讳言，在这个最好的时代，我们看到了中国践行国内法治的决心和信心，也看到了作为一个负责任大国中国践行国际法治的风采和智慧。这是本书得以顺利完成的基础。

谨以此书献给热情帮助、支持我的领导和同事。

由衷感谢深圳市社会科学院的领导、同事。国际法的研究需要大量的时间去检索、消化外文文献，即使是中文的著作和文献，也因为资料匮乏常常需要借助外部图书馆的支援。因此，工作以后继续开展国际法的研究是一项耗时、费力的工作。尤其是在此过程中还与同事一起承接深圳市委一项调研课题，深感分身乏术。幸得社科院领导、同事的理解与支持，尽量为我提供最便利的条件、最好的资源。能够在这样宽松的氛围中做最喜欢的工作，结识最可爱的同事，可谓幸运之至。要感谢的人太多，无法穷尽列举，唯有以最热忱的工作回报，珍惜最美好的同事缘分。

谨以此书献给我的家人、朋友。

此书的创作得到我先生的大力支持，感谢他为本书第六章及第七章第三节贡献的宝贵思想，感谢多年来他为家庭的默默付出，感谢从学生时代开始对我十多年如一日的厚重之爱；感谢父母一直以来对我无微不至的照顾；感谢我的儿子，这本书从构思，到写作，到完稿，恰好是我初为人母的几年，他的快乐健康成长是我工作中的巨大动力。

还要感激同样陪伴我十几年，不是亲人胜似亲人的挚友：远在成都的曹阳昭女士和远在北京的张钦昱先生。无论人生遭遇何种困境，他们都在身边，即使相隔千里，但是心灵相通。谨祝他们各自幸福。

吴燕妮

2017 年盛夏于深圳